秦始皇陵之外

秦艺术新视域

柳扬 主编

赵婧 译

上海古籍出版社

主编简介：

柳扬，现任美国明尼阿波利斯艺术博物馆亚洲艺术部主任、明尼苏达大学中国中心委员会委员、弗利兹艺术博览会（Frieze Masters）亚洲艺术审核委员会主席。此前曾担任澳大利亚新南威尔士艺术博物馆中国艺术部主任，悉尼大学艺术史系、新南威尔士大学美术学院客座教授、博士生导师。自1998年迄今，他分别在美国和澳大利亚策划和组织了二十多个中国古代及当代艺术展。他撰写或主编的十多种书籍和展览图录中，《灵山》获得澳大利亚暨新西兰艺术学会的墨尔本大学最佳大型展览图录奖（2004年），《宦海墨韵》获得澳大利亚暨新西兰艺术学会的西澳大利亚大学最佳小型展览图录奖（2006年）。

译者简介：

赵婧，美国华盛顿大学艺术史硕士。译有《剑桥插图中国史》《帝制时代的中国》《伦勃朗》《克里姆特》《莫奈》等十余本历史、艺术和考古类著作。现供职于首都博物馆，从事博物馆展览策划、文物研究和对外传播等工作。

目录

前言 ...... 凯温·费尔德曼　1

引言 ...... 柳　扬　1

继承、创新与政治 7
　　界定秦艺术传统：遗产、借鉴和革新 ...... 杜德兰　9
　　艺术自然论及官僚政治理论 ...... 包华石　30

都城、墓葬与祭祀 41
　　秦宇宙观及咸阳：首座与宇宙观对应的都城 ...... 班大为　43
　　冥界百戏？秦皇陵中的大鼎和裸身陶俑 ...... 汪悦进　55
　　想象秦始皇陵 ...... 李安敦　100

历史、文化与艺术 115
　　纪年形式与史书之起源 ...... 夏含夷　117
　　秦和早期中国的朱砂及水银生产 ...... 陈光宇　127
　　秦青铜礼器：来自中原及南方的碰撞 ...... 柳　扬　147

交流、互动与碰撞 187
  早期秦文化中的域外或欧亚因素：材料、技术和类型 ...... 苏芳淑　189
  马家塬墓地的考古发现及与秦和北方草原文化的关系 ...... 王　辉　210

后记 ...... 陆凯蒂　247

Foreword 前言

凯温·费尔德曼（Kaywin Feldman）
美国国家美术馆馆长、明尼阿波利斯艺术博物馆前馆长

在临潼，也就是今陕西省会西安附近，令人瞩目的发现时常激发我们的想象。在那里，有宏伟的皇陵、成千上万的兵马俑和车马，它们是中国第一个皇帝秦始皇的伟大遗产的见证。在当今甘肃和陕西的大量新近考古发现，也揭示了秦国过去的时光，说明了秦国如何从一个西陲的诸侯成长为一方霸主，这一点也同样意义非凡。这些发现彻底地改变了我们对秦文化与艺术的理解。

在新的考古材料的帮助下，美国明尼阿波利斯艺术博物馆（Minneapolis Institute of Art）推出了一个大型展览，即"中国兵马俑：秦始皇的遗产"，从2012年10月28日至2013年1月27日展出。展览曾巡展至旧金山的亚洲艺术博物馆，于2013年2月22日至2013年5月27日展出。展览呈现了举世闻名的地下"幽灵大军"，以及与秦文化艺术相关的近期重大考古发现。展览展出的120件珍品，来自秦始皇陵和先秦时期的秦朝墓葬，它们带领着观众了解秦帝国的起源、崛起，秦始皇的生活、统治和他对长生不老的求索，以及他的死亡、丧葬和遗产。

为了丰富关于秦文化与艺术的学术讨论，明尼阿波利斯艺术博物馆在2012年10月27日和28日组织了为期两天的研讨会。研讨会名为"秦始皇陵之外：秦文化的新视野"，会议邀请12位来自中国、欧洲和美国的、研究早期中国艺术与文化的顶尖学者，呈现了一系列有关秦朝文化和历史，以及最近的考古发现的新观点。摩肩接踵的演讲厅，足以说明研讨会在业内外备受欢迎，这场深受喜爱的论坛也是明尼阿波利斯艺术博物馆其他许多活动的缩影。我相信该研讨会的文集，连同柳扬博士编纂的画幅精美的展览图录，将是对这个领域的突出贡献。

我们要感谢两位富有远见的赞助人露丝·戴顿（Ruth Dayton）和布鲁斯·戴顿（Bruce Dayton）的支持，是他们的慷慨捐赠使得这次的活动得以开展。没有他们的支持，这次研讨会以及后续文集出版都无法实现。戴顿夫妇对中国艺术与文化的热情从方方面面影响了明尼阿波利斯艺术博物馆，从我们丰富的馆藏到诸如这本学术著作的出版都受益于他们。我特别要感谢柳扬博士，他是亚洲艺术部主任及中国艺术策展人，感谢他策划了一个脍炙人口的展览，感谢他组织会议并发表会议论文集。我还要感谢我们的副馆长马修·韦尔奇（Matthew Welch）博士，感谢他对这个项目的全面支持，还要感谢讲座与学术项目的经理苏珊·雅各布森（Susan Jacobsen）以及她部门的同事，感谢他们组织了这个意义非凡的国际研讨会。

引　言

◎ 柳　扬

美国明尼阿波利斯艺术博物馆亚洲艺术部主任、中国艺术策展人

　　这本图文并茂的出版物是以西方语言写就的，它是一个关于秦文化与艺术的最新研究。文集中的文章选自2012年10月27日和28日明尼阿波利斯艺术博物馆组织的为期两天的研讨会。研讨会将来自中国、欧洲、北美的各个学科——包括考古学、历史学和艺术史学——的学者汇聚一堂。它的直接目标是：借由最新的考古发现在明尼阿波利斯和旧金山两地展览这一契机，将秦历史、文化与艺术的最富有洞见的观点带给美国观者。该展览2012年10月28日至2013年1月27日在明尼阿波利斯艺术博物馆展出，2013年2月22日至2013年5月27日在旧金山亚洲艺术博物馆展出，展览展出了先秦时期的秦国以及秦始皇统治时期的文物，其中有兵马俑，有出自秦始皇陵及其陪葬坑的随葬品，还有今陕西其他地方，即秦国腹地出土的丰富多彩的文物。

　　其中有些文物与明尼阿波利斯艺术博物馆和旧金山亚洲艺术博物馆颇有渊源，两家博物馆都是美国最早展出兵马俑的机构——分别在1985年和1995年。在早期筹备阶段，我们一度想要给展览定名为"战士的回归"，意为对曾经在明尼阿波利斯艺术博物馆、亚洲艺术博物馆，以及其他美国博物馆展出过的兵马俑的追忆。这个最初考虑的标题还暗示那一系列正在进行的考古活动，它们与那个已经开讲，但远未道尽的史诗般的故事密切相关。有些人或许认为，秦始皇陵的秘密已随兵马俑的发现而大白于天下，但事实远不止于此。从1974年以来的每一天，随着考古工作者在这位中国历史上最杰出的人物——自命始皇帝——的陵园中挥汗如雨，新发现和丰富的秦古代历史逐渐重见天日。随着最初的兵马俑坑的发现和挖掘，邻近区

域的重大发现接踵而至。新的发现有美妙绝伦的铜车马，等身的青铜水禽，石质甲胄与头盔，陶质杂技俑和文官。秦始皇将陵墓规划为一个精致的地下宫殿，一个能够保证他在来世中统治的平行世界。他的陵墓像是一个地下王国，有宫殿、马厩、官署、军械库，甚至还有皇家苑囿。和秦相关的挖掘不仅限于秦始皇陵本身，还包括更广袤的其他地区。

毫无疑问，秦始皇陵地下大军是二十世纪最瞩目、最重大的考古发现，因为兵马俑是中国古代丧葬工匠精湛工艺的突出体现。而不太为西方人知的几点是：

今甘肃和陕西的重大考古发现，极大地改变了我们对于秦人起源的认识，春秋时期秦国的崛起，以及在秦史上具有里程碑作用的政治与军事的变革，都导致了秦的称霸天下，并为建立帝国打下了基础。

出土的文献在早期秦历史、政府结构、法典以及早期中国法家思想的性质等方面都为人们提供了洞见；

近期出土的青铜器、金器和玉器使得人们进一步了解了春秋战国时期秦对工艺和祭祀活动的贡献；

秦都城、祖庙及在今陕西凤翔、咸阳等地墓地的发掘揭示了秦城市规划和宫殿建造的独特特点，以及隐含于都城布局结构、宫殿建筑群和丧葬习俗中的独特观念；

发现的大量由秦工匠制造于公元前八到前三世纪的文物明确了：从很早开始，秦就从前朝西周继承了大量艺术和祭祀遗产，既体现在主题上也体现于风格中，同时还从当时的中原和南方诸侯国那里吸取了灵感；

沿秦西北到北部东向延伸的大片土地，也就是今甘肃东部到宁夏再到鄂尔多斯的区域，栖息了众多的游牧民族，许多跟他们有关的、令人兴奋的新文物的发现，为秦与游牧民族之间的交往提供了新的认识。

秦始皇陵除兵马俑外数不清的考古发现进一步阐明了我们对早期工艺、早期丧葬习俗、对冥界的观念，以及对秦始皇竭力想要守护的永世安眠和万代统治做法的理解。

受益于新的发现，兵马俑在一个截然不同的语境中重回大众视野。明尼阿波利斯艺术博物馆和旧金山亚洲艺术博物馆的展览呈现了举世闻名的"冥界军团"，以及近期从秦始皇陵和其他地方出土的重要文物，讲述了一个演进的、关于动荡和秩序并存年代的沉浮故事。展览的内容探索了始皇帝在秦朝之前的那段中国历史。秦始皇即位时，正值周遭诸侯国联盟在巩固势力之际，这些诸侯国已然存活了五百年以上。秦国的每一代国君都在成就秦的霸业的过程中扮演了不可或缺的角色——使秦成功地从一个西北边陲的诸侯发展成一方霸主。由于缺少可靠的文献记载，考古证据为秦国的历史和演变提供了大量线索。展览谨慎地挑选了青铜器、金银饰品、玉器、陶器和宫殿建筑构件等文物，揭示了秦国及其文化的兴起和演变。

展览呈现了有关秦在公元前 770 年到公元前 206 年间的最新考古发现，此外，研讨会旨在通过展示一系列不同学科学者的不同观点，深化关于秦这一题目的学术讨论。借由组织这个关于秦文化与历史方方面面的研讨会，明尼阿波利斯艺术博物馆提供了一个论坛，讨论聚焦展览内容之外的考古材料的新洞见。研讨会及其后出版的论文集中的文章，将引入那些涉及秦的起源和发展的最新考古发现，系统解说秦朝建立前后的艺术创造力的基础。本文集收录的文章充分地讨论了秦的文化创意和政治、社会创新对众所周知的中国文明史的贡献。

第一部分探讨了秦艺术中的继承、创新与政治。在《界定秦艺术传统：遗产、借鉴和革新》中，杜德兰（Alain Thote）考察了秦从西周继承而来的作坊工艺，秦与西陲的半游牧民族的交往，以及秦与中原地区的接触，从而寻找秦艺术风格发展的框架。他指出，秦作坊的生产是针对两种消费者的——汉人和在北方草原的邻居。他还指出，在秦和汉朝初期，秦的装饰风格从其腹地蔓延到中国南方和北方。在秦始皇统一全国之际，数个不同的传统融合为一，形成了最终的主导艺术风格。

下一篇文章是包华石（Martin Powers）的《艺术自然论及官僚政治理论》。作者观察到，除了狂妄自大暴君的暴政外，在自然世界和政治事务中，秦代的官僚理论使得事实、结果以及因果关系变得尤为重要。他注意到，秦时期的文献不断强调行为和事实之间或理论与结果之间的联系。且不论直观类比的论点，包华石考虑到了知识体系与视觉体系之间的紧密关系，于是在文章中探讨了秦时期自然主义背后的认识论维度。

第二部分内容聚焦于都城、墓葬与祭祀。在《秦宇宙观及咸阳：首座与宇宙观对应的都城》中，班大为（David Pankenier）探讨了秦帝国的第一个都城——咸阳的宇宙观。中国人对天象的兴趣由来已久，上可追溯至新石器时代晚期，他们的天象观体现在对建筑在特定地形中的方位、设计和选址。同样地，这些方面的显著变化也反映了权力关系、人口流动、宇宙观，甚至政治意识形态的转变。例如，我们将从大堡子山到咸阳这一路建立的秦国都城考虑在内，历时变化在位于渭河谷地的古代都市的布局上显而易见。秦都城中心与天极的宇宙学对应以及秦对拱极天象的关注，进一步促使城市设计者强调咸阳这个首座帝国都城在布局中的象征性方位。

下一篇文章是汪悦进（Eugene Wang）的《冥界百戏？秦皇陵中的大鼎及裸身陶俑》，文章研究了秦始皇陵封土附近的 K9901 坑中出土的一个三足青铜鼎，以及它在仪式中可能存在的重要性。同样出土于该坑的还有十一个真人大小的、赤裸上身的陶俑，一般认为鼎和陶俑或是权力和等级身份的象征，或是杂技中使用的道具，但汪悦进却另辟蹊径，他认为鼎和这些陶俑是在历史文献中反复提及的"扛鼎"仪式中使用的。他还指出，这种仪式，一旦脱离它特定的参照，可被视作一种象征性的复活仪式。

第三篇文章名为《想象秦始皇陵》，李安敦（Anthony Barbieri-Low）在文中采用了从史家、诗人、考古学家，到电影导演，再到游戏策划等多人视角，展现了人们对尚未挖掘的秦始皇陵内部的想象。在李安敦的眼中，这些不同来源的重构更多地反映了想象者的希望、恐惧和期望，而非陵墓内的实际模样。

第三部分的主题是秦历史、文化与艺术：考古发现带来的新观照。在《纪年形式与史书之起源》一文中，夏含夷（Edward L. Shaughnessy）检验了在当时的文学以及早期中国的考古发现中的众多编年纪，包括秦《编年纪》，也就是湖北云梦睡虎地出土的秦简《编年纪》，以及最近出版的清华简《系年》。在此基础上，夏含夷探索了这类历史叙述的起源。他认为这种逐年的大事记录可能存于西周时期的朝廷,当那时的史官朝书写历史迈出最初的步伐时,他们有可能接触到这些记录。他进而得出结论:我们应重视《编年纪》在述史的发展和古代中国历史意识中的重要地位。

陈光宇(Kuang-yu Chen)在《秦和早期中国的朱砂及水银生产》一文中讨论了先秦墓葬中使用朱砂的情况,这种做法可溯至龙山文化时期(约公元前3000年-前2000年)。借以考古证据,作者表明,先秦和秦朝时期有着发达的朱砂和水银产业,从而满足当时的需求。在后世文献材料的基础上,陈光宇试图推知并重构一个画面——先秦和秦朝时期兴旺且持久的水银产业。通过对比后工业时代的西方,作者称颂了秦朝中国水银产业的规模。

在《秦青铜礼器:来自中原及南方的碰撞》中,柳扬借助近期的考古发现,揭示了秦人是如何在与其他地域文化的交流中形成自己独特的青铜礼器风格的。在考察了大量近期发现的秦青铜器后,作者认为,直到穆公在位时(公元前659年-前621年),随着秦国与其他地区交往的深化,中原和南方——特别是晋国和楚国——的影响才开始增多。聚焦于公元前三世纪流行于秦国的蹄足圆盖鼎,作者指出,新风格的出现不仅仅是出于对变革的渴求,而是还出于实际的考量,因为越来越多的鼎被用于厨房烹饪而非礼仪祭祀。作者认为,在公元前四世纪中叶,商鞅变法后,秦的青铜冶炼业被国家牢牢把控。从战国中期开始的秦青铜礼器的风格变化,实际上是制造规范化的结果。政府意志在商鞅变法后的秦艺术中的体现变得前所未有之显著。

本书的第四部分为秦与其他文化的互动。在秦征服了中原地区的西周的领土之后,秦与西北地区的游牧民族的交往并未停止。因此,我们可以从诸多秦文物中看到草原游牧民族的影响。在苏芳淑(Jenny F. So)的《早期秦文化中的域外或欧亚因素:材料、技术和类型》中,作者考察了秦文化中的"域外"或"游牧"元素,这些元素来源于秦与草原部落的交往,有材料的运用(金),有相关的制造工艺(锤揲、镶嵌),也有生产的文物类型(腰带和其他个人饰物)。最新的考古发现以及私人收藏中的文物，凸显了公元前一千年晚期的多元文化背景，嬴政在此期间称皇，并揭示了这些"域外"元素是如何作为一种序章，预示了随后西汉时期横跨中亚的交通干线的出现。

在最后一篇文章中，作者王辉（Wang Hui）在其文章《马家塬墓地的考古发现及与秦和北方草原文化的关系》介绍了战国晚期马家塬墓地的近期发现，作者揭示了游牧民族西戎贵族墓中的随葬品是如何反映多元文化元素的。它们的存在与秦的文化构成相关，也和它们自己与欧亚草原和北方草原的文化以及与甘肃和青海地区的传统文化因素的互动密不可分。王辉指出，马家塬墓地的发现极大地改变了当下对发源于龙山东西两麓的战国晚期西戎文化的特点的认识，以及当时秦与西戎的重要关系和文化交往。

本次研讨会和后续论文集的出版均得益于露丝·戴顿（Ruth Dayton）和布鲁斯·戴顿（Bruce Dayton）的慷慨解囊，感谢他们长期以来对明尼阿波利斯艺术博物馆中国项目富有远见的赞助。我要特别感谢明尼阿波利斯艺术博物馆的馆长凯温·费尔德曼（Kaywin Feldman）、副馆长马修·韦尔奇（Matthew Welch），感谢他们在我策展、组织研讨会和编辑论文集过程中给予的支持。我还要向讲座和教育部主任苏珊·雅各布森（Susan Jacobsen）和她部门的同事致谢，感谢他们组织了这次成功的国际研讨会。感谢韦陀（Roderick Whitfield）教授、许杰博士对研讨会的支持与参与，感谢海蒂·米勒（Heidi Miller）设计了研讨会的手册，感谢朱迪·埃亨（Jodie Ahern）、洛玛·罗兰（Roma Rowland）、柳依依、傅佳萍、蒋文、蕾切尔·特纳（Rachel Turner）为编辑工作的付出，感谢王辉和张天恩先生提供相关的图片，还要感谢组织协助会议论文集出版的劳拉·德比亚索（Laura DeBiaso）、吉姆·宾达斯（Jim Bindas）、克雷格·戴维森（Criag Davidson）。封面图为西安市长安区南郊神禾塬战国秦陵园大墓发掘照片，曾使用在本论文集英文版封底；此书封底显示的秦代青铜铺首，秦咸阳宫一号宫殿遗址出土，曾发表于本人编《中国兵马俑：秦始皇的遗产》（2012）一书，感谢陕西省考古研究院和咸阳市博物馆提供图片。

继承、创新与政治

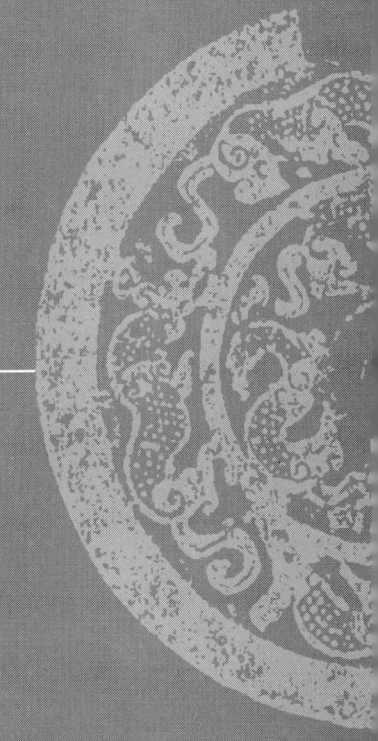

界定秦艺术传统：遗产、借鉴和革新

◎ 杜德兰*

公元前221年，秦统一中国，于是中国的第一个帝国建立了。[1]公元前246年即位的秦王政成为秦始皇帝。1974年，在秦始皇陵封土附近发现了真人大小的兵马俑，彻底改变了我们对早期中国皇家艺术的评价。特别是这些陶俑的现实主义风格，对于艺术史学家来说仍是一个谜团，因为在秦始皇统治之前，没有出现过类似的事物。或许，在公元前三世纪末期的政治动荡和剧烈变革之后，一种新的艺术形态出现了。自1974年起，在秦始皇陵周围相继的发现，证实了早期帝国中的自然主义艺术表现方式。[2]1980年，考古学家发现了两乘一半真实大小的车马，车马由青铜制成。这些车马的设计高度还原，专家可以据此对当时的战车和休闲车舆进行细致入微的研究。[3]较新发现的、地下坑洞中的陶俑——真人大小的乐俑和杂技俑，以及在人工河道中的青铜水禽，都更加栩栩如生。[4]所有的这些造像都是庞大的丧葬工程中的一部分，它旨在重构一个后世的世界，一个秦始皇想象中的死后统

---

* Alain Thote；法国巴黎高等研究院中国先秦艺术与考古荣休教授。
[1] 关于秦在不到十年的如此之短的时间内统一六国，人们提出了不同性质的几个原因，但没有一个是主导因素。关于这些因素的研究见 YATES, Robin D.S.（叶山）. "The Rise of Qin and the Military Conquest of the Warring States（战国时期秦国的崛起与军事征服）", in PORTAL, Jane（简·波特尔）. Ed., *The First Emperor: China's Terracotta Army*. Cambridge, Mass.: Harvard University Press, 2007, 31-57.
[2] 见陕西省考古研究所，始皇陵秦俑坑考古队编：《秦始皇陵兵马俑坑一号坑发掘报告（1974-1984）》，北京：文物出版社，1988年；秦始皇兵马俑博物馆：《秦始皇陵二号兵马俑坑发掘报告（第一分册）》，北京：科学出版社，2009年。
[3] 秦始皇兵马俑博物馆，陕西省考古研究所：《秦始皇陵铜车马发掘报告》，北京：文物出版社，1998年。
[4] 陕西省考古研究所，秦始皇兵马俑博物馆编著：《秦始皇帝陵园考古报告（1999）》，北京：科学出版社，2000年；陕西省考古研究所，秦始皇兵马俑博物馆编著：《秦始皇帝陵园考古报告（2001-2003）》，北京：文物出版社，2007年。

治的世界。[1]我们不妨从这个角度去理解，对物体和人体的现实主义表现和真实大小的再现，都是为了建构这个死后的世界。然而，这并不能解释这个理念是如何突如其来实现的，也不能解释它是如何以如此一致的方式出现的。

实际上，这种不同寻常的现实主义风格的出现与多种不同因素有关。对我而言，兵马俑代表着一个双重的——艺术和宗教的发展的终极阶段。[2]首先，我们需要认识到，对人类的艺术表现总是处于一个次要的地位，在过去的数个世纪内，无论是数量还是大小都十分有限。[3]商代和周代早期的艺术灵感则多源自动物世界，也有人物，但非常少。从西周中期开始，青铜礼器上装饰有少量的、颇为写实的人物。其中许多器物描绘了赤裸的人物，以顺从或羞辱的姿势出现，像是被击败的俘虏。有一些则是被定罪的人物，他们的腿被截断了。显然，这些人物都是无名小卒，属于社会的下层。最早的且唯一一个已知年代的铜像是一个淮夷君王的跪像（图一），[4]其胸口至双膝刻有21字铭文，讲述了他在一场晋侯发动的战争中被俘

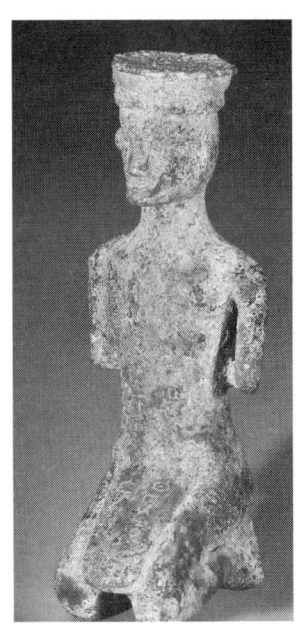

图一　被俘的淮夷君王跪像
（青铜；高17.2厘米；来源未知；上海博物馆编：《晋侯墓地出土青铜器国际学术研讨会论文集》，上海：上海书画出版社，2002年）

---

[1] RAWSON, Jessica（杰西卡·罗森）. "The First Emperor's Tomb: The Afterlife Universe（秦始皇陵：来世的宇宙）", in PORTAL, Jane（简·波特尔）. Ed., *The First Emperor: China's Terracotta Army*. Cambridge, Mass.: Harvard University Press, 2007, 115-145.
[2] 笔者只是将兵马俑的"自然主义"和"现实主义"与艺术史因素和宗教因素相联系起来，而包华石则在这本书中将它们与政治和意识形态关联了起来，颇具说服力。
[3] THOTE, Alain（杜德兰）. "Artists and Craftsmen in the Late Bronze Age of China（Eighth to Third Centuries B.C.: Art in Transition）（中国青铜时代晚期的艺术家与工匠：过渡的艺术，公元前八至前三世纪）", in *Proceedings of the British Academy*, 154, 2008, 201-241. 关于早期中国艺术中的人物形象见FALKENAUSEN, Lothar von（罗泰）. "Action and Image in Early Chinese Art（早期中国艺术的行动和图像）", *Cahiers d'Extrême-Asie*, 17, 2008, 51-91.
[4] 苏芳淑、李零：《介绍一件有铭的"晋侯铜人"》，上海博物馆编：《晋侯墓地出土青铜器国际学术研讨会论文集》，上海：上海书画出版社，2002年，第411-420页。

（图二）。相比这些小型铜像，公元前五世纪有六个身着长袍并佩剑的宫廷侍卫，代表着人像的新发展方向，尽管它们不能被视作独立的造像。在这个发展的早期阶段，中国艺术中尚无自主的人像。那六个侍卫是约殁于公元前433年的曾侯乙墓中的编钟的一部分（图三），[1] 他们的长袍和佩剑都说明了他们曾为贵族家庭服务。此外，他们的衣服都以漆精心绘制。然而，他们都是一个模子做出来的，以静止不动的姿势站立着，表情体现不出任何个体差异。相比之下，兵马俑则是自主的人像，其面部表情各不相同，尽管"严格来讲，它们可能不能算作肖像"。[2] 它们带有社

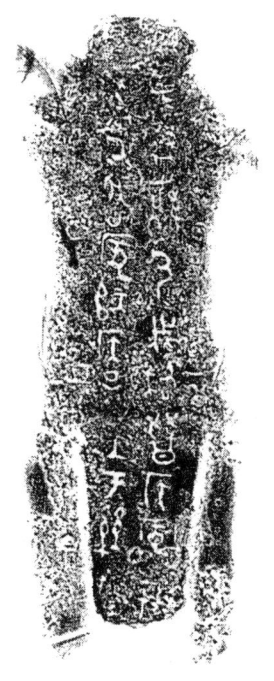

图二 跪像上的铭文

（上海博物馆编：《晋侯墓地出土青铜器国际学术研讨会论文集》，上海：上海书画出版社，2002年，第417页）

图三 曾侯乙编钟钟架上的站立武士像

（湖北随州擂鼓墩；约公元前450年－前433年；湖北省博物馆：《曾侯乙墓》，北京：文物出版社，1989年，第79页）

---

[1] 湖北省博物馆：《曾侯乙墓》，北京：文物出版社，1989年，第75—79页。
[2] KESNER, Ladislav（拉基斯拉夫·凯斯纳）. "Likeness of No One: (Re)presenting the First Emperor's Army（独一无二：再现秦始皇兵马俑）", *Art Bulletin*, 77.1, 1995, 115-132.

11

会身份，通过他们的特征、姿势和手势，我们可以判断出每一名士兵在军队中的角色。然而，除了个人化的表现之外，兵马俑的面部并没有任何能够表现个性的特征，它们或多或少地表现了几种理想化的类型，这主要是因为兵马俑是大型丧葬工程的一部分，旨在建构一个世界的缩影。除了这个大型工程的艺术成就之外，我们还要从丧葬实践的角度去考量这些陶俑。

近期的考古发现表明，墓葬中曾使用木质人像（图四）。尽管这些人像做工粗糙，但它们有着带关节的手臂。[1] 它们不能被视作艺术品，而是象征着人的存在的模拟像，与死者有着某种联系。这些人像被放置于墓坑中，但在盛放死者遗体的椁室之外。得益于当下的一种更新更细致的发掘方法，人们得以知晓这些人像的存

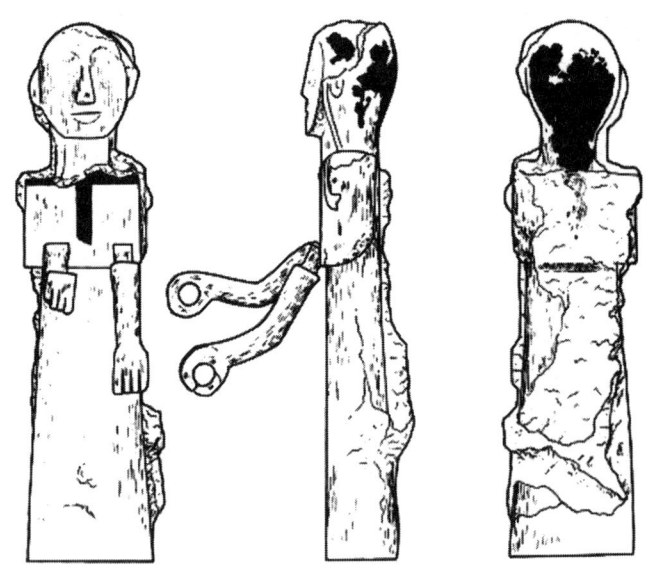

图四　立人像

（木质；陕西韩城梁带村 M502 号墓；陕西省考古研究所，渭南市文物保护考古研究所，韩城市景区管理委员会：《梁带村芮国墓地——二〇〇七年度发掘报告》，北京：文物出版社，2010 年，第 48 页）

[1] 在陕西韩城梁带村 M502 号墓中，发现了四个手手臂带关节的木质人像。见陕西省考古研究院，渭南市文物保护考古研究所，韩城市景区管理委员会：《梁带村芮国墓地——二〇〇七年度发掘报告》，北京：文物出版社，2010 年，第 47-49 页。2008 年，在陕西翼城县大河口，也就是侯马附近，发现了一个更大的人像（110 厘米）。我要对中国社会科学院考古研究所的考古工作人员表示真诚感谢，他们在 2010 年 10 月邀请我去查验这些木质人像以及其他重要遗迹。

在。早先的时候,考古学家没有发现或没有对这些木质人像给予足够的关注,因为他们假定这些物品早就消失在了泥土中。秦似乎继承了随葬木质模拟像的做法,我们从陇县边家庄出土的约公元前700年的一乘人驾木车可以得知(图五)。[1]所有的这些模拟像都造型粗笨,不求形似,它们仅仅是为了表现人的存在,跟随着其主人进入死后的世界。[2]公元前六世纪,秦人的墓葬开始出现与周代其他诸侯国不同的特征,特别体现在随葬的日常用品样式中,用以呼应死者的环境。数座秦人的

图五　陕西陇县边家庄五号墓线描图

(约公元前700年;陕西省考古研究所宝鸡工作站,宝鸡市考古工作队:《陕西陇县边家庄五号春秋墓发掘简报》1988年第11期,第11、15页)

---

[1] 陕西省考古研究所宝鸡工作站,宝鸡市考古工作队:《陕西陇县边家庄五号春秋墓发掘简报》,《文物》1988年第11期,第14-23页,第54页。
[2] 关于在主人死后作为其陪伴的实践见 TESTART, Alain(艾伦·泰斯塔). *La servitude volontaire: Essai sur le rôle des fidélités personnelles dans la genese du pouvoir*(自愿奴役:关于个人忠诚在权力起源中的作用), 2 vols. Paris: Editions Errance, 2004. 泰斯塔认为随葬的仆人并不是被"牺牲的",他们只是跟着主人进入了死后的世界。

墓葬中都出土了陶质谷仓和牛车。[1]在墓中构建一个微缩世界，更多地体现在秦墓中，而非周代其他的诸侯国的墓葬中。在这个特定的文化环境中，早期的粗糙模拟像可能被人物造像所替代，以强调自然主义的表现方式，最终表现在带有强烈视觉写实主义的兵马俑上。事实上，秦始皇陵园中不仅仅有明器，还有作为祭祀牺牲的人与动物。[2]此外，明器都是与原物一样大小的。这样一来，虚假与真实就在秦始皇陵墓所构建的地下世界中混为一体了。

从兵马俑身上我们可以看到，传统加上对模型的特定兴趣，成就了某种人物造像的写实主义形式。相比之下，楚国的人物表现就没那么复杂了，换言之，他们的风格更多是指示性的而非写实性的。[3]

上文刚提到了楚国，但与楚国的艺术传统相比，对东周时期秦国的艺术风格演变的研究是更难的。其挑战之一就是缺少随葬品丰富的墓葬。与其他诸侯国不一样，秦国严格执行了杜绝奢靡之风的规定，东周的秦国贵族墓葬，也就是诸侯之下的人的墓葬，与周疆域内的其他地方的同级贵族墓葬毫无可比性。[4]秦墓中包含了专门为陪葬制作的"明器"。

另一个使得秦艺术难以研究的因素是：秦墓中出现了许多在其他诸侯国制造的

---

[1] FALKENAUSEN, Lothar von（罗泰）. "Mortuary Behavior in Pre-Imperial Qin: A Religious Interpretation（先秦的丧葬行为：一种宗教解读）", in LAGERWEY, John（劳格文）ed., *Religion and Chinese Society*（宗教与中国社会）, 2 vols. Hongkong/Paris, 2004, vol.1. 132.
[2] LEDDEROSE, Lothar（雷德侯）. *Ten Thousand Things: Module and Mass Production in China Art*（万物：模件化与中国艺术）. Princeton: Princeton University Press, 2000, chap.3（"A Magic Army for the Emperor"）, 51-73.
[3] 例如九店雨台山楚墓、江陵天星观二号墓和荆门包山发现的木质模拟像。见湖北省荆州地区博物馆：《江陵雨台山楚墓》，北京：文物出版社，1984年，第113页；湖北省文物考古研究所：《江陵九店东周墓》，北京：文物出版社，1995年，第296-298页；湖北省荆州博物馆：《荆州天星观二号楚墓》，北京：文物出版社，2003年，第176-180页；湖北省荆沙铁路考古队：《包山楚墓》，北京：文物出版社，1991年，第254-257页；无论死者的身份和地位如何，楚木质人像的雕工颇为简单粗糙。
[4] 与罗泰关于春秋墓葬的观点相反。见FALKENAUSEN, Lothar von（罗泰）. "The Waning of the Bronze Age: Material Culture and Social Developments, 770-481 B.C.（青铜时代的衰败：物质文化和社会发展）", chapter 7 in LOEWE, Michael（鲁惟一）and SHAUGHNESSY, Edward L.（夏含夷）eds., *The Cambridge History of Ancient China: From the Origins of Civilization to 221 B.C.* Cambridge: Cambridge University Press, 1999, 497. 尽管春秋时期的墓葬数量有限，但这时期的秦墓与楚墓相比，反差是巨大的。

器物。相较而言，楚国的贵族墓中则充斥着大量楚国自制的随葬品。除了以上的不同，从东周早期到晚期的秦墓中的为数不多的内容，为人们认识秦艺术提供了一些线索，也为人们从传承、借鉴和创新的角度给出一个尝试性的初步定义。西周王廷继承的作坊、艺术家们能取得的物质材料、与中原地区的接触以及其他的一些因素，共同定义了秦艺术。最初，秦艺术中的精品都是由为周王服务的那批工匠和他们的后代制造的，宝鸡太公庙出土的公元前725年的镈，是西周遗风的见证，特别是对比公元前812年浇铸的克镈（图六、图七）。[1]两只镈的先后关系非常清晰，比起最初的原型而言，太公庙镈的纹饰要更加密集、繁复。有三只镈的风格与太公庙镈的

图六 镈
（青铜；陕西宝鸡太公庙；柳扬编：《中国兵马俑：秦始皇的遗产》，明尼阿波利斯艺术博物馆，2012年，第66页）

图七 克镈
（青铜；藏于天津博物院；柳扬编：《中国兵马俑：秦始皇的遗产》，明尼阿波利斯艺术博物馆，2012年，第157页）

---

[1] 太公庙发现的镈钟和甬钟见于LIU, Yang（柳扬）等编. *China's Terracotta Warriors: The First Emperor's Legacy*（中国兵马俑：秦始皇的遗产）. Minneapolis: Minneapolis Institute of Arts, 2012, 66-69. 克镈见于《中国青铜器全集——西周I》，北京：文物出版社，1996年。

图八 镈钟

(甘肃礼县大堡子山五号坑；公元前八世纪；柳扬编：《中国兵马俑：秦始皇的遗产》，明尼阿波利斯艺术博物馆，2012年，第155页)

非常相近，此外还有2006年在礼县大堡子山出土的一组八个甬钟（图八）。[1] 这一重大发现证实了所有的这些镈钟都是在秦国作坊制造的。由于太公庙镈上的铭文并非铸款而成，而是刻上的，所以它们的制造日期可能要早于秦武公（公元前697年－前678年在位），甚至早至春秋初期。的确，我们可以假定，太公庙镈、大堡子山镈和上海镈（见本页注释［1］）都铸于周王室赞助下的铸铜作坊，就在公元前770年西周覆灭之后不久。

然而，无论是风格还是质量，许多秦铜器都与西周传统截然不同，最早的秦公墓中出土的青铜礼器可以证实这一点。这些墓葬位于甘肃大堡子山，[2] 其中二号

---

［1］见早期秦文化联合考古队：《2006年甘肃礼县大堡子山祭祀遗迹发掘简报》，《文物》2008年第11期，第14-29页。另一件同类的镈钟藏于上海博物馆，见李朝远：《上海博物馆新藏秦器研究》，礼县博物馆、礼县秦西垂文化研究会编：《秦西垂文化论集》，北京：文物出版社，2005年，第521-533页。

［2］礼县博物馆、礼县秦西垂文化研究会：《秦西垂陵区》，北京：文物出版社，2004年；戴春阳：《礼县大堡子山秦公墓地及有关问题》，《文物》2000年第5期，第74-80页。

墓属于一位公元前八世纪的秦公。

当秦公在甘肃立国时，他们的青铜礼器已然与众不同了。器物的纹饰是满布器身的90°交叉的螭虺纹（图九）。[1]见棱见角的纹饰与活灵活现的自然主义风格的动物形成了鲜明对比。与西周的原型相比，秦铜器则没那么规矩。同样地，它们的质量也比不上西周周王的作坊或像晋国一样的诸侯国的作坊制造的铜器。

图九　青铜盨

（甘肃礼县大堡子山；公元前八世纪；礼县博物馆，礼县秦西垂文化研究会：《秦西垂陵区》，北京：文物出版社，2004年，第90页）

纹饰与质量上的差异也体现在了秦国制造的玉器与其他诸侯国的玉器之间。秦玉器的雕工稍显粗糙，仅限于阴刻和镂雕（图一〇）。[2]此外，与早期的西周玉器不同，秦玉牌的表面没有细浮雕，表面纹饰仅限于满饰的涡纹。与东周其他国家的造玉传统相比，比如吴国和楚国，秦玉纹饰的线条并不流畅，其形状也是见棱见角的。[3]放大

---

[1] 见《秦西垂陵区》，2004年，图4，第64页；图9，第68页（鼎）；图12-15，第72-75页；图1，第127页（簋）；图17，第77页（壶）；图18-21，第78-85页（方壶）；图22-23，第86-89页（扁圆盉）；图24，第90-91页（盨）；图25，第92页（盘）；图31，第97页（尊，实际上为罐）；图32，第99-101页（战车形盒）；图42、43、45，第108-110页（车马配件）。

[2] 典型的秦玉器见于刘云辉：《陕西出土东周玉器》，北京/台北：文物出版社/众志美术出版社，2006年；特别见56-64页（FH6, FH7, FB11, FB12, FB14, MB15），第67页（FN5, FN6），第69页（FN11），第73-75页（FN18-FN22），第79页（FN28），第82-88页（FN32-FN36），第93-98页（FN46, FN47, FN40-FN52, FN54, FN55），第100-101页（FN60, FN62-FN64），第105-108页（FN72-FN74, FN76-FN78），第121-132页（FN121-FN127），第160-163页（BY50-BY55），第168页（BY61-BY63），第178页（MT5, MT6），第187页（GZ10）。

[3] 姚勤德，龚金元：《吴国王室玉器》，上海：上海人民出版社，1996年，图1-9，图12-14，图17-24，图27-28，图31-38，图43-46，图49，图54，图60，图63，图65，图67，图69-71，图90。在吴越传统中，人们会再次使用和加工一些良渚玉器，比如图58的小型吊饰，或许图54是一例。楚和吴的玉器之间的差异没有和秦玉之间的大。殷志强，丁邦钧：《东周吴楚玉器》，台北：艺术图书公司，1993年。

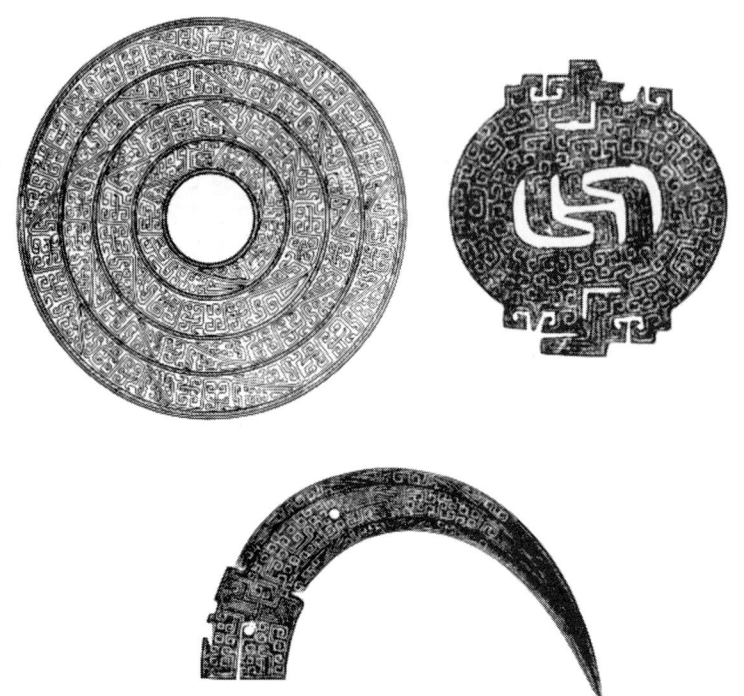

图一〇 玉制礼器上的纹饰的拓片

（刘云辉：《陕西出土东周玉器》，北京/台北：文物出版社/众志美术出版社，2006年，第57页，第67页，第87页）

看，玉器上的刻线表明刻玉技术较为原始。[1]由于所有的这些特征，秦式玉的鉴别也较为简单。早在公元前八世纪，秦国的玉匠们似乎就已丢失了西周时期先人们使用的技术。

现在，我想要提及一个在秦艺术和工艺中更鲜明的特点。在与秦西境居住的人们的交往过程中，秦借鉴了他们的一些艺术特征。第一个例子是一个小型木制豕形漆器（图一一），约在公元前六世纪中期，出土于凤翔南指挥镇（陕西）。[2]该动物的选择

---

[1] 见刘云辉：《陕西出土东周玉器》，2006年，参第228-240页中的陈启贤的分析。
[2] 《中国漆器全集·第一卷·先秦》，福州：福建美术出版社，1997年；THOTE, Alain（杜德兰），"Lacquer Craftsmanship in the Qin and Chu Kingdoms: Two Contrasting Traditions（Late Fourth to Late Third Century B.C.）（秦国楚国的漆器工艺：两个对立的传统［公元前四世纪末期到三世纪末期］）"，*The Journal of East Asian Archaeology*, 5, 1-4 (2003), 336-374。

以及皮毛的表现处理都是异乎其他中国艺术的。其肩部和尾部是用涡纹表现的，被广泛用于各类动物样式中。[1]动物侧面形象的关节和肌肉用内卷的纹饰表现，这种手法可以在公元前九或前八世纪的甘肃（宁县宇村）发现的铜虎饰上找到（图一二）。[2]除了其域外风格，南指挥的木饰

图一一　野猪形小饰物

（约公元前六世纪中期；陕西凤翔南指挥镇；作者绘线描图）

是髹漆的，也就是说它是在秦国的作坊中制造的。此外，这件木饰是与其他一些金饰件一同发现于秦景公墓中，秦景公于公元前537年逝世，其墓去秦国都城雍城不远。

三个世纪以后，一些器物的发现证实了秦工坊中的确使用了动物样式（Animal Style）。1998年至1999年，中国的考古学家在西安北部的北康村乐百氏工地发现了一个墓地。[3]34号墓中发现了多件来自一个青铜作坊的器物，证实了新的丧葬

图一二　铜虎饰

（甘肃宁县宇村；公元前九或前八世纪；许俊臣，刘得祯：《甘肃宁县宇村出土西周青铜器》，《考古》1985年第4期，第350页）

---

[1] JACOBSON, Esther（爱沙·雅克布逊）. "Beyond the Frontier: A Reconsideration of Cultural Interchange Between China and the Early Nomads（疆域的超越：再论中国与早期游牧民族的文化交流）", *Early China*, 13, 1988, 205-206. 又见 BUNKER, Emma C.（艾玛·邦克）, KAWAMI, Trudy S.（特鲁迪·S·卡瓦米）, LINDUFF, Katheryn M.（林嘉琳）, and WU, En（吴恩）. *Ancient Bronzes of the Eastern Eurasian Steppes from the Arthur M. Sackler Collection*（亚瑟·赛克勒藏欧亚草原东部的古代青铜器）. The Arthur M. Sackler Foundation, 1997, 70, 165.

[2] 许俊臣，刘得祯：《甘肃宁县宇村出土西周青铜器》，《考古》1985年第4期，第349-352页；BUNKER, Emma C.（艾玛·邦克）, SO, Jenny F.（苏芳淑）. *Traders and Raiders on China's Northern Frontier*（中国北境的商人与劫掠者）. Washington, D.C.: Arthur M. Sackler Gallery, Smithsonian Institution, 1995, 26, 111-112.

[3] 陕西省考古研究所：《西安北郊秦墓》，西安：三秦出版社，2006年，第120-133页，第202页，第210页；又见 LIU, Yang（柳扬）. *China's Terracotta Warriors: The First Emperor's Legacy*（中国兵马俑：秦始皇的遗产）, Minneapolis Institute of Arts, 2012, 289-291.

习俗的出现和对草原地区动物样式的偏爱（图一三）。

和 34 号墓一样，墓地中百分之七十的墓为竖穴墓道土洞墓，有着一个垂直向下的墓道和一个向旁边挖开的墓室。死者葬于墓室中，随葬品只有几件，都是最小和最珍贵的器物。墓室入口的龛室中有一些陶罐。死者为男性，年龄不可考，

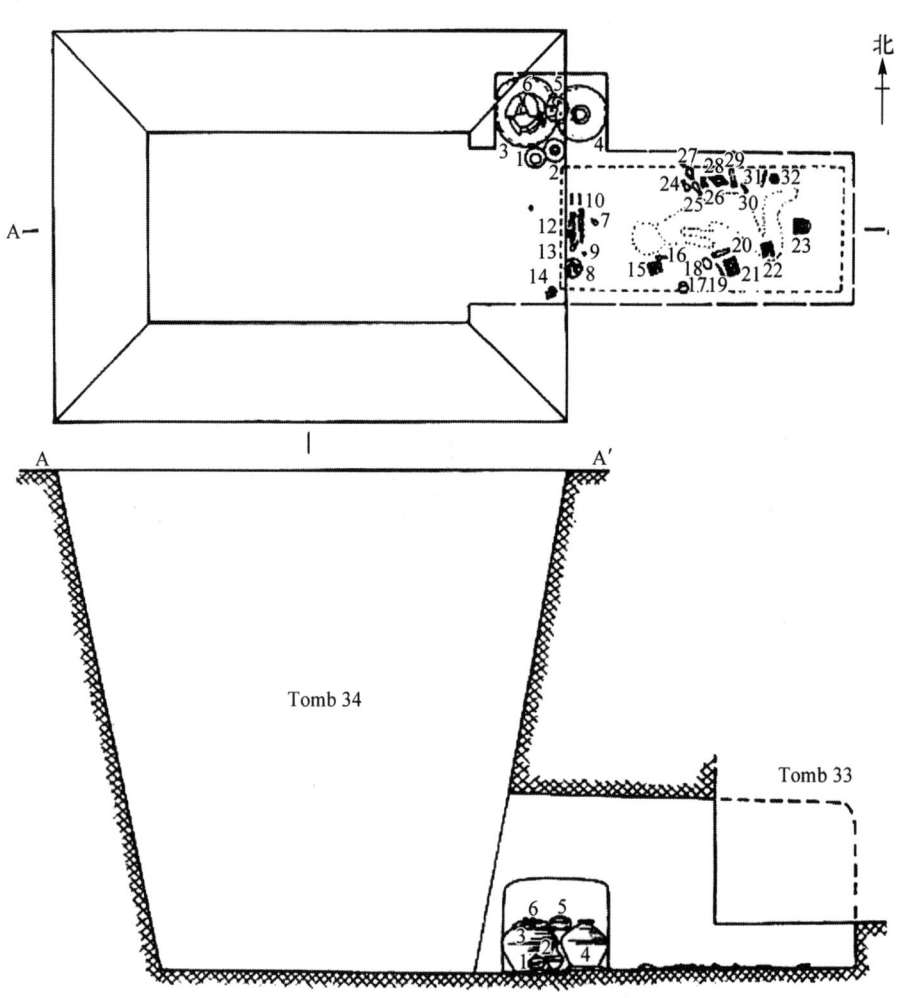

图一三　乐百氏工地 34 号墓平面图和剖面图

（陕西西安北康村；陕西省考古研究所：《西安北郊秦墓》，西安：三秦出版社，2006 年，第 121 页）

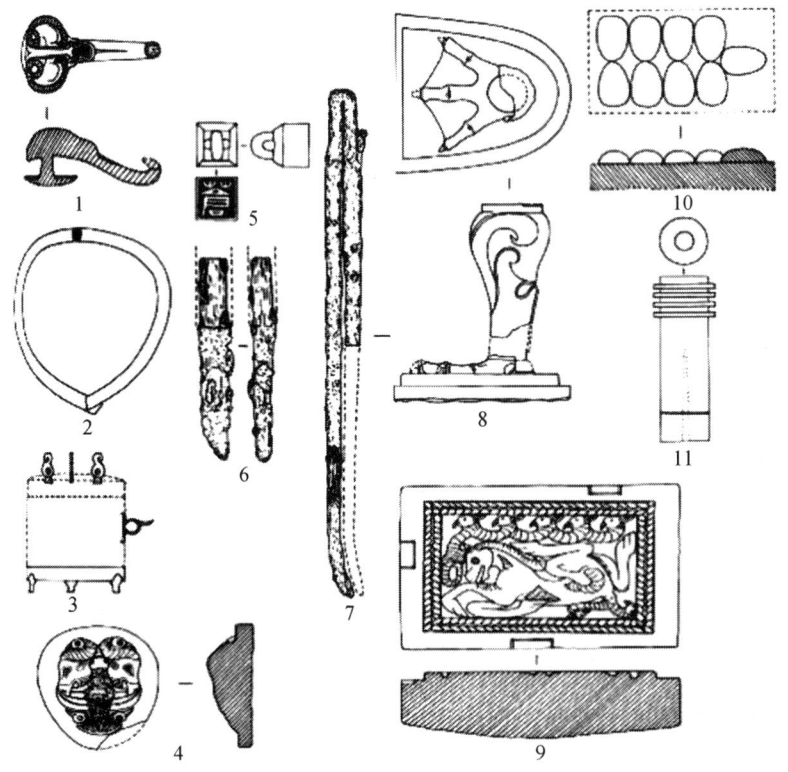

图一四　乐百氏工地34号墓出土器物

（陕西西安北康村；1.青铜带钩，2.铜环，3.漆樽，4.陶牌模，5.铜印，6.铁凿，7.铁铗，8.陶灯模，9.陶牌模，10.陶椭圆形泡饰模，11.陶衡末模；陕西省考古研究所：《西安北郊秦墓》，西安：三秦出版社，2006年，第131页）

双腿弯曲，这是公元前四世纪中期在秦国广泛使用的一种葬俗。[1]墓葬规模和随葬品数量说明墓主人的社会地位不高，但他也有着可观的财富（图一四）。这些随葬品是死者生前日常使用的物品，人们显然认为这些物品在后世中仍有用武之地。这些物品中有他的印章，印章是青铜铸的，铸有其姓氏苍。此外还有一件铜环、

---

[1] 根据在云梦睡虎地（湖北）发现的一部早于公元前217年的秦代竹书，这一葬俗被视作可以摒除鬼魂和恶鬼。见《云梦睡虎地秦墓》编写组：《云梦睡虎地秦墓》，北京：文物出版社，1981年；睡虎地秦墓竹简整理小组：《睡虎地秦墓竹简》，北京：文物出版社，1990年；FALKENAUSEN, Lothar von（罗泰）. "Mortuary Behavior in Pre-Imperial Qin: A Religious Interpretation（先秦的秦国丧葬行为：一种宗教解读）", 2004, vol. 1, 136.

一件漆樽以及一把铁刀。在他身体的两侧有25件陶模具，用于铸造墓中的小型青铜器物，此外还有一块砺石。在墓室的入口附近，有祭肉的残留——少量的骨头。鉴于这些随葬品，这座墓是新葬俗发展的证明，也就是说，随葬品更多是出于死者家庭的个人选择，而不只是为了表现死者的身份。[1]这座墓中的随葬品说明死者或是独立工匠，或是国有青铜作坊的工长。若是前者，那么他可以轻易将对劳作有用的工具带到墓中；若是后者，他就没有那么大的自由度了。我们在上文提到，墓中的工具比模具要少。印章的出现对于身份辨识是有决定性的，因为秦国有着一套严格的针对工作质量的奖惩制度。[2]墓中发现了17件陶模，全部都是小型器物的模具，多数是牌模和饰物模、车马器件模、弩机零件模、鼎足模、一件耳杯形器模以及一盏雁足灯模。

从陶模的形状判断，作坊是能够生产实用器、青铜礼器和饰物的。令人惊讶的是，牌饰的纹饰并非源自中原地区，而是来自秦以北以西地区流行的动物样式。这些模具并非受到动物样式的影响或启发，而是如实地反映了动物样式，外加一些创新。它们是中原工匠用来为域外消费者制造器物而使用的。多年前，苏芳淑（Jenny So）和艾玛·邦克（Emma Bunker）在图录《中国北境的商人与劫掠者》（*Traders and Raiders on China's Northern Frontier*）中正确地指出"这些从中原出口的器物是中原制造的，但是为域外的北方人所使用的"，"根据不同的时间和地点，在不同程度上向这些邻人供应最昂贵的金属器"。[3]最终体现在器物上的是双方的主题、纹饰甚至冶金技术。西安的一处发现证实了这一点，其中的陶模的纹样与动物样式完全吻合，特别是翻转180°的后肢，与哈萨克斯坦阿拉木图的伊塞克墓出土的金牌饰

---

[1] 比如，秦的小官会将与其活动相关的书写工具和手稿随葬，所有这些贵重物品会放在棺材里边，放在他们的身旁。

[2] 云梦睡虎地11号墓（约公元前217年）出土的秦律文书揭示了，生漆的质量、生产的器具和生产的数量都有着精确的标准。秦馆员按照一套官僚管制办法对所有种类的物品、陶器、武器等进行管控。见THOTE, Alain（杜德兰）. "Lacquer Craftsmanship in the Qin and Chu Kingdoms: Two Contrasting Traditions（Late Fourth to Late Third Century B.C.）（秦国楚国的漆器工艺：两个对立的传统［公元前四世纪末期到三世纪末期］）." 2006, 349-350.

[3] BUNKER, Emma C.（艾玛·邦克）, SO, Jenny F.（苏芳淑）. *Traders and Raiders on China's Northern Frontier*（中国北境的商人与劫掠者）. 1995, 53.

图一五 陶牌模
（乐百氏工地34号墓出土；陕西西安北康村；柳扬编：《中国兵马俑：秦始皇的遗产》，明尼阿波利斯艺术博物馆，2012年，第290页）

图一六 金牌饰
（哈萨克斯坦阿拉木图的伊塞克库尔干出土；公元前四世纪晚期至三世纪早期；《丝绸之路文明大展——绿洲与草原之路》，奈良：奈良县立美术馆，1988年，第127页）

（公元前四世纪晚期至前三世纪早期），还有巴泽雷克（Pazyryk）二号墓死者身上的纹身纹样（公元前四世纪，图一五、图一六）一模一样。[1]另外，西伯利亚南部的动物样式中，常常有怪兽形象，它头上两角后伸，尾巴向前伸，都分作枝杈，枝杈顶端均配为鹰头。这些神奇的动物可以在巴泽雷克二号墓中的雪松和皮质饰物上看到，也可以在陕西发现的马形金饰物上找到。[2]

在所有的陶模中，有一个带有母子人物纹饰的牌饰。这种个人情感是母子之爱的表现（图一七），反映了公元前四世纪以来周朝出现的新艺术风向。这一新艺术表现在某种程度上必然与个人主义的崛起有关。[3]在这种情况下，母子情深的主题则是

---

[1] SCHILTZ, Véronique（薇罗尼卡·席尔茨）. *Les Scythes et les nomades des teppes — VIIIe siècle avant J.-C.-Iler s. apres J.-C*（草原游牧民族与斯基泰人：公元前八世纪到公元一世纪）. Paris: Gallimard, 1994, figs. 221A and B, p. 302, and fig. 199, p. 269.

[2] 同上，fig. 206, p. 275. BUNKER, Emma C.（艾玛·邦克）ed. *Ancient Bronzes of the Eastern Eurasian Steppes from the Arthur M. Sackler Collection*（亚瑟·赛克勒藏欧亚草原东部的古代青铜器）. The Arthur M. Sackler Foundation, 1997, fig. A56, p. 50.

[3] 有关战国中期和后期发展出的新艺术形式，见 THOTE, Alain（杜德兰）. "Artists and Craftsmen in the Late Bronze Age of China（Eighth to Third Centuries B.C.: Art in Transition）（中国青铜时代晚期的艺术家与工匠：过渡的艺术，公元前八至前三世纪）", in *Proceedings of the British Academy*, 154, 2008, 201–241.

图一七　母与子人物陶牌模

（乐百氏工地34号墓出土；陕西西安北康村；柳扬编：《中国兵马俑：秦始皇的遗产》，明尼阿波利斯艺术博物馆，2012年，第289页）

由动物样式的主题——一个豹子在舔舐它的幼崽转变而来。日本专家小田木治太郎（Odagi Harutaro）提出了一种假设，认为菱形的牌模与另外两个牌模相关。[1]

从模具的两个主要风格上判断，作坊的产品主要面对两类消费者，一类是中原人士，一类是他们的邻居。对于中原人士而言，目标产品是耳杯、车马配件、灯和礼器；对于草原民族来说，则是域外装饰风格的产品。这意味着，在秦都城中，也就是秦朝腹地中设立的作坊进行着远距离的贸易，贸易途经了安全的贸易路线上的中转站。居住在当今宁夏和甘肃的人们是首批参与贸易的人。罗丰先生发现，在宁夏南部固原三营乡出土的一个金牌饰，与北康村发现的牌模非常相似。[2]

更不可思议的是，秦作坊生产的两种风格的器物在全国数个地方均有发现，它们在公元前三世纪就被贩卖到了远离秦都城的地方。比如，在山东的临淄商王出土遗物丰富的墓中（图一八），发现了一些器物，从风格上十分接近北康村34号墓的出土物。[3]这些器物——比如带钩、装饰着狮鹫兽的车马配件、一对雁足灯以及一件漆樽，似乎都是在秦国生产的，即便不是全部，也是大多数。圆柱形的樽及其青铜配件可以追溯至公元前四世纪末，出现在被秦国入侵的多个不同地区：先是四川北部、河南南部和湖北北部，然后是湖南。紧随公元前三世纪统一中国的战争之后的，是从秦都城咸阳向外的贸易路线的开拓，这也加速了新型器物的流通。如上文

---

[1] 罗丰：《中原制造——关于北方动物纹金属牌饰》，《文物》2010年第3期，第56-63页，第96页；见图3，第59页。

[2] 同上，第61-62页；钟侃，韩孔乐：《宁夏南部春秋战国时期的青铜文化》，《中国考古学会第四次年会论文集1983》，北京：文物出版社，1985年，第205-213页。

[3] 齐故城博物馆：《临淄商王墓地》，济南：齐鲁书社，1997年，图24-1，第32页（铜灯），图29-1，第38页（车马件），图53-3，第64页（尊），图27（带钩）。考古学家将墓葬的年代定为战国后期，从墓葬装饰来看，这一断代颇早。它或许是公元前三世纪晚期的一座秦墓。

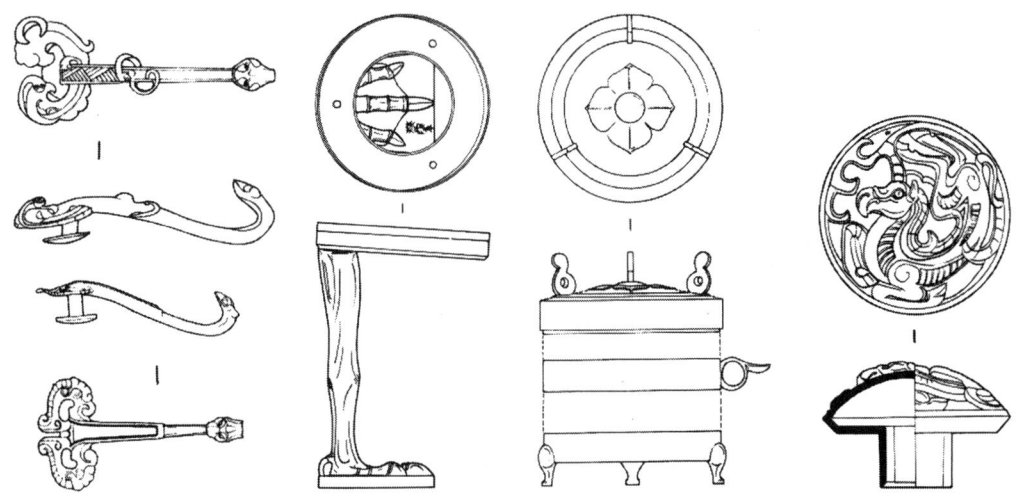

图一八 临淄商王（山东）一号墓出土器物

（齐故城博物馆：《临淄商王墓地》，济南：齐鲁书社，1997年，第35页）

所示，由于战国时期的大多大型秦墓都被盗掠已久，而小型秦墓的随葬物又很少，因此我们很难描绘出一个相对完整的秦艺术传统。无论如何，秦腹地以外地区的墓葬可以帮助我们了解秦的艺术产品。秦漆器的工艺水平和创造力都可以比肩楚国。例如，在江陵九店的墓葬中发现的尊刻有"咸亭"两字铭文，说明该尊是在秦都城咸阳制造的，而且被当权的官员所使用。[1]显然，秦国的漆器是备受重视的，人们在楚国的腹地长沙发现了一件漆盒，证实了这一点。该漆盒带有典型的草原风格纹饰，纹饰中的马盘踞于漆盒的盒盖上，马的后肢翻转了180°。漆盒其余的装饰则是中原风格的，将木板卷制再上漆的制造工艺是秦作坊独有的特征。[2]

秦汉时期，秦风格的装饰更是从其腹地远播至大江南北，其中一个突出的例子

---

[1] THOTE, Alain（杜德兰）. "Lacquer Craftsmanship in the Qin and Chu Kingdoms: Two Contrasting Traditions（Late Fourth to Late Third Century B.C.）（秦国和楚国的漆器工艺：两个对立的传统［公元前四世纪末期到前三世纪末期］）". 2006.

[2] THOTE, Alain（杜德兰）. "Lacquer Craftsmanship in the Qin and Chu Kingdoms: Two Contrasting Traditions（Late Fourth to Late Third Century B.C.）（秦国和楚国的漆器工艺：两个对立的传统［公元前四世纪末期到前三世纪末期］）". 2006. 364-367.

图一九　长沙马王堆一号墓第三层木棺上的纹饰局部
（湖南省博物馆，中国科学院考古研究所：《长沙马王堆一号汉墓》，北京：文物出版社，1973年）

便是马王堆一号墓第三层木棺上的纹饰，充分说明了秦风格的广布。在许多的吉祥图案中，马是按照动物样式的特定姿势来绘制的（图一九）。[1]

从上述的所有例子中，我们看到了秦艺术创造的活力。数个不同的传统相互融合，最终在艺术上统治了秦始皇所征服的领土。

参考文献：

1. BUNKER, Emma C.（艾玛·邦克）, SO, Jenny F.（苏芳淑）. *Traders and Raiders on China's Northern Frontier*（中国北境的商人与劫掠者）. Washington, D.C.: Arthur M. Sackler Gallery, Smithsonian Institution, 1995.
2. BUNKER, Emma C.（艾玛·邦克）, KAWAMI, Trudy S.（特鲁迪·S·卡瓦米）, LINDUFF, Katheryn M.（林嘉琳）, and WU, En（吴恩）. *Ancient Bronzes of the Eastern Eurasian Steppes from the Arthur M. Sackler Collection*（亚瑟·赛克勒藏欧亚草原东部的古代青铜器）. The Arthur M. Sackler Foundation, 1997.

---

[1] 杜正胜：《欧亚草原动物纹饰与中国古代北方民族之考察》，《"中研院"历史语言研究所集刊》1993年第64本第2分，第231—408页.

3. 陈启贤:《秦玉器工艺技术研究》,刘云辉:《陕西出土东周玉器》,北京/台北:文物出版社/众志美术出版社,2006年,第228-240页。
4. 戴春阳:《礼县大堡子山秦公墓地及有关问题》,《文物》2000年第5期,第74-80页。
5. 杜正胜:《欧亚草原动物纹饰与中国古代北方民族之考察》,《"中研院"历史语言研究所集刊》1993第64本第2分,第231-408页。
6. FALKENAUSEN, Lothar von（罗泰）. "Action and Image in Early Chinese Art（早期中国艺术的行动和图像）", *Cahiers d'Extrême-Asie*, 17, 2008, 51-91.
7. FALKENAUSEN, Lothar von（罗泰）. "Mortuary Behavior in Pre-Imperial Qin: A Religious Interpretation（先秦的秦国丧葬行为：一种宗教解读）", in LAGERWEY, John（劳格文）ed., *Religion and Chinese Society*（宗教与中国社会）, 2004, vol. 1, 109-172.
8. FALKENAUSEN, Lothar von（罗泰）. "The Waning of the Bronze Age: Material Culture and Social Developments, 770-481 B.C.（青铜时代的衰败：物质文化和社会发展）", chapter 7 in LOEWE, Michael（鲁惟一）and SHAUGHNESSY, Edward L.（夏含夷）eds., *The Cambridge History of Ancient China: From the Origins of Civilization to 221 B.C.* Cambridge: Cambridge University Press, 1999, 450-544.
9. 湖北省博物馆:《曾侯乙墓》,北京:文物出版社,1989年。
10. 湖北省荆沙铁路考古队:《包山楚墓》,北京:文物出版社,1991年。
11. 湖北省荆州博物馆:《荆州天星观二号楚墓》,北京:文物出版社,2003年。
12. 湖北省荆州地区博物馆:《江陵雨台山楚墓》,北京:文物出版社,1984年。
13. 湖北省文物考古研究所:《江陵九店东周墓》,北京:文物出版社,1995年。
14. 湖南省博物馆,中国科学院考古研究所:《长沙马王堆一号汉墓》,北京:文物出版社,1973年。
15. JACOBSON, Esther（爱沙·雅克布逊）. "Beyond the Frontier: A Reconsideration of Cultural Interchange Between China and the Early Nomads（疆域的超越：再论中国与早期游牧民族的文化交流）", *Early China*, 13, 1988, 201-240.
16. KESNER, Ladislav（拉基斯拉夫·凯斯纳）. "Likeness of No One: (Re) presenting the First Emperor's Army（独一无二：再现秦始皇兵马俑）", *Art Bulletin*, 77.1, 1995, 115-132.
17. LEDDEROSE, Lothar（雷德侯）. *Ten Thousand Things: Module and Mass Production in China Art*（万物：模件化与中国艺术）. Princeton: Princeton University Press, 2000, chap.3 ("A Magic Army for the Emperor"), 51-73.
18. 李朝远:《上海博物馆新藏秦器研究》,礼县博物馆,礼县秦西垂文化研究会编:《秦西垂文化论集》,北京:文物出版社,2005年,第521-533页。
19. 礼县博物馆,礼县秦西垂文化研究会:《秦西垂陵区》,北京:文物出版社,2004年。
20. LIU, Yang（柳扬）等编. *China's Terracotta Warriors: The First Emperor's Legacy*（中

国兵马俑：秦始皇的遗产）. Minneapolis: Minneapolis Institute of Arts, 2012.

21. 刘云辉:《陕西出土东周玉器》, 北京/台北: 文物出版社, 众志美术出版社, 2006 年。
22. 罗丰:《中原制造——关于北方动物纹金属牌饰》,《文物》2010 年第 3 期, 第 56-63 页, 第 96 页。
23. Nara Prefectural Museum of Art（奈良县立美术馆）. *The Grand Exhibition of Silk Road Civilizations — The Oasis and Steppes Routes*（丝绸之路文明大展——绿洲与草原之道）. Nara: 1988.
24. 齐故城博物馆:《临淄商王墓地》, 济南: 齐鲁书社, 1997 年。
25. 秦始皇兵马俑博物馆编:《秦始皇陵二号兵马俑坑发掘报告（第一分册）》, 北京: 科学出版社, 2009 年。
26. 秦始皇兵马俑博物馆, 陕西省考古研究所编:《秦始皇陵铜车马发掘报告》, 北京: 文物出版社, 1998 年。
27. RAWSON, Jessica（杰西卡·罗森）. "The First Emperor's Tomb: The Afterlife Universe（秦始皇陵：来世的宇宙）", in PORTAL, Jane（简·波特尔）. Ed., *The First Emperor: China's Terracotta Army*. Cambridge, Mass.: Harvard University Press, 2007, 115-145.
28. SCHILTZ, Véronique（薇罗尼卡·席尔茨）. *Les Scythes et les nomades des steppes — VIIIe siècle avant J.-C.-Ier s. apres J.-C*（草原游牧民族与斯基泰人：公元前八世纪到公元一世纪）. Paris: Gallimard, 1994.
29. 陕西省考古研究所宝鸡工作站, 宝鸡市考古工作队:《陕西陇县边家庄五号春秋墓发掘简报》,《文物》1988 年第 11 期, 第 14-23 页, 第 54 页。
30. 陕西省考古研究所, 秦始皇兵马俑博物馆编:《秦始皇帝陵考古报告（1999）》, 北京: 文物出版社, 2000 年。
31. 陕西省考古研究所, 秦始皇兵马俑博物馆编:《秦始皇帝陵考古报告（2001-2003）》, 北京: 文物出版社, 2007 年。
32. 陕西省考古研究所:《西安北郊秦墓》, 西安: 三秦出版社, 2006 年。
33. 陕西省考古研究所, 渭南市文物保护考古研究所, 韩城市景区管理委员会:《梁带村芮国墓地：二零零七年度发掘报告》, 北京: 文物出版社, 2010 年。
34. 上海博物馆编:《晋侯墓地出土青铜器国际学术研讨会论文集》, 上海: 上海书画出版社, 2002 年。
35. 苏芳淑, 李零:《介绍一件有铭的"晋侯铜人"》, 上海博物馆编:《晋侯墓地出土青铜器国际学术研讨会论文集》, 上海: 上海书画出版社, 2002 年, 第 411-420 页。
36. TESTART, Alain（艾伦·泰斯塔）. *La servitude volontaire: Essai sur le rôle des fidélitiés personnelles dans la genese du pouvoir*（自愿奴役：关于个人忠诚在权力起源中的作用）, 2 vols. Paris: Editions Errance, 2004.
37. THOTE, Alain（杜德兰）. "Lacquer Craftsmanship in the Qin and Chu Kingdoms: Two

Contrasting Traditions (Late Fourth to Late Third Century B.C.)(秦国和楚国的漆器工艺：两种截然不同的传统［公元前四世纪末期到三世纪末期］)", in *The Journal of East Asian Archaeology*, 5.1-4 (2003), 2006, 336-374.

38. THOTE, Alain（杜德兰）. "Artists and Craftsmen in the Late Bronze Age of China(Eighth to Third Centuries B.C.: Art in Transition)（中国青铜时代晚期的艺术家与工匠：过渡的艺术，公元前八至前三世纪）", in *Proceedings of the British Academy*, 154, 2008, 201-241.
39. 许俊臣，刘得祯：《甘肃宁县宇村出土西周青铜器》，《考古》1985年第4期，第349-352页。
40. 姚勤德，龚金元：《吴国王室玉器》，上海：上海人民出版社，1996年。
41. YATES, Robin D.S.（叶山）. "The Rise of Qin and the Military Conquest of the Warring States", in PORTAL, Jane（简·波特尔）. Ed., *The First Emperor: China's Terracotta Army*. Cambridge, Mass.: Harvard University Press, 2007, 31-57.
42. 殷志强，丁邦钧：《东周吴楚玉器》，台北：艺术图书公司，1993年。
43. 云梦睡虎地秦墓编写组：《云梦睡虎地秦墓》，北京：文物出版社，1981年。
44. 早期秦文化联合考古队：《2006年甘肃礼县大堡子山祭祀遗迹发掘简报》，《文物》2008年第11期，第14-29页。
45. 《中国漆器全集I：先秦》，福州：福建美术出版社，1997年。
46. 《中国青铜器全集：西周I》，北京：文物出版社，1996年。
47. 钟侃，韩孔乐：《宁夏南部春秋战国时期的青铜文化》，《中国考古学会第四次年会论文集1983》，北京：文物出版社，1985年，第205-213页。

艺术自然论及官僚政治理论

◎ 包华石*

不久前,艺术史学家还将自然主义视为所有艺术发展的"自然"结果,或者说是应有的发展结果,这使得自然主义成为一种必须遵守的规范,而不是一种选择,因此,不仅是乔托,还有绝大多数非欧洲艺术家,都被视为未能实现自然主义这个至高无上的艺术目标。[1]直到二十世纪七十年代,这种观点仍被许多艺术史课程和教科书视为正统。在过去的三十年里,这种观点的消亡,在很大程度上,要归功于一门文化更加多元,且比较性更强的学科的兴起。今天,我们不再问为什么艺术家不能发展出自然主义风格,相反,我们要问的是,为什么自然主义会出现?并且跨越了时间和空间,呈现了多种不同的迭代形式?[2]

从对古代世界的比较研究角度来看,秦始皇陵的兵马俑,可作为比较分析的对象。无论我们是否考虑到对技术细节的过度关注——是否有能力重构盔甲的制作或头发的编盘方式,还是数千名士兵的个性化外观(图一),这些陶俑都是对

---

* Martin Powers;美国密歇根大学荣休教授,北京大学艺术学院教授。
[1] 类似的这种叙述可以在许多标准教科书中找到,其中之一是E·H·贡布里希的早期但极为成功的著作《艺术的故事》(牛津:费顿出版社,1972年)。
[2] 关于一般的自然主义的问题,可见SUMMERS, David(大卫·萨默斯). *The Judgement of Sense: Renaissance Naturalism and the Rise of Aesthetics*(感官的判断:文艺复兴自然主义和审美的崛起). Cambridge, UK: Cambridge University Press, 1987, 1-11. 关于中国艺术中的自然主义,见CAHILL, James(高居翰). "Some Rocks and Tress in Early Chinese Painting(早期中国绘画中的一些树与石)", in *Archives of Asian Art XVI*, 1962, 77-87. 也见POWERS, Martin(包华石). "Discourses of Representation in Tenth-and Eleventh-Century China(十至十一世纪中国的关于表现的论述)", in SCOTT, S. C.(S·C·斯科特)ed., *The Art of Interpreting: Papers in Art History from Pennsylvania State University IX*. Pennsylvania: Pennsylvania State University, 1995, 89-125. 也见CAHILL, James(高居翰). "Some Thoughts on the History and Post-History of Chinese Painting(中国绘画史和后绘画史的一些看法)", *Archives of Asian Art*, 55, 2005, 17-33.

民族主义历史模式的有力反驳，因为它们表明，艺术中的自然主义，从来就不是任何单一传统的天赋权利。看到这些陶俑，唯一能够得出的结论是：既然自然主义能够在欧亚大陆的两端独立发展，那么原则上，只要有适当的条件，自然主义就可以在任何地方发展起来。

图一　秦始皇兵马俑中的士兵
（包华石摄于1981年）

本文想讨论的问题是：这些条件是什么？或许可以将自然主义的前提条件，精简为少量的认识论前提或看法？还是自然主义风格为不同的人解决了一系列不同的问题？我们不妨援引现有证据，尝试回答这个问题。鉴于中外研究界，都已经就秦代陶俑的自然主义开展了广泛的讨论，我只需在此重述一些证据。

正如倪克鲁（Lukas Nickel）所观察到的："现代学者们，已经区分了秦始皇兵马俑的八种基本的脸部形状，这表明工匠们至少使用过八种不同脸部模具。然而，当看到坑中的大量陶俑时，现代的观众看到的，是与众不同，而非千篇一律的脸，这是因为秦国的工匠们，试图掩盖了批量生产的证据。一层层的黏土块，被添加到脸部模型表面，并在此基础上形成个性化的胡须、眉毛、头发和其他面部特征。"[1] 郭静云也提出过类似的观点，并提供了有说服力的论点，她认为一些兵马俑可能是按照秦国有功之臣的肖像制作的。她敏锐地指出，这些新颖的雕塑，并非凭空而来，他们必须根据已知的艺术类型进行创作。为此，她提出了一个合乎逻辑的质疑：这些陶俑在秦代如何分类？因为显然它们不属于明器，也不属于贵族陪葬

---

[1] NICKEL, Lukas（倪克鲁）."The Terracotta Army（兵马俑）", in PORTAL, Jane（简·波特尔）and KINOSHITA, Hiromi（木下弘美）, eds. *The First Emperor: China's Terracotta Army*. Cambridge, MA: Harvard University Press, 2007, 170.

品。陪葬品极少体现如此高的质量，也不具备如此高水平的自然主义细节。郭静云表示，肖像类别首次出现的时间，大致在战国末年和汉代初期，也就是秦朝统治时期。在分析了肖像的制作和展示条件后，郭静云认为，这些陶俑可能融合了肖像和明器的制作技艺，换句话说，它们可能是为了重大场合或纪念性事件而设计的，也可能是为了墓葬功能而设计的。[1]

无论这些陶俑是否真的被归类为肖像，鉴于它们足够类似肖像，据此可以做出可信的论证。但本文提出的问题，并没有得到解答：要达到这种程度的个性化，需要什么样的条件，无论是认识论层面的还是社会层面的？尽管有悖常理，但我认为官僚政治理论，是一个可能的因素。

在战国末期得到发展的官僚政治理论，其核心特征是什么？湖南里耶出土的秦简显示，官员的行为被一再要求"依律"施行。[2]这意味着官员的行为，可能要按照可由第三方客观核实的普适标准进行，且一些早期中国学者，也记录了秦国对客观核实的强调。叶山（Robin Yates）在引用黄留珠关于秦时期文献的研究成果时指出，在官僚政治理论出现之前，官员任命通常以世袭为主。随后，从公元前四世纪开始，世袭和君授，仍然获官的主要渠道，但其重要性已经低于政绩，到了三世纪末，"（任职）的主要途径，是法律知识的掌握和上官的擢升"，也就是说，向上晋升的主要依据已经是政绩。[3]

陆威仪（Mark Lewis）在引用秦国文献时指出，官僚政治理论要求升职需求和绩效之间相匹配，"官员行事录中描述的职责契约和年度考核的使用相吻合"。[4]叶山还表明，实际操作与当时盛行的官僚政治理论十分吻合。他指出：

---

[1] 郭静云：《秦始皇陶俑：墓俑或功臣肖像？》，《中山大学学报（社会科学版）》2008年第1期，第65-78页。
[2] 湖南省文物考古研究所，湘西土家族苗族自治州文物处，龙山县文物管理所：《湖南龙山里耶战国—秦代古城一号井发掘简报》，《文物》2003年第1期，第1-35页。
[3] YATES, Robin（叶山）. "State Control of Bureaucrats under the Qin: Techniques and Procedures（秦国家统治下的官僚：技术和程序）", in *Early China 20*, 1995, 331-365, c.343.
[4] LEWIS, Mark Edward（陆威仪）. *Writing and Authority in Early China*（早期中国的书写和权威）. New York: 1999, 33.

"核查官员表现的规则（是）非常详细的……这些规则的目的，是确保被赋予具体职责的官员，实际负责履行了这些职责。这是所谓的法典中，关于名实相符的政府理论的具体应用，并要求官员实际履行其应尽的职责"。[1]

事实或者说实际，成为评判官员政绩的标准。对实际的强调，也催生了一系列新词汇，用于描述表现和实际之间的匹配，例如，"形"，从字面上看，是指事物的物理外观，尽管在官僚制理论中，被赋予了"政绩"这个专门的含义，此外还有"不直"指代被称为官僚政治中的"不规范"，或偏离标准程序的情况。

与"不直"对应的是"方"，指代一个组织，其中的职责被明确列出，管辖权的划分被清楚地标明。[2]无私指"客观地"，即不包含任何主观的喜好，也就是说，根据现实以及"效"指定了一套特殊的规则，核查官员的表现是否有效。叶山将该术语翻译为"核查"（verifications）或"检查"（checking）。[3]

现代社会的人，很容易忽视这种做法背后的巨大意义。在大多数传统社区和一些现代社区，对事实的尊重、对事务的实际状况的尊重，往往被排在社会地位、意识形态或教条之后。在这些社区中，即使存在成文法，最终的判决也往往取决于社会地位或宗教信仰，而不是案件的事实，因为单纯的事实，很少能够超越社会地位的权威。知识本身并不具有权威性；相反，知识被视为权威的一种功能。

这就使得秦国赖以取得其成就的政治理论，在古代世界显得十分不同寻常——因其要求具备可由第三方观察者独立核查的证据。这种认识论的立场，又建立在这样的认知上，即社会和自然的运作，不是神圣意志的产物。相反，自然和社会的进程蕴含了可以被发现的逻辑。这一重要前提，在公元前三世纪的《吕氏春秋》的一些著述中得到了明确地阐释：

---

[1] YATES, Robin（叶山）. "Techniques and Procedures（技术和程序）".
[2] 更多的关于官僚理论和行政术语的探讨，见 POWERS, Martin（包华石）. *Pattern and Person: Ornament, Society, and Self in Classical China*（纹饰与人：古典中国的装饰、社会和自我）. Cambridge, MA: Harvard East Asian Series, 2008, 191-209.
[3] POWERS, Martin（包华石）. *Pattern and Person*（纹饰与人），205-206.

> 凡物之然也，必有故。而不知其故，虽当与不知同，其卒必因。先王名士达师之所以过俗者，以其知也。水出于山而走于海，水非恶山而欲海也，高下使之然也。[1]

通过明确的论述：问题的关键，不在于水的好恶，而在于其现实情况，即水往低处流，作者明确地区分了事实与感受。当然，作者对感觉的提及并非偶然，与现代社会之前的世界其他地方一样，在古代中国，传统的政策决策方法，是身居高位者的主观偏好。在这里，逻辑和事实的必要性，被提出作为传统政策决策法的替代品。后续的其他著述，也提出了类似的观点，认为哪怕现象背后的原因，并非总是显而易见，但必然有因。该作者认为，知识既意味着理解事物运作的方式，也拥有验证其方式的手段。

但这一时期的官僚政治理论，并不是简单的观察，而建立在关于国家体系如何运作的理论基础上。在马王堆出土的一篇关于官僚政治理论的文章，时间可以追溯到公元前170年之前，其中有一段关于自然回归规律的论述，就是一个很好的例证。

> 极而反，胜而衰，天地之道也，人之李（理）也。逆顺同道而异理，审知逆顺，是谓道纪。[2]

这段话很容易被错误地理解为，试图给一套原本任意的社会规则蒙上一层宇宙学的外观，但这个主张背后的理论，是一个完全合乎情理的假设，即整个自然界是一个封闭的体系。因为自然体系不断流动的特性，系统中任何部分的资源过剩，都将导致另一部分的资源枯竭，即文献中所谓的自然的"取舍"。因此，自然界内的任何子体系（国），拥有的资源将是有限的。所以，当一国耗尽资源，

---

[1] 陈奇猷编：《吕氏春秋校释》，台北：华正书局，1985年，9·498。
[2] 马王堆汉墓帛书整理小组编：《马王堆汉墓帛书》，北京：文物出版社，1976年。

国亡而战起。[1]

《吕氏春秋》中记录了楚庄王伐陈的故事，说明了这个原则在政治事务中的应用。故事曰：楚庄王欲伐陈，使人视之。使者曰："陈不可伐也。"庄王曰："何故？"对曰："其城郭高，沟壑深，蓄积多，其国宁也。"王曰："陈可伐也。夫陈，小国也，而蓄积多，蓄积多则赋敛重，赋敛重则民怨上矣。城郭高，沟壑深，则民力罢矣。"庄王听之，遂取陈焉。[2]

春秋时期的文献（公元前八世纪末至前五世纪初），将资源视为特权和社会地位的标志，不同的是，这里的资源，是指某种目标的功能性理解。楚庄王伐陈的故事认为，善待国民并不是因为上天希望我们善良，或因为善待国民就可以成圣，而是因为这就是自然秩序运作的方式：如果一个国家最重要的能量来源——国民——缺乏有效运作的资源，则国家将无法正常运转。由此可见，在官僚政治理论的政治话语中，知识要求对事实的验证，但同时需要关注整个系统的情况，尤其是资源在系统内部的流动。

这一切与秦陶俑中突然出现的自然主义标准，有何关系？在这里，我们必须小心谨慎，不要诉诸黑格尔民族性格理论中产生的时代精神（Zeitgeist），或"心态（Mentality）"等理想主义概念。幸运的是，来自其他时代或地区的艺术史学家，已经在风格和认识论之间，建立了坚实的历史联系。我希望可以沿着这个思路继续探索，但无意论证秦代的认识论导致了陶俑的自然主义，只希望可以证明，自然主义风格很适合秦代确定自我认知的过程。

基本的假设是，所有的视觉表现模式，都以对知识构成的某种理解为前提；例如，如何认识到一点油彩代表了一片树叶，或者如何知道一个男人的形象代表了一个圣人？在十五世纪的圣克里斯托弗怀抱圣子像（图二）雕塑中，如果不是因为圣子头顶表示其神圣的光环，它可能会被解读为一座描绘了一个男人及其孩子的雕塑。佛教造像中也曾使用过光环，但到了十一世纪，中国的艺术家们努力追求自然

---

[1] POWERS, Martin（包华石）. *Pattern and Person*（纹饰与人），284-287.
[2] 《吕氏春秋》，25.16，第35-38页。

图二　圣克里斯托弗怀抱圣子像
（十五世纪；密歇根大学艺术博物馆收购，1961/1.178）

图三　罗汉缝衣（局部）
（山东省济南市长清区灵岩寺千佛岩，约1066年，彩绘泥塑；包华石摄）

的效果，雕塑家们有时会放弃使用这个明显的标志，而选择以更逼真的方式，表现圣人的形象。在这种情况下，如何表现一个圣人的精神世界呢？图三展示了十一世纪灵岩寺的一尊禅宗罗汉的泥塑。他似乎在补衣服，从正在缝制的布片中抽出一根线。仔细观察他的眼睛，会发现他似乎正在思考一些费解的难题：他的眉头因苦思而微微皱起；他的眼睛蕴含着看透世俗的智慧之光；颈部的肌肉，因专注地思考而绷紧；他的双唇微微张开，所有的表征都好像在说，我们正在观察他经历的一个非常特殊的时刻——开悟之前的时刻。他即将领悟到答案，解开那个让他皈依佛门的难题。因为在当时，作为一名禅宗僧侣，首先需要的是深刻的理解，所以艺术家必须找到一种方法，表现其精神发现的过程，而不使用一些显而易见的特征。

因此，每一种艺术风格，都会表现对知识的特定理解，因此会被调整，以强化被视为知识的信息表达。同样地，每一种艺术风格，都会倾向于忽略那些对某一特定群体而言不算是知识的信息。在此，我将再次援引来自欧洲的例子。约翰·奥尼恩斯（John Onians）研究了拜占庭艺术及其对自然主义标准的排斥，他反对将这种发展归因于文化衰退。他的研究表明，即便按照大多数标准，拜占庭世界与古典世界一样充满活力和生产力。然而，奥尼恩斯确实承认了两者之间的一个重要区别："（在古典希腊时期和罗马），站在古典雕像周围的十个人，应该一致认同雕塑的每个细节代表了人体的哪个部位，并可以通过与真实人体的对比强调这种一致性。"随后他补充道，"一个古典时期的艺术家会感到分外焦虑，因为他想要所表现的事物毫无争议"。[1]不难想象，为秦始皇服务的工匠们可能也十分焦虑，唯恐始皇帝对兵马俑的创作感到不满。但如果争议出现，完全可以将兵马俑雕塑与穿戴盔甲的真实士兵进行比较，确定质量是否合格，就像官员的品级和俸禄，因根据其履行特定职责的政绩好坏而定那样。

奥尼恩斯观察到，罗马帝国崩溃后，视觉真实的标准发生了深刻的变化：物理事实不再像在古典世界那样具有权威性。奥尼恩斯认为这是一种解放，因为艺术家可以运用想象力弥补缺失，这个观点或许正确，但事实验证这种方法的衰落，并不意味着艺术家摆脱了权威的负担。相反，教会和贵族权威战胜了事实，并决定艺术家可以或不可以创作什么样的作品。这样一来，一个人需要的所有知识，都可以在神圣文本，或在权威人士的声明中找到。

后一种情况，在某种程度上类似于战国时代之前的古代中国的社会实践。到了战国时期，官僚政治理论开始将官员个人的政功和能力，凌驾于血统或皇权之上。施行官僚制之后，一旦官员评定了他人的政绩，就必须拿出事实佐证。因此，秦始皇兵马俑也体现了秦国军队的诸多特点和军队质量。

观察这些陶俑，我们能感受到盔甲中皮板的厚度，看到精良的靴底设计。陶俑身体各部分比例十分得当，从他们的姿态中，也可以看出这些人都训练有素，并因此可以推测军队阵容十分合理。但是，这些陶俑的个性呢？他们传递了什么

---

[1] ONIANS, John（约翰·欧尼安斯）. "Abstraction and Imagination（抽象与想象）", in *Art, Culture, and Nature: from Art History to World Art Studies*（艺术、文化和自然：从艺术史到世界艺术研究）. London: the Pindar Press, 2006, 185-214, c.213-214.

图四　士兵
（秦始皇兵马俑；包华石摄于1981年）

图五　士兵
（秦始皇兵马俑；包华石摄于1981年）

不同的信息？

在图四中，最靠前的士兵昂首而立、嘴唇紧闭，他看起来健壮、自信、坚定，必然是始皇帝军队中的一个威风凛凛的战士。图五是另一个士兵，似乎在深思熟虑地向外张望，他身材较矮小，姿态不够坚挺、有些含胸驼背——或许是不甘心，为此很难成为一个杰出的士兵。兵马俑不仅在脸部存在如此大的差异，身体和姿势也有差异：一些士兵的外表很健壮，而另一些士兵则长得很胖；有些站得笔直，而有些则懒散，这种个性化的形象，在兵马俑中很常见，无声地证明了这是一支征召而来的军队这一事实。被招募的士兵，来自各行各业，每个人都有不同的才能，适合于不同的任务。

这种程度的个性化，说明了秦始皇的军队的什么特点？请记住，在官僚制理论中，一个人的能力素质与血统无关，这就是为什么他的表现，必须根据其声明，或根据岗位职责进行核查，但这种做法不能被视为理所当然。例如，尽管运用了自然主义风格，现代早期的英国的情况就截然不同。在当时的英国，如果一个人是英国圣公会成员，而且出身贵族，他就天然具备了行使政治权力的资格。[1]在该时期的肖像画中，并没有表现出被画人各式各样的社会出身，这是否纯属偶然？恩斯特·贡布里希（Ernst Gombrich）幽默地指出，所有"戴假发的男人"——比如在十八世纪的英国肖像画中常见的人——在我们看来长得都差不多。贡布里希提供了伦敦国家肖像画美术馆的两幅肖像画作为证明。事实上，这两幅画，表面上描绘了两个不同的人，但看起来几乎一模一样。[2]但我们或许要记住，那个时期的英国贵族，没有必要宣扬个人的独特才能，因为没人会去测试他到底有没有能力。只要他拥有贵族血统，他就有资格行使权力，所以我们也不应该惊讶于那个时期的英国肖像画，它们似乎主要是为了传达一个人的高贵"品质"，在十八世纪的英国，这主要是指一个人的社会地位。

然而，秦官僚机构并未采用血统标准，因此考核官员的才能和能力就成为必然要求。被考核的素质也被视为内部保密的——也就是说，在考核之前是未知的，因此，考核内容必然也是个人化的。[3]由于人才和能力成为有效管理的关键，因此，举例来说，将官员描绘成贵族，并不是呈现军队质量的最佳策略。在这种情况下，展示一支征召了各行各业人员、每个人都有自己的才能和能力的军队，会更有意义。当然，我们无法确定地证明，兵马俑人物的个性化，是对征兵和择优晋升的描绘，但可以肯定的是，这些陶俑中的大部分（如果不是全部）信息，都可以解释为，对秦始皇拥有一支强大军队这一总体说法的事实验证。无论我们认为这支军队是具有纪念性功能，还是具有仪式性功能，或者两者兼而有之，这一观点都成立。

有人或许会说，在某种程度上，所有的自然主义风格都声称以"目击者的新

---

[1] GLASSEY, Lionel K. J.（莱昂纳尔·K·J·格拉塞）. *Politics and the Appointment of Justices of the Peace, 1675–1720*（政治与和平公正的任命：1675年至1720年）. Oxford: Oxford University Press, 1979, 1–31.
[2] GOMBRICH, Ernst（恩斯特·贡布里希）. "The Mask and the Face: the Perception of Physiognomic Likeness in Life and in Art（面具和面孔：生活与艺术中对人相相似性的感知）", in MANDELBAUM, Maurice（莫里斯·曼德尔鲍姆）ed., *Art, Perception, and Reality*. Baltimore: The Johns Hopkins University Press, 1972, 14–15.
[3] POWERS, Martin（包华石）. *Pattern and Person*（纹饰与人）, 194–204.

闻"的形式呈现信息。诺曼·布莱森（Norman Bryson）就文艺复兴时期的绘画提出了这种说法，[1]宋代的批评家也为他们那个时期的自然主义绘画提出了这种说法，[2]但这并不意味着所有这些社会，都会对相同的事物采用理性的验证制度。例如，与希腊人或早期现代欧洲人不同，秦时的学者们，并不热衷于将理性方法应用于物理学的研究。同样，近代早期的欧洲人，也无法理解政治权力的分配应基于可证明的能力，而非血统这一概念。当塞缪尔·普芬道夫（Samuel Pufendorf）了解到中国的任人唯贤制度时，他在没有真正理解其运作方式的情况下，对其进行了描述："中国人也并不对家族的古老感到特别的荣誉，即使是帝国中最贫穷和最卑微的人，也都能够仅仅凭借他的学识，而使自己提升到荣誉（即官阶）的最高阶。"普芬道夫得出结论：也许在欧洲，"贵族身份（即政治权力）不应仅仅取决于血统，而更应该根据德行来进行提升和确立"。[3]

从这段话以及其他类似的表述中，现代读者可以明显看出，政治权力——用该时期的话来说，"贵族"——事实上仍主要依赖于血统，当然拥有高贵的德行也不错。同理，一个宋代的学者，可能同样难以理解伽利略的实验方法。由此我们可以看出，尽管可验证的知识对象，在秦代、宋代和现代早期的欧洲有所不同，但在所有这三种情况下，教条和社会地位在决定特定知识体系的能力方面都受到了限制，而艺术作品，都是对事实的不同程度回应。无论在哪里，艺术作品都要对事实做出回应。不管是哪种情况，人们都会诉诸视觉验证，或者更准确地说，诉诸所谓的具有目击者新闻地位的视觉呈现。在所有这三种情况下，这种主张的说服力，都是通过细节丰富的和比例协调的，也就是"自然主义"的表现风格，实现有力地传达。

---

[1] BRYSON, Norman（诺曼·布莱森）. *Word and Image: French Painting of the Ancient Regime*（词语与图像：古代政权下的法国绘画）. Cambridge: Cambridge University Press, 1981, 1-28.
[2] POWERS, Martin（包华石）. "Discourses of Representation（表现的论述）".
[3] PUFENDORF, Samuel（塞缪尔·普芬道夫）. *Of the Law of Nature and Nations*（自然法与国际法）. KENNET, Basil（巴塞尔·肯尼特）trans. London: 1729, VIII, iv, 32, p. 822. 普芬道夫的"德行（virtue）"并不指道德行为，而是指适宜贵族的行为。该词来源于拉丁文"vir"，也就是贵族的意思——作者注。

都城、墓葬与祭祀

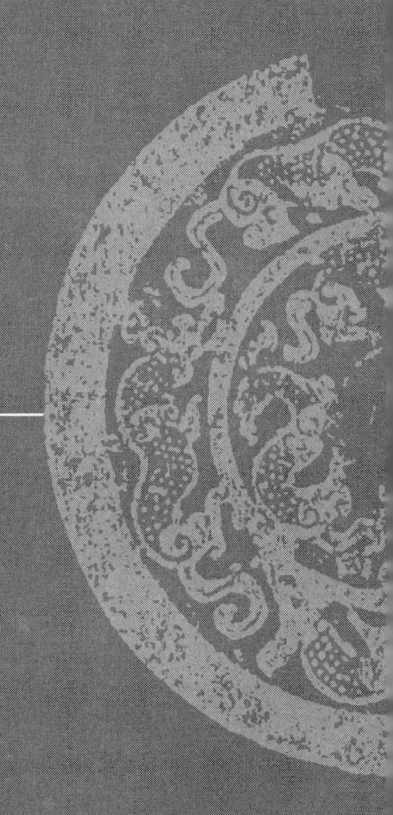

秦宇宙观及咸阳：首座与宇宙观对应的都城

◎ 班大为*

帝国中心与天极的宇宙学认同以及对极地地区的关注都体现在早期帝国首都的象征性。这最终在帝都得到了体现。利用天极确认帝国中心的宇宙论和对拱极天域的强烈关注，都体现在早期帝都的象征性方位中。考古学上的历史例证——公元前两千年前夏商周三代时期的宫室、城墙、墓葬的主要方向——都印证了这种对天象的模仿。亘古以来，对天象的刻意模仿，体现了中国的统治者对上天的信奉，最终在帝都的实际建造上得以具体实现。

公元前 221 年，秦始皇成功地兼并了战国时期的最后一个诸侯国，并建立了所谓"天下"的帝国。他将"帝"这个半神的头衔占为己有，此外，还大张旗鼓地巩固了他作为一个令人敬畏的皇帝的象征性地位，比如通过重建古代传统和仪式，包括在皇家仪式中纪念大禹传奇的功绩。[1]一系列的措施中最显著的，是秦始皇野心勃勃的营造工程，他修建了大量的道路系统、防御城墙和数以百计的皇家宫殿，他还重建了被征服的诸侯国的宫室，将这些诸侯国的贵族迁至这里。

对于我们而言，最有趣的莫过于秦朝都城咸阳的总体规划。《史记·秦始皇本纪》描述了这个帝国中心的布局：

> 焉作信宫渭南，已更命信宫为极庙，象天极。自极庙道通郦山，作甘泉

---

* David Pankenier；美国理海大学现代语言文学系荣休教授。
[1] 节选自 PANKENIER, David W.（班大为）. *Astrology and Cosmology in Early China: Conforming Earth to Heaven*（地与天齐：早期中国的占星术和宇宙学）. 剑桥大学出版社同意后重印。

前殿。筑甬道，自咸阳属之。[1]

还描述了：

> 于是始皇以为咸阳人多，先王之宫廷小，吾闻周文王都丰，武王都镐，丰镐之间，帝王之都也。乃营作朝宫渭南上林苑中。先作前殿阿房，东西五百步，南北五十丈，上可以坐万人，下可以建五丈旗。周驰为阁道，自殿下直抵南山。表南山之颠以为阙。为复道，自阿房渡渭，属之咸阳，以象天极阁道绝汉抵营室也。[2]

跨越渭河的天极阁道（图一），使得秦始皇能够悄然离开咸阳的宫殿渡河。阿

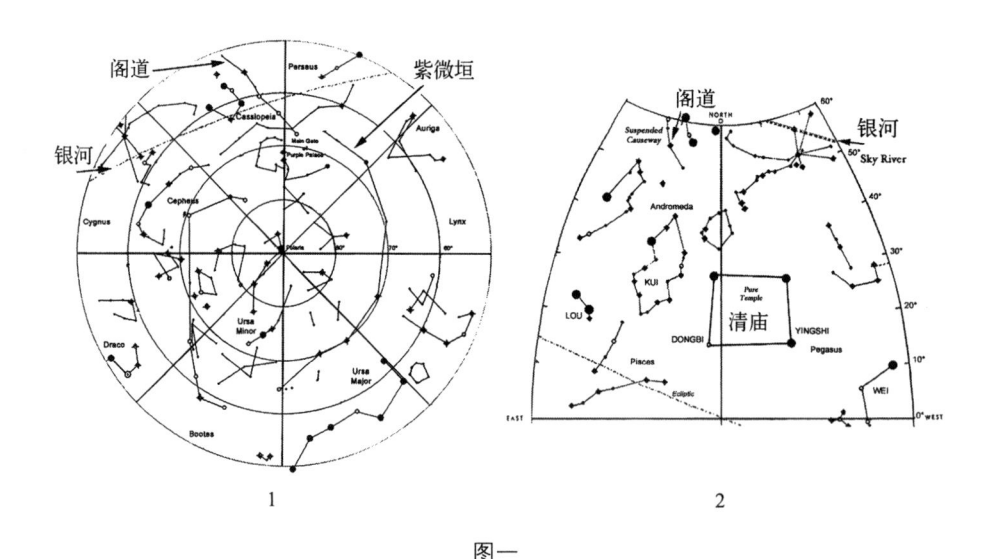

图一

(1. 紫微垣围绕着天极的星图，有阁道自正门从南入；2. 阁道跨越银河向南指向飞马座处的清庙。根据何丙郁［1966年］的图重绘）

---

[1] 秦始皇并非第一个称帝的人，他的曾祖父秦昭襄王（公元前306年–前251年在位）在公元前288年也曾自称"西帝"（《史记》，5.212）。

[2] NIENHAUSER（倪豪士）等编（1994），138，SCHAFER（薛爱华），1977年，260。信宫是秦始皇召集朝臣和举行国家仪式的地方；在它变成北极庙后，它被用作祭祀，特别是祭天的场所；石兴邦（1993年），第111页，又见徐卫民（2000年），第137页。

房宫是有史以来建造的最大规模的宫殿群，它是公元前212年开始建造的，在秦始皇去世之际，只有阿房宫的前殿完成了建造。汉时，司马迁记录的建筑规模相当于693丈长和116.5步宽。西汉时，一步约等于1.38米，一丈约等于2.3米。近代对实际的基址遗址的研究表明，夯土基址实际东西宽1320米，南北长420米，高8米，与司马迁的数据相近。[1]

从上述文献中我们能够看出，在帝都布局中，渭河成为天河（银河）在地上的对应物，就像战国时期（公元前475年－前221年）的分野星占学中黄河是银河在地上的对应物一样。[2]无论是术语上，还是在模仿由阁道连接北极与清庙（比如定星/颉星，第13和14宿，又称营室）这一点上，傲慢自大的秦始皇不加掩饰地认定他"宇宙化"的帝都咸阳与天极之间的对应关系。在概念上十分宏伟的阿房宫是与定星/颉星这个星群相对应的，定星是由飞马座的四方形星群组成的。[3]这种宇宙论上的对应，反映了皇权天授和政权正统性在天体上的来源，是中华帝国朝代观念中的根基。

《三辅黄图》（公元三世纪撰，部分为汉后撰）是一部成书于汉代、流传极广、直到宋代（公元960年－1279年）时都被常引用的一部文献，该书印证了这种分野星占学是被人们广泛认同的。比如，张守节（约活跃于725年）引《三辅黄图》道：

见燕使者咸阳宫。《正义》三辅黄图云："秦始兼天下，都咸阳，因北陵营宫殿，则紫宫象帝宫，渭水贯都以象天汉，横桥南度以法牵牛也。"[4]

《元和郡县图志》更为详尽地描写了"横桥"：

---

[1] NIENHAUSER（倪豪士）等编（1994），148页。上林苑是一个14平方千米、内有19座秦宫殿的大型园林，后来在司马迁的时代扩建，汉武帝（公元前141年－前87年在位）将众多异域奇珍放入其中。石兴邦（1993年），第111页，确认了阁道的真实存在。最近发现了一座桥梁的大型木质地桩。
[2] 对于秦朝这种纪念碑性背后的心理，见WU, Hung（巫鸿，1997年），108ff. 建造这样的地基所需的填充物的体积是吉萨金字塔的三倍。
[3] 早时，营室指的是飞马座（定星）的四方形，并非只是四方形西侧的飞马座α和β（室宿二和室宿一），后成为约定俗成。
[4] 《三辅黄图》（引自张守节：《史记正义》，《史记》，86.2535）。

中渭桥，在（咸阳）县东南二十二里。本名横桥，驾渭水上。始皇都咸阳，渭水贯都，以象天汉。横桥南渡，以法牵牛。渭水南有长乐宫，渭水北有咸阳宫，欲通二宫之间，故造此桥。

摩羯座中的牵牛星的位置在银河的南岸（北极在北岸），接近银河和黄道的交汇点，即太阳、月亮和五星涉银河的天津（图二）。地面上的阁道是仙后座中的同名星群的对应物，但它并非唯一一个跨越渭河的阁道。从宇宙结构论的角度来看，二者都十分重要，因为它们在银河两侧相隔甚远，几乎是在天空的两端。

《太平御览》引《三辅黄图》云"始皇都咸阳，端门四达，以则紫宫"（《太平御览》，73：3b；孙小淳和基斯特梅柯，1997年，第70页）。[1]因此，我们十分确

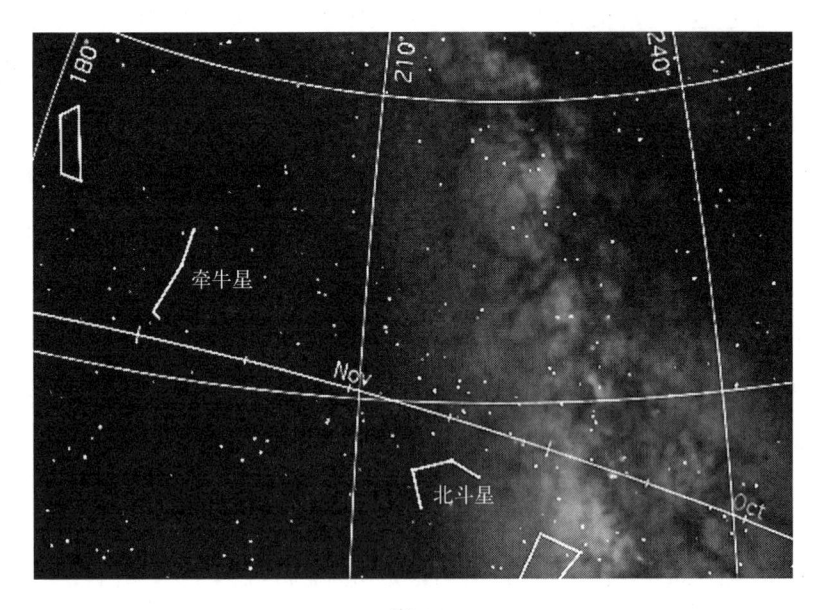

图二

（牵牛星接近黄道和银河的交汇点（这里是垂直从地平线升起的），也是太阳、月亮和五星在冬季中涉过银河之处［星空软件6.4.3］）

---

[1] 比较石兴邦（1993年），第111页，其紫微垣与阁道的识别是不正确的。阁道包含了四颗星，而非一颗，从紫微垣之大门出发穿过银河（图1a）。徐卫民（2000年）与石兴邦一致。相反，王学理关于分野对应的学说是正确的，参王学理（1999年），第150页。

信,将咸阳与天极相对是秦始皇及其都城营造者刻意为之的。[1]鉴于秦始皇对其宇宙帝国首开先河的性质的执着,加之其帝国物理上的表达之宏伟,又考虑到他的称号"帝"——之前仅限于天神的称谓,秦始皇费力打造的宇宙学上的对应显然不仅仅是一种比喻。从渭河北岸的北山到南岸的南山,从东侧的横桥到西侧的阁道,秦始皇仿造天象,正如他给自己建造的大型陵墓一样。史丹利·汤拜亚(Stanley Tambiah)曾评价这种国家组织为"银河政体":"(行政)中心从意识形态上代表了整体并体现了整体的效用(汤拜亚,1985年,第266页)。"

虽然我们只发现了零星的早期宫室和都城遗迹,但我们的确也发现了值得一提的、带有精确的四正方向的例子,比如东周时期的皇城王城(罗泰,2006年,第172页),也有关于夏商时期先例的丰富记载(班大为,2008年,2013年)。但必须要指出的是,主轴的重大变化是主要政治或文化变迁的重要标志。这一点在秦国的例子中体现得格外鲜明,西周在公元前八世纪将权力下放给崛起的秦国,命它为西陲大夫。罗泰观察道:

> 秦墓葬与东周时期周朝境内的其他墓葬截然不同,主要体现在两方面,它们大多是东西向的,而非南北向;它们多为屈肢葬,而非直肢葬。这些特质被用来认作秦人是少数民族的标志。两周之际,当秦人从周王族手中夺取陕西腹地时,这里的主要墓葬方向突然来了个90°转向,这一转变的确非常惊人(罗泰,2006年,第172页)。

这一传统非常古老,因为早在西周早期的大堡子山秦墓中,我们就发现了同样的朝向。据我所知,迄今为止,没有针对大堡子山壮观的秦公墓葬的精确朝向的研究,但从发表的图片看出,墓葬明显是东西轴向排列的(罗泰,2006年,第75

---

[1] 有关西汉汉武帝类似的宏谋远略,见 LEWIS, Mark Edward(陆威仪,2006年,第178页和陆威仪,2007年,第94页)。

页，图2；戴春阳，2000年，第79页）。[1]接下来的秦都城则展现了朝向西北的倾向。雍城作为秦都城历时294年，从公元前677年到公元前383年，之后是栎阳，从公元前383年到公元前350年。在陕西凤翔县发掘的雍城的城墙遗址表明，主城门朝西，主轴则是北偏西。栎阳也发现了同样的朝向；二者都是北偏西13°（曲英杰，1991年，第194页）。

我们能够看到秦始皇对象天法地喜爱以及古秦人对西方的自我认同的偏好。或许，咸阳的名称也带有宇宙学的内涵。司马迁在《天官书》中写道"故紫宫、房（第4宿）、心（第5宿）、权衡（第25和26宿）、咸池、虚（第11宿）、危（第12宿）列宿部星，此天之五官坐位也（《史记》，27.1350）"。换言之，天赤道上的这五个位置标出了四正方向的天宫，紫微宫为天极中心，咸池指示着正西方。《天官书》继续道"西宫咸池，曰天五潢"。[2]用我们的方式来表达，御夫座的咸池位于银河上猎户座和双子座之间，也就是黄道与银河相交的地方。在《淮南子·天文》和更早的楚辞《离骚》（公元前四世纪晚期）中，西方的咸池是日神横穿天际之后沐浴之处（马绛，1993年，第81页，第94页，第102页）。

在一个关于分野星占学的早先研究中，我预言：在更早的分野对应体系中，黄河是银河的对应物（图三1、2，班大为，1998年，2005年）。秦始皇将咸阳重设为"宇宙都城"，他顺其自然地延续了战国时期的范式，将黄河替换为渭河。他当然也在模仿西周周成王在公元前1036年前后建都洛阳的模式，据何尊铭文也就是"宅兹中国"。像以往一样，秦始皇不仅仅是把原型黄河换成了渭河，他还重新定义了"中央"（比如"中"或者"世界之轴"），将中央从关东移到了关中——也就是陕西省函谷关以西到渭河河谷之间的平原地区。当然，秦国原先是位于华夏世界的西缘的，在黄河几字弯的西边，更是在函谷关以西很远的地方。

---

[1]戴春阳在探讨朝向时额外提到，这种朝向也见于雍城、芷阳和咸阳秦始皇的陵园中。
[2]《史记》，27.1304。五潢包含了御夫座中的五星，它们环绕着咸池，参孙小淳和雅各布·基斯特梅柯，1997，179。后来的文献认为咸池中有三颗星是属于御夫座的星环的。见沈佺期（约公元650年-729年）《龙池篇》中的诗。

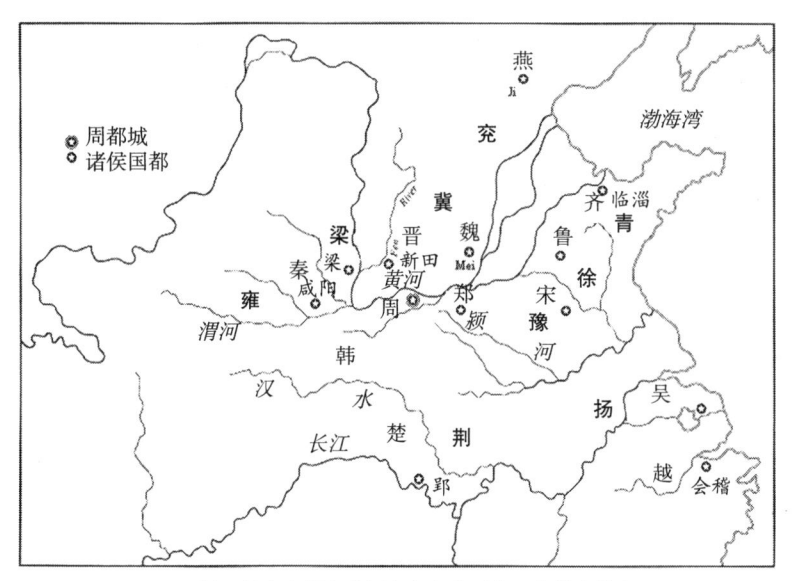

1. 地图上的古九州在黄河名义上的西南—东北向分布

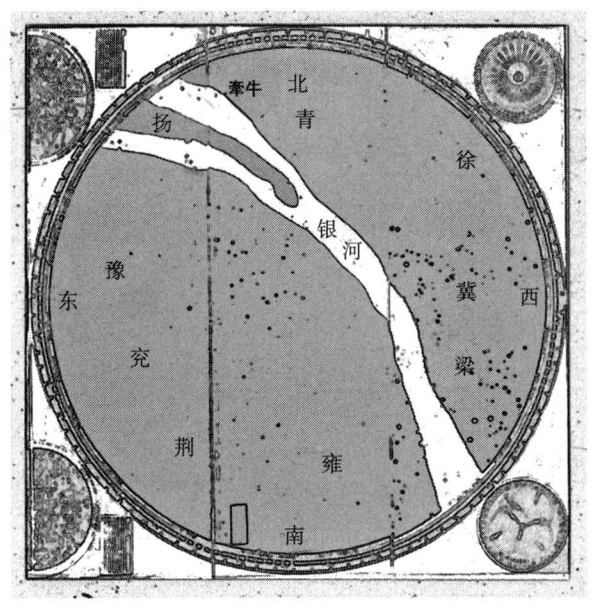

2. 宋朝的天象图（夏季）

图三

（绘出了九州的分布与银河的关系，反映了战国分野星占学中天与地的精准对应关系，以及牵牛与咸池分列天空两端。经允许后根据社会科学院考古研究所［1980年，第101页］图97重绘）

49

现在，天上的"咸池"与咸阳的咸是一个字了，其字面含义为"矿物丰富"。笔者认为，天上的咸池的咸字不应译为"咸的"，而应为"碱性的"，也就是碱池，译作"Mineral Pool"。骊山脚下的华清池是数百年来历代帝王沐浴的地方，而天上西方的碱池是传说中的日神在一日将尽之时沐浴放松的地方，[1]这样一来，华清池就成为天上碱池的地上对应物。因此，咸阳的名称原本可能念作碱阳，一方面是指恣意流淌的骊山温泉水，另一方面指示着天上的碱池，也就是银河在西方的主要来源。毫无疑问，秦始皇及其先王们是知晓战国时期的分野对应的，所以早期的秦国有可能将自我认同与西方（或西南方）紧密结合起来，就像周文王（殁于公元前1050年）在商朝为西伯一样。象征西方的省份名为雍，而秦国从公元前677年到前383年的都城也叫雍城，这大概不是巧合吧。

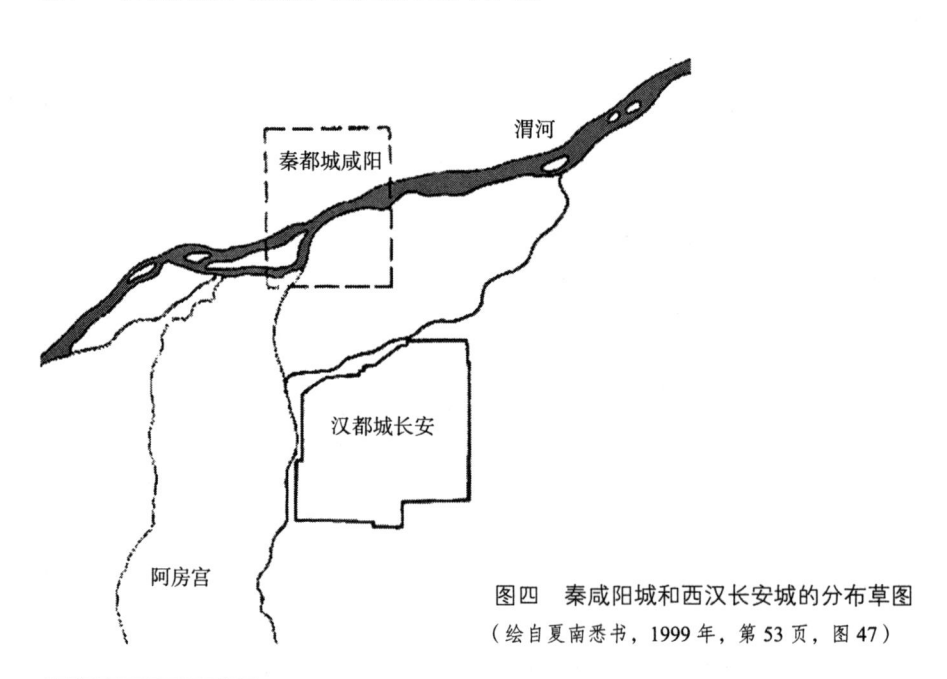

图四 秦咸阳城和西汉长安城的分布草图
（绘自夏南悉书，1999年，第53页，图47）

---

[1] 咸在此处通碱。渭河河谷在咸阳附近的土壤明显是碱性的，公元前245年郑国渠因此而修建，使得咸阳北部平原的土地格外肥沃，是秦成功的原因之一，参《史记·河渠书》。各种形态的碱被用于洗衣和制皂，当肥皂首次引入中国时，它被称作"洋碱"。这也解释了为何杨贵妃喜欢在华清池沐浴洗发。石兴邦认为在战国时期末期，秦都城已经扩展到渭河南岸，参石兴邦，1993年，第110-111页。

咸阳地区的咸这个名称由来已久，在建都之前的陶片铭文上就有发现。像商鞅（公元前395年-前338年）这种的学富五车的丞相，一定是知道咸阳及其名字与天上同名的咸池的分野对应关系的。公元前350年，秦孝公在卫鞅的鼓动下将都城迁至咸阳，早在这之前，这种对应关系就应已形成。早在秦统一中国前的一个世纪前，咸阳就已建成了。如果这一推断是准确的，那么也就是说在很早之前，秦宫廷就对宇宙论和观念学倾注了大量的关注了，时间上要早于咸阳建城，考古也明显证实了这一点。然而，将帝都咸阳认定为宇宙中心，是从公元前221年秦帝国建立开始的。还原秦代咸阳的原本布局是困难的，因为在过去的2200年间，渭河向北移动了数百米（徐卫民，2000年，第111页，图14）。我们可以看到，早期秦国都城雍城和栎阳的纵向轴线是稍微北偏西的。曲英杰认为，咸阳也是同样的朝向，至少在最初的时候，是这样的。但考虑到上述的模仿天极（同样体现在西汉的长安城上）的种种证据，秦始皇的帝都在更大概率上是正南正北分布的，这点也得到了考古调查的佐证（图四；曲英杰，1991年，第201页；徐卫民，2000年，第113页，第135页）。

如上文所述，秦始皇改造了战国时期的政治版图，改变了帝都的宇宙兼政治朝向——放弃了之前的黄河对应银河的分野模式，改为渭河对应银河的模式。秦统一天下后，秦墓葬——包括秦始皇自己的陵墓（田亚岐，2003年，第300页）的南北朝向，进一步说明了新朝向的确立。秦始皇在重建咸阳时仿造了其残敌的都城，有可能反映了他试图在宇宙中心建造一个整个帝国翻版的意图。或许，新帝都的象征符号中唯一出人意料的就是对咸阳这个名称的沿用，咸阳可能暗指着咸池旁边天空西缘的某处，这一处似乎在新的宇宙秩序中有些不甚恰当。但这一点或许是因为秦始皇想要保留其伟大的曾祖父秦昭襄王——又称西帝的遗产。

此外，在秦始皇在位期间，十一月末，能看到像银色丝带一般璀璨的银河从西南到东北横贯于空，就像地上的渭河一样（图五）。想象在正月初一的晚上，你正立于咸阳的宫墙之上，视线跨越渭河，远眺遥远的南山。你脚下的渭河从西南向东北缓缓流动，银河与渭河在地平线处交汇，营造了一种感觉———一条绵延不断的大河升到星空中，在夜空中画出一道圆弧。垂眼望去，你可以看到跨越渭河的横桥和

图五 公元前221年秦历的第一个月

(定,也就是清庙位于南方的中央,两边指向北方的天极,银河在众星中涌现,从西南到东北横于夜空,就像地上的渭河一样[星空软件6.5.3])

阁道,直抵甘泉宫、兴乐宫、阿房宫。阁道和阿房宫的位置完美地对应了天上的对应物,天上的阁道(仙后座)从身后的天极出发直抵正南方的清庙(飞马座的四方形)。清庙,又称营室或定,停在了地平线的顶点和垂线上,如此一来就能实现其祭祀功能,也就是"精准宫室",这一点见于大量先秦文献(班大为,2008年;班大为,2011年;班大为,2013年)。于是,笔者认为,秦朝恰恰选择这一天为一年的开端是有原因的,因为一年之中这个特殊的、高度象征化的时刻是上天与天下合二为一的时刻,此时天上地下两端的天河与地河交汇,实现了上天与天下的宇宙帝国之间的直接交流(一丁等,1996年,第172-175页;薛爱华,1974年,第404-405页;薛爱华,1977年,第257-269页)。

参考文献:

1. 班大为:《北极的发现与应用》,《自然科学史研究》2008年第3期,第281-300页。

2. 戴春阳：《礼县大堡子山秦公墓地及有关问题》，《文物》2000 年第 5 期，第 74-80 页。
3. HO, Peng-yoke（何丙郁）trans. The Astronomieal Chapters of the Chin Shu（晋书中的天文志）. Paris: Monton, 1966.
4. LEWIS, Mark Edward（陆威仪）. *The Construction of Space in Early China*（早期中国的空间建构）. Albany: State University of New York, 2006.
5. MAJOR, John S.（马绛）. *Heaven and Earth in Early Han Thought: Chapters Three, Four, and Five of the Huainanzi*（早期汉代思想中的天地：《淮南子》第三、四、五章）. Albany: State University of New York, 1993.
6. NIENHAUSER, William H.（倪豪士）, CHENG, Tsai-fa（郑再发）, LU, Zhongli（吕宗力）, and Reynolds, Robert（罗伯特·雷诺茨）trans. Ssu-ma, Ch'ien（司马迁）, *The Grand Scribe's Records, vol.1. The Basic Annals of Pre-Han China*（史记）. Bloomington: Indiana University, 1994.
7. PANKENIER, David W.（班大为）. "Applied Field Allocation Astrology in Zhou China: Duke Wen of Jin and the Battle of Chengpu" (632BCE)（周朝分野占星学的应用：晋文公与城濮大战［公元前 632 年］）, in *Journal of the American Oriental Society*, 119.2, 1998, 261-279.
8. PANKENIER, David W.（班大为）. "Characteristics of Field Allocation Astrology in Early China"（早期中国的分野占星学的特征）, in FOUNTAIN, J.W.（约翰·W·方丹）and SINCLAIR, R. M.（罗夫·M·辛克莱）eds., *Current Studies in Archaeoastronomy: Conversations across Time and Space*. Durham: Carolina Academic Press, 2005, 499-513.
9. PANKENIER, David W.（班大为）. "Getting 'Right' with Heaven and the Origins of Writing in China"（顺应天道与中国书写的起源）, in *Writing and Literacy in Early China*. Seattle: University of Washington, 2011, 13-48.
10. PANKENIER, David W.（班大为）. *Astrology and Cosmology in Early China: Conforming Earth to Heaven*（地与天齐：早期中国的占星术和宇宙学）. New York: Cambridge University Press, 2013.
11. 曲英杰：《先秦都城复原研究》，哈尔滨：黑龙江人民出版社，1991 年。
12. SCHAFER, Edward H.（薛爱华）. "The Sky River"（银河）, in *Journal of the American Oriental Society*, 94.4, 1974, 401-407.
13. SCHAFER, Edward H.（薛爱华）. *Pacing the Void: T'ang Approaches to the Stars*（在虚空中徐行：唐代占星术）. Berkeley: University of California Press, 1977.
14. 石兴邦：《秦代都城与陵墓的建制及其相关的历史意义》，《秦文化论丛》（第 1 集），西北大学出版社，1993 年，第 98-130 页。
15. STEINHARDT, Nancy S.（夏南悉）. *Chinese Imperial City Planning*（中国帝都规划）. Honolulu: University of Hawaii, 1999.

16. SUN, Xiaochun（孙小淳）and KISTEMAKER, Jacob（雅各布·基斯特梅柯）. *The Chinese Sky During the Han: Constellation Stars and Society*（汉朝时期的中国星空：星座与社会）. Leiden: Brill, 1997.
17. TAMBIAH, Stanley J.（史丹利·J·汤拜亚）. "The Galactic Polity in Southeast Asia"（东南亚的银河政体）, in *Culture, Thought and Social Action: an Anthropological Perspective*. Cambridge, Massachusetts: Harvard University, 1985, 252－286.
18. 田亚岐：《雍城秦公陵园围沟的发现及其意义》，《秦文化论丛》（第10辑），三秦出版社，2003年，第294－302页。
19. VON FALKENHAUSEN, Lothar（罗泰）. *Chinese Society in the Age of Confucius (1000-250BC): The Archaeological Evidence*（孔子时代的中国社会［公元前1000年－前250年］：考古学证据）. Los Angeles: Cotsen Institute of Archaeology, UCLA, 2006.
20. 王学理：《咸阳帝都记》，咸阳：三秦出版社，1999年。
21. WHEATLEY, Paul（保罗·惠特利）. *The Pivot of the Four Quarters: A Preliminary Enquiry into the Origins and Character of the Ancient Chinese City*（四方之极：中国古代城市起源及其特点初探）. Edinburgh: Edinburgh University, 1971.
22. WU, Hung（巫鸿）. *Monumentality in Early Chinese Art and Architecture*（中国早期美术和建筑中的纪念碑性）. Stanford: Stanford University, 1997.
23. 徐卫民：《秦都城研究》，西安：陕西人民教育出版社，2000年。
24. 一丁，雨露和洪涌：《中国古代风水与建筑选址》，石家庄：河北科学技术出版社，1996年。
25. 中国社会科学院考古研究所编：《中国古代天文文物图集》，北京：文物出版社，1980年。

冥界百戏？秦皇陵中的大鼎和裸身陶俑

◎ 汪悦进 *

一、礼仪或杂耍？

在秦始皇陵出土的所有文物中，这件三足青铜鼎（图一）是最令人疑惑不解的。它出土于墓室东南的陪葬坑K9901（图二），[1]坑中还出土了数件陶俑，大多真人大小，个别大于真人。最近发现的一个巨型陶俑，不包含丢失的头部，总高约2.2米，[2]这使得该坑变得愈加疑团重重。尽管这些大型杂技俑也颇为引人注目，但青铜鼎仍是最使人匪夷所思的。首先，它引出了一个显而易见的问题：这件鼎在一

图一 三足鼎

（出土于9901号坑，公元前五世纪，晋国；青铜质，高61厘米，口径71厘米［柳扬：《中国兵马俑》，第219页，图11]）

---

* Eugene Wang；美国哈佛大学艺术及建筑史系洛克菲勒专席亚洲艺术教授，哈佛大学 CAMLab 创始主任。
[1] 1999年的第一次挖掘出土了11个陶俑，2011年的第二次挖掘又发现了三十多个陶俑。段清波，2001年；浏玮，2012年。
[2] 浏玮，2012年。

55

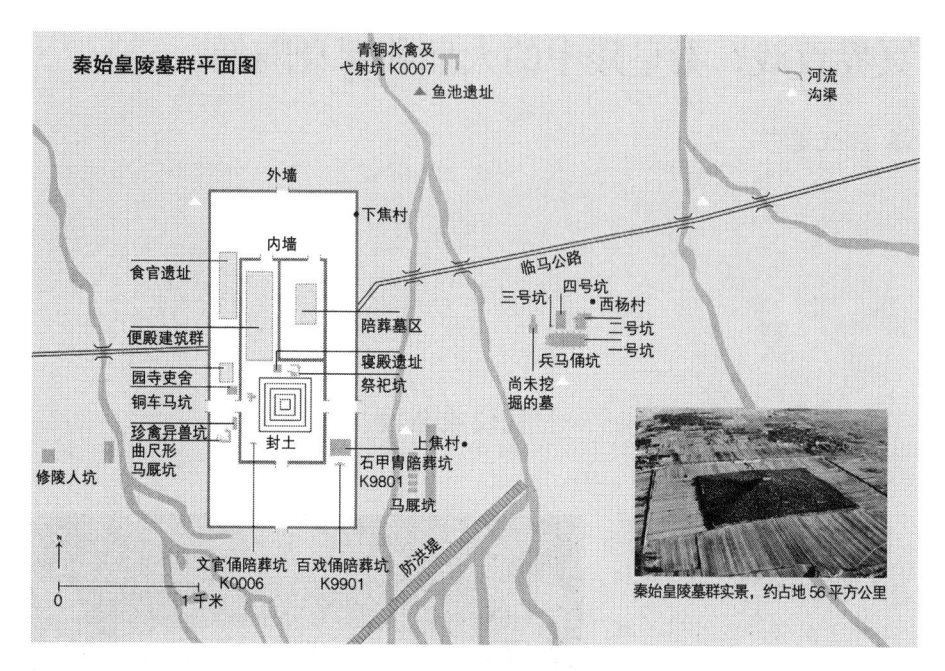

图二　秦始皇陵墓群平面图

（柳扬：《中国兵马俑》，第 182 页）

众大型陶俑中是做什么的？陪葬坑的考古报告给出了三个"初步"假设：

1. 该青铜鼎是一件祭祀用具，象征着地位和权力。它是在陪葬坑完工后不久，由守陵人员在某个危急情况下，从地上某处寝殿挪入陪葬坑的；
2. 该鼎是秦始皇的祭祀或埋葬仪式中的用具；
3. 它是一件杂耍表演中不可或缺的道具。[1]

在所有的三种假设中，第一个是最没有说服力的。我们若回顾一下当时的礼仪制度便知，秦始皇作为天子是有权使用九鼎的，而非一个。如果这件鼎是用来表示与宗庙相关的仪式庄严性的，那我们便很难解释这个杂技俑场景中所展现的诙谐之感。第

---

[1]《秦始皇帝陵园考古报告（2009-2010）》，2012 年。

二和第三个假设则更加可信,除了有一个问题:按照这里的分类方式,两种假设是相互排斥的,但实际上,如下文所述,二者有可能是紧密关联的。[1]

作为视觉证据的陶俑本身削弱了上述假设。尽管这些半身赤裸的陶俑可被大致定义为杂技俑,但它们的特征说明了更多的问题。它们的表情严肃且庄重(图三,图三〇),明显缺少喜感。人们现在普遍认为:杂技场景是早期帝国时代的"百戏",而"百戏"通常是配乐的,[2] 然而陪葬坑中并未发现一件乐器。如此这般,我们就陷入了一个困境:一方面是赤裸上身的陶俑,反映了轻松愉悦的杂技;另一方面是肃穆的情绪,暗示着一个正在进行的庄严仪式,或许是丧葬仪式中的重要部分。因此,陪葬坑中是一场并不诙谐的杂技,以及一个多少有些轻松的丧葬仪式。

图三　K9901号坑出土的陶俑
(秦朝,公元前221年-前206年)

在所有的疑问中最重要的一个便是:为什么这些大型陶俑要赤裸半身呢?特别是考虑到在封土东边一英里的陪葬坑中的兵马俑都是穿衣戴甲的,这个问题就变得尤为引人注目。赤裸半身说明了什么问题?所有关于半裸的现存文献都不能提供任何线索。无论是在哪里引用这些文字描述都格格不入。所以,这到底是怎么一回事儿呢?

---

[1] 此处的难题在于文献记载的死亡仪式与实际证据表明的之间的不对等。
[2] "百戏"是东汉创造使用的词汇,是一个错误使用在秦朝的案例中的时代错乱的用法。更恰当的词语应是"角抵"。参见麦卡利,2005年。

二、神　　鼎

在所有的青铜器中，为什么鼎关乎重大呢？一个简单又显而易见的答案是：在所有的古代文物中，鼎是非常有分量的，是具备权威性的。青铜鼎源于新石器时代用于烹炊陶制三足鼎，作为烹制和盛装餐食的食器，它用于宗庙的祭祀活动中向先祖的灵魂献祭。祭祀仪式中要摆放九鼎，分别盛装牛、羊、猪、干鱼、干肉、牲肚、猪皮、鲜鱼以及新鲜切好的肉。[1]在礼仪中使用鼎的习惯使得它具备了象征意义以及权威内涵。在祭祀中使用的鼎的数量成为身份地位的标识。战国时期有关礼仪的文献清楚地规定了九鼎、七鼎、五鼎、三鼎等与等级地位的关系。[2]汉代所著的早期经典的注疏同样将鼎的数量与等级之间的关系对应了起来："天子九鼎，诸侯七，大夫五，元士三。"[3]这种列鼎制度是否如实反映了西周时期的等级划分？还是说，它只是战国时期和汉代儒家对严密有序的礼制的想象，投射了一个理想的过去？我们发现了十余座包含九鼎或更多的墓葬，大多数都是东周时期的，墓主都是王侯将相。其中只有少数的鼎是严格排列成套的，大多都是鱼龙混杂的，或是同样纹饰但不同大小的鼎。[4]

在公元前五至前二世纪间，鼎变得愈加神秘。到了西汉时期（公元前206年至公元9年），鼎超越了其物质属性，被冠上了谜一般的光环。已知的古代文献将鼎描述为一个不生火就能烹煮的，不用抬起就可以隐藏的，不用搬运就可以行走的容器。[5]有关九鼎的神话依旧在流传，据称九鼎是夏朝时铸造的，后传于商，再后来被周人所获。[6]东周时期，有扩张野心的王公因而想要"问鼎"。周王室的大臣通

---

[1] 杨天宇，2004年，第237页。
[2] 杨天宇，2004年；俞伟超，高明，1978年，第89-92页。
[3] 阮元，1965年，第49-i；何休，《春秋公羊解诂》之"桓公三年"。
[4] 黄展岳，2008年，第208页。
[5]《墨子》，第394页。神鼎的传说在汉代显然非常流行，武梁祠顶部的石刻中也有神鼎的内容。参见冯云鹏，冯云鹓，1821年，4.22；巫鸿，1989年，第236页。
[6] 这些取自《墨子》、《春秋左传》和《战国策》。

常会回绝这种要求，他们将鼎神化，强调鼎独一无二的特质，[1]或是使人无法在现实中获取九鼎。[2]

随着势力和野心的不断膨胀，在公元前四或前三世纪，秦国宣称从周王室处获取了九鼎。[3]到了司马迁（约公元前145年-公元前86年）之时，已经有了数个关于九鼎下落的彼此冲突的故事版本。其中之一是说秦国拿到了九鼎；第二个说九鼎流落到了宋国，随后在泗水一带遗失。[4]司马迁则记载，秦始皇在公元前219年东巡时，斋戒祷祠，欲出周鼎。他使千人没水求之，但一无所获。[5]

升鼎成为汉代日益流行的图像纹饰，西汉墓葬中的画像石中就有试图升鼎的场景。[6]最生动可信的例子莫过于山东邹城卧虎山的石椁上的雕刻，[7]升鼎的场景显然发生在一条河上，河中有船有鱼，两人在船上，正用力托鼎（图四）。总的来说，西汉的画像石并没有

图四　山东邹城卧虎山石椁北椁板外侧上的升鼎画像

（西汉［公元前206年-公元9年］；汪悦进摄）

---

[1]《墨子》，第394页；理雅各，1960年，5：第292-293页。
[2]《战国策》，2009年，第1-2页。
[3] 如果此事是真的，那就应该发生在周显王（公元前368年-前321年在位）或周赧王（公元前314年-前256年在位）在位期间。然而，从公元七世纪以降，孔颖达（公元574年-648年）、洪迈（公元1123年-1202年）、陆深（公元1477年-1544年）、钟凤年和马叙伦这些学者都忘记了这个事件是虚构的。见《战国策》，2009年，第1-2页。
[4] 司马迁对此事模棱两可，因此记录了两个彼此冲突的故事，分别载于《封禅书》和《孝武本纪》。见《史记》，2008年，第564页；《史记》，2008年，第368页。
[5]《史记》，2008年，第156页。
[6] 带有这个主题的石刻、木刻分别来自南阳杨官寺、邹城卧虎山、兖州和盱眙东阳，也就是一个在河南，两个在山东，一个在江苏北部。南阳的石刻，见韩玉祥、李陈广，1998年，第43-47页。盱眙东阳的是可在一块木板上的，画了六个人，一侧三人，正试图从水中捞鼎。同时，一架马拉的车正在穿过横跨河上的桥。邹厚本，1979年。另一个值得一提的例子是山东兖州石椁上的石刻。这里的取鼎的场景中出现了新的元素：一位尊者正在监督取鼎和一只动物。张从军，2002年；邢义田，2011年，第398—439页。有关汉墓中取鼎的综合图像学研究，见邢义田，2011年；吴雪杉，2010年；吴雪杉，2011年。
[7] 邢义田和胡新立都对石椁石刻做了初步的研究。邢义田，2011年，第398—439页；胡新立，2008年。而我对这些石刻的解读与他们的大相径庭。

明确说明秦始皇泗水捞鼎与画像之间的关系。直到东汉年间（公元25年-220年），秦始皇与它的联系才开始成形。

在我们考察这些含有鼎的场景之前，我们需要弄清一个错误的假设。这些出现在墓室中的取鼎场景引出了一个显而易见的问题：它们为什么会出现在那儿？只要对这些画像石的图像学主题稍加仔细观察，便会发现它们的叙事趣味与表现秦朝史实无关。诚然，为什么汉墓的建造者要关心秦的事情呢？很显然，自带光环的"神鼎"才是取鼎画像图像背后最主要的驱动力所在，而非对秦朝史实的兴趣。若能够找到其中的意义所在，那我们便可以开始研究秦始皇陵陪葬坑中那只鼎的用途了。

三、四时交替中的鼎

在存世的有关取鼎主题的画像石中，邹城卧虎山的石椁是十分富有启发的。它的构图细节丰富，足以推测其中的象征逻辑。这幅构图被分为上下两层，下层是一个河流的场景，上层则是一个水榭。河面上的营救行动正在展开，一群人正试图用绳索将鼎从河中拉起，鼎中有一蛟龙咬断绳索，牵拉绳索的人因而摔倒。桥下船上两人试图托鼎，但徒劳无功。坐在水榭中的人物看似在用精神力量协助取鼎，两名正面就座的长髯男人高举右手，左手下指。在他们二人的两侧，分别有二人跪坐，似是在祷祀。在水榭上层的人物看似精神抖擞，他有着竖直的胡须和头发，双臂外展，如蛇的两翼（图四和图一三）。

这幅场景里发生了什么？太史公关于秦始皇泗水取鼎的记载使得我们先入为主地解读了该场景，但这种解读不应该是唯一的，因为太史公的泗水取鼎的记载未能解释蛟龙的存在，但在他的另一处记载中阐释了蛟龙的出现，那个语境与秦始皇无关，而是关于另一个皇帝汉武帝（公元前156年-前87年，公元前141年-前87年在位）的，也是与太史公同时期的皇帝。

《史记》中《封禅书》包含了有关龙的记载。一个名叫锦的巫师在汾阴挖出了宝鼎。[1]记载表明："宝鼎"不是由传奇的上古正神伏羲制造的就是黄帝制造的。无论是谁造的，龙都息息相关。据传，伏羲为人首龙身，而传说中的黄帝曾"采首山铜，铸鼎于荆山下。鼎既成，有龙垂胡髯下迎黄帝。黄帝上骑，群臣后宫从上龙七十余人，龙乃上去。余小臣不得上，乃悉持龙髯，龙髯拔，堕黄帝之弓"。[2]

在后世的民间想象中，两个故事混为一谈。现存最早的、将两个故事合二为一的是六世纪的一条记载。[3]据传秦始皇试图捞起周鼎，就在将要成功之时，一条龙自水而出，将绳索啮断。这则夸张的故事暗含寓意：因为获得了宝鼎，秦始皇"大喜过望，故使索系断裂"。这个六世纪的作者在重述这则传说之时，误以为它是"荒诞"的。若我们检视视觉和文字证据，就会认可这则传说。

如若我们稍加观察卧虎山石椁原本的情境，就可以得知，石椁上的升鼎场景与秦始皇泗水取鼎无关。石椁的四面椁板内外都带有画像，如果我们将外侧的画像视为一组而内侧的视为另一组，那么每一组都包含着八个带框的画面，长板上各有三幅，短板上各一幅。这些画面并非随机拼凑的场景，它们构成了一个连贯的序列。

以长板外侧的石刻为例，它包含了三个场景（图五）。左侧的画面刻画了两人

图五　山东邹城卧虎山石椁长板外侧的石刻拓片

（西汉［公元前206年-公元9年］；出自胡新立：《邹城汉画像石》，北京：文物出版社，2008年，第10页，图14）

---

[1]《史记》，2008年，第590-592页；华兹生译，1993年，汉2：33页。
[2]《史记》，2008年，第594页；华兹生译，1993年，第2-37页。
[3] 陈桥驿，1999年，第454页。数本早期文献都包含了关于取鼎的记载，其中最著名的有《史记》《水经注》和西汉末期东汉初期的《黄帝九鼎神丹经诀》的第一章"黄帝九鼎丹经"，它是一本道教经典。陈国符，2004年，第78-83页。《抱朴子》引用了该文献。

图六　卧虎山石椁一侧椁板上的石刻描绘了太阳神辂车在一个新的季节循环之初（春季）驾离天门

（汪悦进摄）

图七　春皇太昊和他的侍从

（包括画面最左侧的鸟首的句芒和左下的雷神，还有画面底部正在查看其相貌的人类［照镜的女人］；山东邹城卧虎山石椁长板外侧的石刻拓片，西汉［公元前206年-公元9年］；汪悦进摄）

图八　山东邹城卧虎山石椁长板外侧刻画了在春季扶桑树下射箭的场景

（西汉［公元前206年-公元9年］；汪悦进摄）

乘驾一辆辂车，正准备出门。侧面的两人十分谨慎地操弄着马车（图六）。中间的画面刻画了两个侧面半人半兽形象——一个是鸟首人身，另一个是马首人身。他们正在服侍位于中央的正面指挥人物（图七）。右侧的画面是一个弋射的画面，画中的人们正在瞄准树梢上的鸟（图八）。

这三个场景描绘了春天的三个月份。辂车的场景描绘了天门和守门人，天门一侧是著名的扶桑树，扶桑树在一个太阳升落的虚构环境中。辂车在这里代表着太阳的起落。两名乘车人亦或是日御和即将神游四方的游魂。辂车即将开始跨越天空的周而复始的旅程，这就是循环往复一年的开端（图六）。

下一幅画面则是阴历春季的第二个月（图七）。左上方的鸟首和马首人与春的到来息息相关。中间的指挥之人是太昊，为东方之神和木主（春）。我们通过一本古代月令可以了解这幅画中看似令人困惑不解的细节：

> 是月也，日夜分。雷乃发声，始电……先雷三日，奋铎以令于兆民曰："雷且发声，有不戒其容止者，生子不备，必有凶灾。"日夜分，则同度量，钧衡石，角斗桶，正权概。[1]

早期青铜铭文遵循了中国的书写习惯，将雷字形象化为一对轮子。[2]从后世的图像传统中得知，人们常将雷刻画为一个用锤子击打一对鼓或轮子的神。[3]因此，左下角的挥舞着锤子击打轮子或鼓的人物表现的是雷。月令中的段落解释了在轮子右侧跪着的两人。其中一人怀抱一个孩子，另一个则拿着一面镜子。两幅图像合在一起阐明了对月令中的警告的回应：在这里，女人正在观察自己的容貌，以防出生的孩子畸形。[4]这就是为什么女人怀中的孩子正顾首向照镜子的女人看去。于是，孩子观看这一动作在两幅图像之间建立起了因果联系。

画面右侧的人物表现出了月令的禁令，也就是严禁杀害"胎夭"和"孩虫"。其中一人伸出左手阻止了另一名手持武器的人（图七）。[5]

最右的画面则表现了另一个春季的场景。古代月令文献认为春天是燕子归来的时节，天子及其皇后和所有女眷应赴郊区射"玄鸟"（例如燕子）。春季也是宫廷女性植桑树养蚕的季节。值得注意的是，这里的重点并非务农或养蚕，射鸟和围绕着桑树展开的活动其实是关于春季时的男女交合。作为"礼节"的一部分，男人携带

---

[1] 在理雅各的译本上有修改，1967年，第260页。《吕氏春秋》中几乎同样的段落的翻译参见约翰·诺布洛克和杰弗里·里格尔，2000年，第78页。
[2] 于省吾，2009年，第32-33页。
[3] 叶舒宪等编，2004年，第1454-1464页。汉代石刻中的例子，见杨孝军，2005年，第57页，图5。
[4] 这里的语句"戒其容止者"其实是交配的含蓄表达。见孙希旦，1989年，第426页。画工仅从字面上理解了这个语句，而没有表现出其要旨。
[5] 《礼记》，第436页；约翰·诺布洛克和杰弗里·里格尔，2000年，第98页。诚然，驱魔的仪式发生在月令中春天的第三个月中，为了和月令中的规定保持一致，石刻的艺术家尽可能地将春天的场景置于春季月份的框架中，但又不能做到完全一致。

弓套，在"高禖"的祭坛前授予女人弓与箭。[1]这就揭示了"弓套"和"弋射"的象征性含义了，通过暗含男性生殖器含义的箭头，它们成为充满象征含义的行为。[2]桑木是春季交合和新生的主要场所，[3]其象征意义来源于桑树丰富的果实和桑叶作为蚕的食物来源，桑树自己就是生长与生命的代表。这就揭示了卧虎山小画中在桑树下弋射的场景了。这里描绘的并非是真正的狩猎景象，而是春机萌发，阴阳交合。这也就是为什么树枝焕发生机，就像扭动的舞者一样。画中有一只猿猴正在向上攀爬——在早期中国的视觉呈现中，猿猴代表开春之际心肺阳气的萌发。于此相配的是，两个阳具一样的树枝在树神的头顶缠绕，是显而易见的交配的象征。画面并未忽视性别间的平衡和区分，男性弓箭手在援弓弋射之时，女性观者正在渴望地注视着，并满心期待得到树梢上的鸟儿。其中一人已经手握一只鸟了（图八）。[4]

与此相反，另一面的外侧椁板则刻画了秋天的景象（图九）。中间的画面描绘了在古代月令文献中的一个秋天的场景："雷乃始收，蛰虫倍户，杀气浸盛。"[5]一个坐着的自然神用力地吹着气，另一个昂首阔步的人双手持璧，或许是雷神正在收回雷声："收雷先行。"秋天是大自然"杀气浸盛"的时节，是杀戮的合适时机。右

图九　山东邹城卧虎山石椁长板外侧刻画的秋景

（西汉［公元前206年–公元9年］；汪悦进摄）

---

[1]《礼记》，第425页；约翰·诺布洛克和杰弗里·里格尔，2000年，第78页。
[2] 张强，1998年，第27页；叶舒宪，1991年，第104–105页。
[3] 张强，1998年，第28页。
[4] 值得指出的是，构图中共有九只鸟，暗合了九个太阳。所以这个场景表现的是后羿射日。
[5] 理雅各，1967年，第287页。

侧的画面则对应了月令季秋之月的文献记载："豺则祭兽戮禽。"[1]

石椁两端的短板外侧分别描绘了夏季和冬季。夏季（图一〇）是"阴阳争"之时。不难怪，画中代表阳的鸟和代表阴的鱼正在争斗。夏季是阳盛阴衰的季节，也因此，鸟作为盛阳，比盛阴的鱼要多出很多，四条鱼完全不是九只鸟的对手。两只鸟正在分享一条鱼——又是阳盛阴衰的一个张重要表现。另外，鱼看起来精疲力竭，两只瘫在地上，显然被打败了或是已经死了。同时，有一群鸟扇动着翅膀，耀武扬威地在空中飞翔。阳气盛。

另一端的椁板外侧（图一一）表现了古代月令文本中所描述的冬天到来的迹象。门户紧闭，守卫森严（天地不通，闭塞而成冬）。[2]一对狗坐在门前，机警地守着紧闭的大门，似是在强调门户紧闭、守卫森严的概念。同时，"虎始交"，果然，在门环上方两只老虎正在靠近彼此。

图一〇　山东邹城卧虎山石椁挡板外侧刻画的夏季

（也就是阳盛阴衰的时节，鸟［阳］战胜了鱼［阴］；西汉［公元前206年－公元9年］；汪悦进摄）

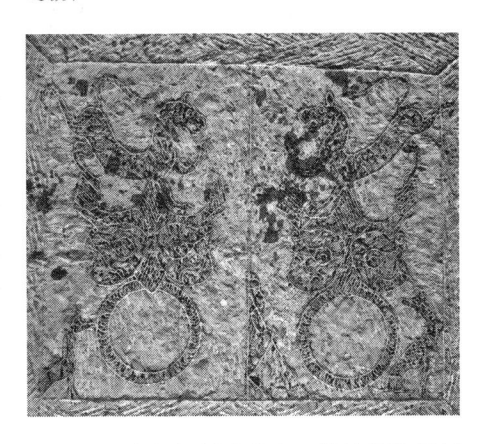

图一一　山东邹城卧虎山石椁挡板外侧刻画的冬季

（这时门户紧闭，守卫森严；西汉［公元前206年－公元9年］；汪悦进摄）

---

[1] 理雅各，1967年，第292页。理雅各不确定"豺"字如何翻译，他的自然主义英国朋友建议他译为"野狗或狼"。理雅各，1967年，第292页，n.2。约翰·诺布洛克和杰弗里·里格尔将这个段落译为"... the wild dog sacrifices animals and slaughters birds"。约翰·诺布洛克和杰弗里·里格尔，2000年，第206页。
[2] 约翰·诺布洛克和杰弗里·里格尔，2000年，第225页，第243页。

图一二　山东邹城卧虎山石椁长板内侧的三幅春景

（西汉［公元前206年-公元9年］；汪悦进摄）

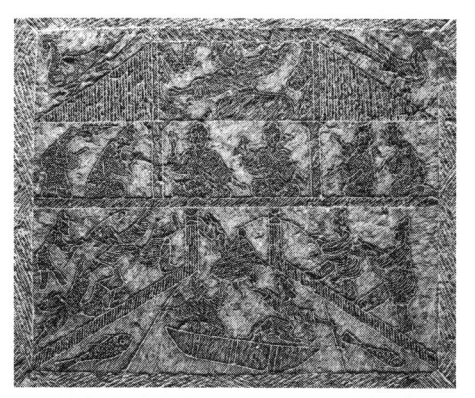

图一三　山东邹城卧虎山石椁长板内侧局部从河中取鼎的场景

（西汉［公元前206年-公元9年］；汪悦进摄）

石椁内侧的石刻同样也构成了轮转的四季。春天的那幅石刻（图一二）描绘季春之场景："天子……命司空……循行国邑，周视原野……达路除道，从国始，至境止。田猎毕弋，置罘罗网，喂毒之药，毋出九门。"[1]中间画面则描绘了一人正在验视马的牙齿，来检查它健壮与否。这一处的石刻表现了月令文本中的春季场景："乃合累牛腾马，游牝于牧"。[2]春季的序列以升鼎的场面（图一三）结束，将在后文另述。

表现了秋天的椁板（图一四）以一个百戏场景开始。同样地，我们将在后文详述这一点。长椁板包含了奏乐和狩猎的场景，都是月令中描述的活动。[3]

两端的椁板内侧表现了夏季和冬季的场景。夏季的画面（图一六）继续发展了

---

[1]《淮南子·时则训》。
[2]《礼记》，第436页；理雅各，1967年，第266页。
[3] 秋天，天子应"乘戎路"（《礼记》，第467页，第472页，第478页），"教于田猎"（《礼记》，第480-482页）。同时，秋天也被视作演奏音乐的季节（《礼记》，第479页）。

图一四　山东邹城卧虎山石椁长板内侧的三幅秋景的拓片

（西汉［公元前206年－公元9年］；出自胡新立：《邹城汉画像石》，北京：文物出版社，2008年，第4页，图5）

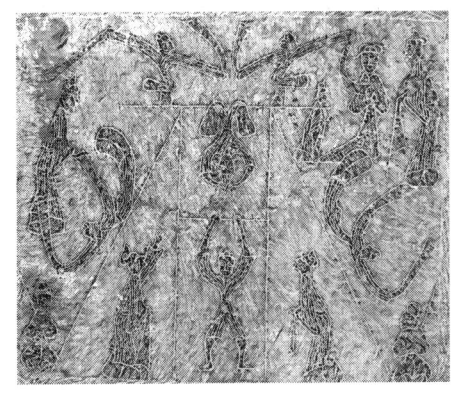

图一五　山东邹城卧虎山石椁长板内侧左侧刻画了百戏场景

（西汉［公元前206年－公元9年］；汪悦进摄）

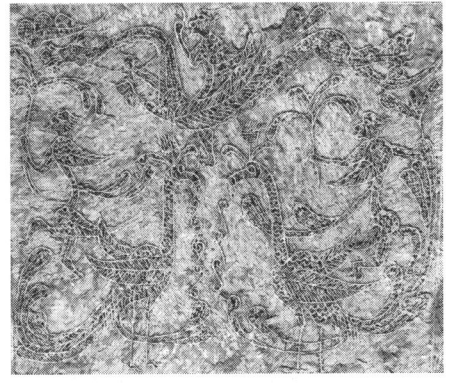

图一六　山东邹城卧虎山石椁短板内侧刻画的夏季

（西汉［公元前206年－公元9年］；汪悦进摄）

在季春场景中奏乐的母题。出现在春季场景中的那对带冠凤鸟也再次出现在了表现夏季的椁板中。我们看到有另一对带冠凤鸟相对而立。如果说春季场景中凤鸟的尾羽仍垂在地上，那么在这里，它们的尾巴则向上挑起——能量聚集的表现。两名羽翼飞仙手持芝草。在此之前的春季场景表现了一对凤鸟正在换"气"——交配的象征；在夏天的场景中表现了它们从嘴中喷出了涡卷形纹饰。这些图案可从月令中关于奏乐的片段获得启示，[1]将这一母题尽可能地发挥到最丰满。

---

[1] 理雅各，1967年，第273页。

椁板内侧刻画的冬景无法直接用月令的文本来解读，但根据其他三个可以被准确认定为春、夏和秋的石刻来推测，这块板内侧画面描绘的是一幅冬景，这不失为一个合乎逻辑的结论。这幅画中显而易见的图像学特征印证了这一结论。两名身着长袍的高大人物被两名跪姿小人隔开。一个富有指示性的标志是那杆"鸠杖"，一个一端饰以斑鸠的祭祀用权杖，拿在左侧的老人手中。斑鸠是季节变化的符号。月令列举了一系列表示季节变化而导致动物变形的例子，据说鹰隼在仲春时节会变为斑鸠，其中的逻辑就是，猛禽——代表着杀戮的萧瑟秋季——现在变为万物生长的季节中的斑鸠了。[1] 因为斑鸠是以哺育幼鸟闻名。斑鸠代表着孝顺，这一印象来自对于其习性的不全面观察，斑鸠习于用浸软的粮食哺育幼鸟。[2] 汉朝时，"鸠杖"是赠予长者的带有美好寓意的礼物。这里潜在的假设就很容易推定了，鸟首拐杖预示着新陈代谢。[3] 因此，老人正在照看两名幼小的画面也就顺理成章了。这幅场景还包含了一系列的元素（树、鸟以及鸠杖等），它们所表现的主题都与鸠杖息息相关，也就是：季节变化，吐故纳新，衰老和长寿，新陈代谢。[4]

　　总而言之，石椁的内外两侧的石刻构成了四时循环，大体上与月令一致。[5] 长挡板分别表现了春和秋，短挡板则分别代表了夏和冬。

　　紧邻描绘夏季的内侧短挡板的是两个正对着的场景。描绘春季的椁板中的

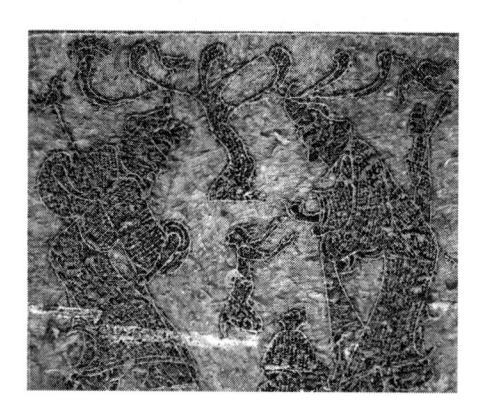

图一七　山东邹城卧虎山石椁短板内侧关于冬天的石刻

（西汉［公元前206年–公元9年］；汪悦进摄）

---

[1] 理雅各，1967年，第258页。约翰·诺布洛克和杰弗里·里格尔，2000年，第77页。
[2] 文林士，1941年，第131页。
[3] 同上，第131页；胡司德，2012年，第174-175页。
[4] 这个构图成为后来模仿作品的原型和素材，我们一般称其为孔子见老子。近代学者积极地探索其政治和历史价值，反而遮蔽了它原本的含义。
[5] 该图像学的序列本质上是一个宇宙理论模型，或者就是某些学者口中的"玄宫图"。

场景是关于升鼎的（图一三），在它的对面则是一个百戏场景（图一五）。正如我们所见，这二者构成了一对饶有意味的组图。发展到东汉（公元25年–公元220年）成为一个广泛流行的格式图样。在后世流传的版本中通常将它释为秦始皇泗水捞鼎。这些传说源于历史叙述，而正是这些历史叙述掩盖了西汉石刻的原有含义。如上文所述，卧虎山石椁的循环图像基本上是月令的视觉化表现。这些刻画在石椁上的画面暗示着一个核心观念，也就是将石椁的主人，即亡灵置入于四时交替的自然韵律之中。如此期望其生机随季节更换而循环往复。这个事关生死终极关怀的石椁的图像程序与政治史和政治事件风马牛不相及，对捞鼎的场景的阐释必须与这个季节轮替的图像程序逻辑相吻合。[1]

四、升　鼎

升鼎的场景（图一三）可被视为四序迁流中的一个阶段。早期中国视觉图案中频繁出现的一个特质，是擅于将时间顺序转化为空间分布。鸟代表着太阳能量，时常指示着在夏季盛阳。鱼则与水相关，也多与阴、北、冷、暗和冬相关。我们只要牢记这一标准，就不难准确地解读升鼎的场景。一对鸟位于图像最上一层，表示盛阳以及与盛阳相关的属性。两条鱼从表现盛阴的水和冬冥中跃出。在鱼和鸟之间，恰巧就是过渡的状态，既是时间上的也是空间上的过渡。我们要谨记，这是一个关于阴阳转换的画面，然后我们再来看正面坐在双层水榭中间的三名人物。在一层的两人右手上指而左手下指，直觉告诉我们，他们可能是在指天指地。的确，当时的礼仪祭祀也印证了我们的直觉。每年春秋要举行"郊祀"，期间，皇帝向三一或三神——天一、地一、太一——献祭。甘泉宫台室中也绘有三一诸神。[2] 有关当时的这些祭祀活动的记载正是这里的石刻的最佳注解。两名指天指地的人物正是天一和

---

[1] 王利器，1988年，第301页；华兹生，1993年，2：27。
[2] 华兹生，1993年，2：28。

地一，于是最上一层的人物就是太一，是一统天地和阴阳之神。他向两侧伸出双手，抓住弯曲的、象征着阴阳二气的条带。这里的水榭就成为举行调和阴阳的仪式的"台室"。四名侧面人物正恭敬地跪礼。

如果说水榭的画面是关于祈求阴阳调和的，那么河流的场景则是关于阴阳消长。在汉朝的概念框架中，不断变换的阴阳体系与五行学说相对应（图一八）。火代表着至阳，水代表着至阴。木、金和土则是至阳至阴之间的阶段。西汉艺术家颇有创意地将这些元素化为没有那么抽象的画面，而鼎则将这些元素全都集合了起来。

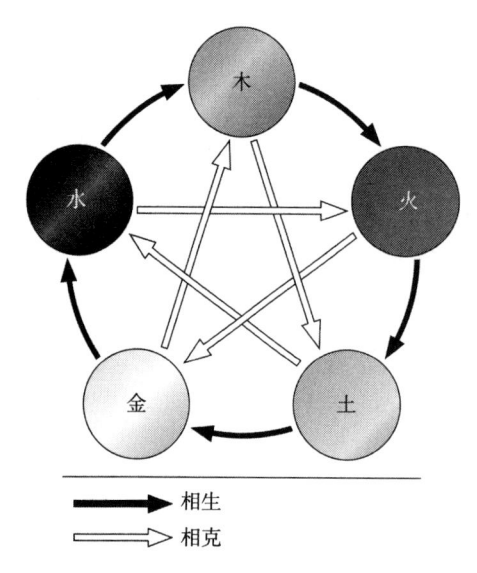

图一八 五行（金、木、水、火、土）
（中国人解释万事万物——从宇宙周期到内脏的相互作用——的五重概念架构）

我们需要认识到，鼎不仅仅是一个物理上的器物。在西汉时期（公元前206年–公元9年），鼎在一片概念和术语大相径庭的语义场中起到了一锤定音的作用。它的作用与华莱士·史蒂文斯（Wallace Stevens）放在田纳西山顶上的坛子有异曲同工之处："它使得散乱的荒野都以此小山为中心。"于是，那包含了一系列的概念和修辞的凌乱荒野，围绕着在语义场中央的那只鼎。鼎的各式各样的物理特性、可视的特征和功能暗示着源于它们的概念。它的物质属性（青铜）包含了"金"的概念，"金"在五行学说大行其道时已然成为内涵丰富、广为人知的概念了。鼎作为一个炊器又暗含了"火"的概念，火也是五行中的重要元素。火来自燃烧的木头——这又是五行中不可或缺的一环。五行中共有木、火、土、金和水五元素，而与鼎相关的概念常已然覆盖了其中三个（木、火和金）。这三个元素的属性全是阳，但阴阳必须同时存在生命之循环才能轮转，于是就需要有水，为了满足需要，一个虚构的场景就被发明或借鉴了。因此，河流的场景就出现在这儿了。水就是水元素，无须多言。水上的船也可能代表着木。

让我们再看看阴阳在河流场景中是如何互动的（图一三）。四人试图从水中将鼎举起，一个龙头从鼎中伸出咬断了绳索，导致人们向后摔倒。这看似是场景中的主要行为，然而我们不要忽略一些重要的细节。如上文所述，鼎是倾斜的。这一意义重大的视觉比喻演化成为一个图像学传统，在几乎所有的后世衍生和不同版本的作品中得以延续。[1]所以，关于倾斜的鼎，值得我们充分关注。鼎应有两个把手，在专业术语中称作"耳"，很显然，这里的鼎丢失了一只耳。于是鼎的这两个特征都值得关注：一是它的倾斜的；二是它丢失了一个把手。

无独有偶，《易经》的《鼎卦》恰巧阐述了这两种情况，一是"鼎颠趾"其实是个好预兆，因为它是"利出否"的象征。[2]卦辞在这里用了一个比喻，它继而说道：为了生子而纳妾，是没有过错的。因此，颠覆的鼎象征着吐故纳新与新陈代谢，这是男人为了延续香火纳妾的另一种说法。自战国时期起，修身炼性的养生之道就包括吐纳（吐出浊气，吸收新鲜空气）和房中术，用当时的术语叫做吐故纳新。[3]

同样地，鼎佚失的一耳也意义深远：

鼎耳革，

其行塞，

雉膏不食，

方雨，亏，悔，

终吉。[4]

---

[1] 详尽的汉代升鼎的图像学研究见邢义田，2011年，第398-439页。
[2] 卫礼贤，1977年，第412页；杨天才，张善文，2011年，第439页。
[3] 唐纳德·哈珀，1987年。
[4] 卫礼贤，卡里·F·贝恩斯，1977年，第411-415页；夏含夷，1996年，第149页。

就其字面含义而言，说的是丢失了一耳的鼎不能再移动，因此，鼎内美味的鸡肉也就不能吃了，由此产生了悔恨。但字面含义并不能解释为什么下雨使得境况逆转——它本来会使境况恶化。如果我们不从字面理解下雨，那整个境况就说得通了。下雨是天地结合的结果："天地相合，以降甘露。"[1]同时，天地结合被视作万物的开始，与"夫昏礼，万世之始也"[2]的道理相同。这样我们就明白"降甘露"和天地相合的寓意了。[3]一旦"这些事情"发生，的确，好事就来了，也就没有理由再后悔了。鼎的环状耳带有性的含义，当与鼎相关的阴阳叙事在一个暗示性的场景中达到顶点时，这层含义就变得更清晰了：鼎有着"黄耳"和"玉铉"。根据注释得知，坚硬的举鼎杠和鼎耳是大吉大利的象征。不管人们是否认同臧守虎等从性的角度对上文《易经》段落进行的解读，[4]但至少人们不会否认，此段落是关于阴阳合气的。《史记》中对"神鼎"有着关键的记载，认为它是"一者一统"，是"天地万物所系终也"。[5]阴阳合气不仅仅是男女交合，还有在晨昏吐故纳新。倾覆的鼎表示着祛除"陈腐物质"，同时填补上新鲜力量，这也是阴阳结合的另一个表达。

若从四时交替的角度来看待升鼎的这个场景（图一二），该场景是春季的一部分，表明阳气正在兴盛。铜器（金）由在船（木；春）上的两人从水（水；阴；冬）中升起。倾斜的鼎象征着季节变化的临界点：阳气正在生长，但仍未到达顶点。

位于升鼎场景对面的百戏场景又说明了什么呢？若要理解百戏场面所在的位置，我们就必须认识到百戏场景在墓葬图像系列中的意义所在。现在的学术论著普遍认为这些百戏场景是为死者娱乐而作的，然而这种观点却掩盖了它们最初的存在

---

[1] 老子，2008年，第67页。
[2] 杨天宇，2004年，第322页。
[3] 道教经典《太平经》为一系列术语做了清晰的定义：地为母，统治者也就是天为父，他通过及时雨向大地广播其祝福。于是肥沃的大地就能生长出一系列的盛生物。王明，1960年，第38页。
[4] 臧守虎，2005年，第43-55页。
[5] 华兹生，1993年，第2-34页。

理由（raison d'être），同时也不能解释为什么百戏场景会出现在卧虎山石椁石刻的四季循环中。杂耍的场景在汉代名为"百戏"，是从早先的其他形式发展而来的，"百戏"的原型恰巧解释了为什么杂耍场景会出现在这里。

汉代之前，有一个一年一度的名为"角抵"的仪式。"角抵"包含一系列的武术活动，包括举重、驾车、动物角斗等。它是一个秋季运动，目的在于使人类活动与季节变化的自然循环相合。秋天是肃穆、萧瑟的阴气——又称"煞气"，使万物萎靡不振。相应地，人类也要进行类似的活动，就像月令中规定秋天是狩猎和杀戮的季节。因此，这个年度武术仪式既是礼仪的惯例，又是带有娱乐价值的盛大表演。[1]

汉代继承了角抵的传统，整体的发展趋势是减少武术的内容而增加娱乐价值，变得更像杂耍表演，而非武斗。卧虎山石椁则展现了一个典型的"百戏"场景。场景中的欢乐气氛掩盖了其早期的武术特性。作为一个源于秋季的武术仪式，"百戏"场景成为四时循环中的一部分。这也就是百戏场景成为秋季图像中的一部分的原因，因为其早期形式——角抵仪式——象征着秋天的"煞气"。

所以，在椁板内侧这两幅相对的场景，都紧邻着夏季的画面，构成了合乎逻辑的一对。升鼎场景是关于春天的，杂耍场景则是关于秋季的。在四季中，中国人赋予了春和秋特殊的意义。夏和冬是明确且绝对的状态，阴在冬天达到全胜，而阳在夏天达到顶点，在这种极端的情况下，人们没什么可做的。相比之下，春和秋则是微妙的过渡阶段，需要平衡对待，增减阴或阳都会破坏这种平衡。因此，为了平缓过渡，人们可以做许多事情。这也就是为什么春和秋的场景占据了长边板，而夏和冬在头足挡。

如此，将倾鼎和百戏场景两两相对就变得意义重大。倾鼎是为了确保春天的万象更新，吐故纳新；百戏场景源于角抵，滋生秋天的"煞气"。相对的场景通过春、秋之间的互动产生了阴阳转化的动力。如果我们观察数百年间汉代石椁

---

[1] 达拉斯·麦卡利，2005年，第88-90页。

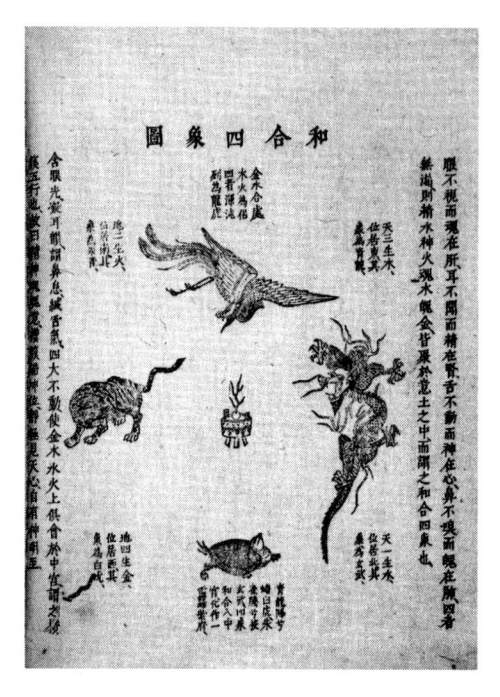

图一九 四象作用于炼丹的鼎
（值得注意此处四象的特殊空间方位：青龙［东］和白虎［西］在其常规方位，玄武［北］和朱雀［南］的方位调换了；此图是内丹术的传统表达；四象除了与季节和五行相关，还与四个器官息息相关：肝、血脉、心和肺，它们一起炼成大丹；出自《性命圭旨》，1615年，木版印刷，纸本水墨，30.8厘米×26.3厘米，图片来自哈佛燕京图书馆）

图案的发展变化可以发现，装饰设计有着简化的趋势。然而无论如何，有一点是保持不变的，即春和秋都在长边一侧，即便春和秋的图像或视觉形式发生了变化。卧虎山石刻用的是一系列显而易见的典型季节场景，与之不同的是，东汉的石椁则采用了两个象征性的动物：龙和虎。[1]龙指示着春阳，虎则象征秋阴（图一九）。更值得注意的是它们的组合方式，与其将它们循环排列——比如使之构成一个单向循环，东汉的设计总是将两只象征性的动物的头同时朝向夏季的那块头挡（图二〇）。其中的逻辑不难理解。春天意味着阳气上升，秋天意味着阴气上升，阳阴合气可以使得万物生长。一个汉代石椁精准地展现了这样的互动：龙（春）和虎（秋）在一个鼎上聚首（图二一），由此阴阳二气调和，生命力滋长。石刻中央有一圆，圆形中央有一对眼睛——统一和凝聚的象征，在生理学和冶金术的语境下，表示着"神明来积，积必见章"。[2]一个名为《龙虎交媾图》的晚期图谱使石椁上的场景的意义更加明确了（图二二）。图谱上的文字与阴阳二气交媾相关，将自然与生机之变、铅汞之变相比附，将生机转化视为铅

---

[1] 曾兰莹，2012年；汪悦进，2012年；巫鸿，2012年。
[2] 马继兴，1992年，第890页；唐纳德·哈珀，1997年，第390页。

图二〇　长边椁板上分别带有龙与虎浮雕的石椁

（四川芦山王晖墓，公元212年；250厘米×101厘米×83厘米；出自高文等：《中国画像石棺艺术》，太原：山西人民出版社，1996年，第1页）

图二一　四川宜宾公子山崖墓石棺上龙虎交媾图的拓片

（东汉［公元25年－公元220年］；52厘米×94厘米；宜宾县文物保管所）

丹之变。毫无疑问，带有生机变化意义的丹鼎之变成为石椁石刻的主题。[1]

　　借东汉的设计逻辑来反观西汉卧虎山石刻，不难看出其背后的基本原理，将倾鼎（图一三）与百戏场景（图一五）相呼应对置的设计理念亦如此。两个场景两相对应并紧邻夏季盛阳头挡，意在借阴阳合气使生机随季节循环往复而重新萌发新生。换言之，这两个场景是不可分割的配套组合。此外，在倾鼎的构图中以及该构图本身都通过了多种方式表现了五行中不同元素——金（鼎）、火、木、土和水——的互动。这也解释了为什么在西汉的另一个升鼎的石刻中，"火"字出现在

---

[1] 汪悦进，《死后极乐》，2012年。

图二二　龙虎交媾图

（骑龙的少女代表阳气中有阴，骑虎的少男代表阴气中有阳，龙虎一起炼成鼎中的仙丹；出自《性命圭旨》，1615年，木版印刷，纸本水墨，30.8厘米×26.3厘米，图片来自哈佛燕京图书馆）

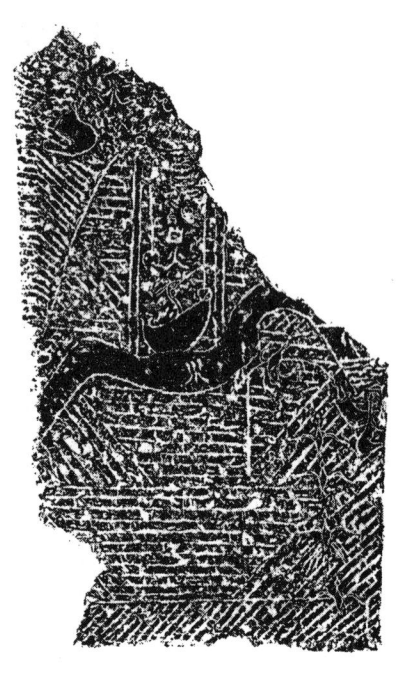

图二三　一墓葬北室室门上升鼎的部分石刻的拓片

（西汉［公元前206年–公元9年］，杨官寺，河南省；出自安金槐：《河南南阳杨官寺汉画像石墓发掘报告》，《考古学报》1963年第1期，第121页，图10）

了鼎的上方（图二三）。[1]这些都为秦始皇陵K9901坑提供了背景和环境（*mise-en-scène*）信息。

五、力士与鼎

K9901坑的鼎自己就是个矛盾体。它是历史上最重的鼎之一，但却遭受了严

---

[1] 安金槐，1963年，第118页。

重的损害——器身有18处击打的痕迹。如果该鼎的尺寸和重量反映了仪式的盛大，那我们又该如何考量其粗糙呢？

有大量证据表明，这只鼎并非秦造。在公元前771年西周覆灭之后，直到四世纪之前，秦在大部分时间内都保持孤立。春秋时期秦鼎的图案粗糙且朴素，一或两个装饰条带覆盖了部分器身，这种颇为稀疏的风格一直延续到了战国时期，届时鼎上的表面纹饰全部消失了。此外，公元前771年之后从秦墓中出土的鼎的体量不大，最高的不过18.9厘米。[1]相比之下，K9901坑中出土的鼎高61厘米，重212千克，表面富于装饰。[2]相互纠缠的蟠螭纹，与秦的东邻晋国在公元前五世纪早期的许多鼎的纹饰类似。[3]晋国是公元前五世纪周代诸侯国中最强大和繁盛的一个。秦国在商鞅（公元前390年-公元前338年）变法后才变得强盛起来。公元前四世纪，秦野心勃勃地想要开始扩张，并将其注意力逐渐投向了东方。秦至少攻打了魏国（公元前五世纪三家分晋后的一国）的首都安邑两次，一次是公元前352年，[4]另一次是公元前286年。可能正是在这样的一次对中原国家的突袭中，秦从韩赵魏国或至少是中原地区的国家缴获了K9901的鼎。这只鼎的最初拥有者预料到了即将到来的危险，于是试图摧毁它，防止它落入敌手，比如落入正在逼近的秦人的手中。但急速恶化的战事并没有给拥有者足够的时间去摧毁它，在一系列的冲突中，鼎盖损毁或佚失了。

公元前五世纪，这只鼎被改用于K9901陪葬坑的某种祭祀仪式。然而，在这只鼎的选择上，值得多说两句。考虑到此鼎外来的装饰图案，将此鼎用于祭祀是个再合理不过的选择了。自公元前500年被制造，到公元前210年被再用于祭祀，中间相隔了三个多世纪，但器物装饰背后的概念图式依旧意味深长并且息息相关。在过去的三个世纪内，一些新概念出现了，在K9901坑的盛大演出达到顶峰。

---

[1] 申茂盛，2001年，第60页。
[2] 《秦始皇帝陵园考古报告》，2000年，第174页。
[3] 最著名的是1923年山西李峪出土的鼎。乔治·W·韦伯，1973年，第389-404页；梅原末治，1936年，第10-13页；苏芳淑，1995年，第144页。
[4] 华兹生，1993年，第24页。

K9901鼎上的[1]纹饰是一种在公元前500年开始流行的独特图案，它代表着一个新的概念图式。山西李峪村出土的青铜壶是这种新装饰风格和设计理念的最佳体现（图二四）。该器的纹饰延续了已经存在了数百年的走向，器表满布连续不断的波浪纹饰，与早期基于对称和顺序的装饰原理开始分道扬镳。同时，它展现了一个新动机，密布的蜿蜒曲折的纹饰弱化了显而易见的动物造型，使得它们沦为单纯的图案。李峪村出土的青铜壶充分展现了新的纹饰，两种造型模式在它身上并存：纯粹的纹理（涡纹、雷纹、直条纹等）与造型独特的动物图案（鸭、鱼、斜倚着的水牛以及虎）相互交织。两种造型模式的有机结合反映了一种无所不包且万物联结的宇宙视角——试图将不同的动物形态领域与内在关联的宏观和微观系统相协调。此外，它代表了当时人们对暂时性和周期思考的新兴趣。事物变形为另一个季节循环。腹下部饰以一圈代表着春季力量的雁纹，与颈部的代表着秋季的牛纹相关联。交缠的虺纹象征着无处不

图二四　青铜壶

（公元前五世纪初，山西浑源，高44.2厘米，最大直径25厘米，上海博物馆藏；出自FONG, Wen［方闻］等编, *The Great Bronze Age of China* ［伟大的中国青铜时代］. New York: Metropolitan Museum of Art, 1980. 277, pl. 69; 267）

---

[1] 苏芳淑，1995年，第155页。

在的气，正在互动转化。

有鉴于此，铜壶圈足上扭曲的辫子，或称作"绳纹"则饱含意义。这个纹饰源自交缠的蛇，是阴阳二气结合以产生生命力的形式化表达。一块汉墓画像石（图二五）揭示了这种经久不衰的象征含义。在后室中央的立柱上，这幅石刻表现了一个生机勃勃的场景，画中嬉戏的人物正在大规模地交配。第一层图案下方的绳纹与其他纹饰截然不同，其含义不言自明。无独有偶，在K9901的鼎上也发现了同样主题的纹饰（图二六）。在类似的器物上，交缠的C形龙纹形制统一，涡纹、雷纹、螺纹、直条纹和粟纹规律且一致地重复出现。相比之下，K9901鼎上交织的纹路则出现了一系列夸张的变形：扭曲的辫子——象征着阴阳结合——实际上变为了螺旋。纹饰的突变毫无疑问地改变、打乱了重复出现的图案整齐划一的节奏。简单来看，生物变形是产生活力的必要条件。而卧虎山石椁上的图像程式则是证实这种视角的一个晚期案例。

因此，带有这种设计理念的鼎被放入K9901坑是再合适不过的了。鼎的放入是否与人们对鼎身上装饰图案的象征意义的认识相关，我们无从得知。但无论如何，若将9901坑视作一场仪式性的布局的话，该鼎的纹饰使它成为陶俑的身边合

图二五 嬉戏交合的人与动物纹饰，以及绳纹

（东汉［公元25年-220年］，山东省孟庄平阴墓葬中石刻拓片；出自山东省博物馆：《山东汉画像石选集》，济南：齐鲁出版社，1982年，图版208）

图二六 鼎身上的绳纹

（出土自9901坑，公元前五世纪，晋国；青铜器，高61厘米，口径71厘米）

适的道具。

这件三足鼎的纹饰的确恰如其分地融入了K9901的仪式性布局,但这场地下俑人表演是关于什么的呢?我们再次面临棘手的问题的实质。开场的问题挥之不去,再次呈现。这个坑表现的是一个严肃的仪式?还是一场轻松的杂技?半裸的陶俑符合杂技演员的描述,但种种迹象——它们庄重的表情、它们与早期中国墓葬中发现的小型舞乐俑相去甚远的真人大小的形制,通常在娱乐表演的坑中会出土但在这里却一无所见的乐器——都表明了:将这个坑完全视为娱乐性的"百戏"场景是有问题的。

首先,这些陶俑是非常奇怪的,它们与先秦或秦后的任何陶俑都不一样。这也就是说它们不属于传统意义上的百戏。这些高大的人物栩栩如生,忠实地捕捉了裸体的特征,使当代的人们立刻联想到了古典希腊裸体雕塑。卢卡斯·尼克尔（Lukas Nickel）近期指出,希腊的模型通过某种方式经过了可能的中亚中途站点,到达了秦朝的中国。[1]希腊-巴克特里亚城市阿伊-哈努姆（Ai Khanoum）在亚历山大大帝（公元前356年-前323年）远征之初建立,约公元140年,在游牧部落的侵袭下,城市被摧毁。这座城市可能就是其中的一个中途站点。神庙附近的希腊式雕塑的碎片毫无疑问地带有古典希腊概念下的人体特征。这种模型和概念可能到达了中国,可以见于中国关于由西而来的"大人"的记载。在临洮看见"大人"的消息传到了秦朝都城咸阳。临洮是当今甘肃岷县,位于早期帝国版图的西境。考虑到它在秦帝国的地理想象中的精确位置,这个地名并不重要。它作为遥望无垠西方的一个前哨,其位置的重要性不言而喻。值得注意的是,临洮曾在秦铸造十二金人的记录中出现过。秦统一天下后,从所有被征服的诸侯国收集了青铜兵器,熔化并铸成了十二个高大的铜人。这些铜人刻有一段铭文,其文曰:"皇帝二十六年,初兼天下,以为郡县,正法律,同度量。大人来现临洮,身长五丈,足迹六尺。"[2]秦

---

[1] 卢卡斯·尼克尔,2006、2007年,第124-149页。
[2] 铭文引自《三辅黄图》,见颜师古注《汉书》,1824年。尽管我们不能将结论建立在真伪待考的铭文的基础上,但关于"大人"的汉赋证实了"大人"一词的通用。有关汉赋中"大人"的史实性,见马丁·柯恩,2003年,第313-315页。

对大人的兴趣延续至汉,则化为汉赋般的叙述,说有一大人能轻飞远游,跨越四荒,超脱时空。[1]不幸的是,秦铸的十二铜人被董卓(约公元139年-192年)和苻坚(公元338年-385年)所毁。由于没有遗留至今的物质材料,所以我们无法评判它们究竟为何物。在大量的汉赋记载中,超人一样的"大人"也在一定程度上蒙蔽了事物的真相。

K9901的陶俑使我们大致了解了一些关于自西而来的"大人"的神话故事背后的历史现实。它也去除了汉代笼罩在这个词上的神秘色彩,至少说明,并非所有的"大人"都是汉赋中描绘的飞行的超人。K9901中的这些高达1.8米的巨人陶俑实际上是用来扛重物的,比如扛起一个巨鼎。事实上,自战国时期起,扛鼎就被视作力士的一个常见的标准能力。

作为举重的扛鼎是秦史的重要组成部分。秦武王(公元前329年-前307年,前311年-前307年在位)曾率部前往东周都城(洛阳地区),在那里,他与大力士孟说比赛扛鼎,该鼎是一个"龙纹赤鼎"。大鼎过沉,武王不堪重负,他双眼充血,绝脉而亡。[2]这种武术运动延续到了秦始皇之时,到了那时,扛鼎已成为角抵中的固定项目,角抵中不仅有摔角,还有举重(比如扛鼎)。类似的运动延续到了汉代(图二七),汉代的人们将乌获视作能够力举千斤的传奇力士。[3]

在K9901中,扛鼎显然只是众多杂耍、杂技项目中的一种。一个大腹便便的陶俑的右侧腋下有个明显的孔洞,或许与汉画像石中的寻橦活动相关(图二八)。问题的关键是:在这个墓葬的环境中,扛鼎和其他的杂耍项目的作用是什么?常见的解释是说它们是为死者的来世提供的娱乐。如果是这样,那么如上文所述,为什么这些人物如此庄重肃穆?

---

[1] 早期文献中有三个版本,《汉书》卷八十七下,第3575页和卷五十七下,第2600页;《史记》,1959年,第117.3063页。有关这三个版本的评价,见马丁·柯恩,2003年,第313页。
[2]《史记》,1959年,第43.1085页。
[3] 有关出土于铜山县洪楼的东汉画像石,见江苏省文物管理委员会编的图录,1959年,第10-11页,图版49-63页。

图二七　力士正在展示他们的力量，包括其中一人，可能是传奇力士乌获（右侧第三），正把一只鼎高举过头

（东汉［公元25年-220年］，徐州铜山洪楼画像石拓片；高106厘米，长190厘米；转自江苏省文物管理委员会：《江苏徐州汉画像石》，北京：科学出版社，1959年，图版45，图56）

图二八　山东省董家庄墓葬中央墓室北坡的杂耍石刻拓片

（东汉末期［公元147年-220年］，安丘博物馆；选自蒋英炬：《中国画像石全集》第1卷，济南：山东美术出版社，2000年，第110页，图150）

  泸州发现的东汉石棺为这个问题提供了一些视角。[1]两名力士，同样也赤裸着上身，正试图将一个鼎升起来。十分幸运的，这幅升鼎的画面是三个一组的连续场景中的一幅（图二九）。作为一个整体，这三个步骤告诉人们这个石棺上的升鼎图意指所在。左侧是一架马拉车舆，似为运送亡灵的魂车，接下来就是升鼎图了。将三幅画格分隔开来的条带上的纹饰揭示了升鼎前后发生的事情，左侧的分隔条带上

---

[1] 有关泸州石棺石刻的详细研究，见汪悦进，2012年。

图二九　死而复生，石椁长板上的图画包括一个炼气化神的鼎
（四川省泸州市的第 11 号石椁，东汉［公元 25 年－220 年］；图片由泸州博物馆提供）

有波纹，右侧的则是菱形纹。这里发生了什么呢？为什么波纹在升鼎之后变成了菱形纹？

这里的鼎并不能按照字面上的含义来理解，不然我们就会理解为将尸体运至鼎中烹煮了，这显然不是这个场景所描绘的。在这里，死者不能被视作尸体，而鼎也不是一个物理上的容器，马车在此为魂车，运送的是死者的精气。在早期中国的生命想象中，生与死是精气在不同状态下的表现。气散则死，气聚则生。带顶棚的车舆是艺术家形象地表现无形的亡灵精气的一种简便的方法。若是没有这三幅画格构成的语境，带波纹的条带是什么含义也就无从得知了：石棺上的故事、带顶棚的马车，以及最重要的——分立两侧的波纹和菱形纹。在波纹和菱形纹中间发生的是气态的精气固化为玉一样的晶体状态，菱形纹路则是表现这种状态的一种常用手法，这个过程则属于炼气化神的内术思维的早期萌芽形态，后世发展为内丹术。

炼气化神术是中国特有的现象，它将人体视作一个受阴阳互动影响的生物形态的生态。内炼术甚至想象人体内有一炉鼎，这一虚构的炉鼎在所谓的体内结丹的过程中冶炼阴阳二气。[1] 炼气化神的过程通常被认为是将精气固化为晶体般的"丹"，从而抵御衰老。

---

[1] 李约瑟，1983 年。

石棺上的石刻表现了这一炼气化神过程之中以及之后的状态。火花飞溅，一双没有身体的眼睛高悬在鼎上方。在文献记载中，眼睛是内炼丹药的过程中经常会出现的意象。阴阳二气结合，"神明来积，积必见章"。[1]半空中漂浮的双眼恰巧印证了这一句话。早期中国艺术中最令人困惑且烦恼的谜题，即如何看待那双无处不在的双目？特别是在青铜器上被后世称为饕餮纹的双目？[2]本文则为该谜题提供了答案，简单来说，器物只是促使神明来临、占据并占领器物的媒介。换言之，器物可以获得"神明"，装饰在器物表面的饕餮纹状的双目则是其物质证明。有一个相关的汉代石刻，算是悬空双目的另一个版本。石刻中的鼎器上出现双目（图二一），显然是一种将鼎器可致神明来临的可视化、形象化：双眼圆瞪，使得神明来积，于是洞烛了黑暗（夜、冬、萎靡不振、阴间等）。这样一来，K9901鼎足上的双目纹饰就说得通了，低谷（夜等）需要神明来降。[3]

鼎为重器，石棺上刻画的两名赤裸上身的力士在奋力升鼎，一方面说明了鼎为重器，另一方面夸张地表现了炼气化神的过程，所以两个分隔条带则是生机变化一前一后的标志，以示炼气化神书挡一样置于内丹术反应过程的起始与终结，始于浑沌未萌的气散状态，终于气结之后的精华状态。

汉代石棺的这两个升鼎的石刻场景共同重构了关于K9901这场仪式表演的假说。K9901中赤裸半身的陶俑是成行排列的（图三四）。[4]其中一个相对较瘦的陶俑，高1.78米，被考古学家编为2号陶俑。[5]他高举右手，并手指向天（图三〇）。他显然不是举重的力士或是表演杂技的演员，但他手指向天的动作显示是升鼎场景中的一部分。2号陶俑的动作（图三〇）与卧虎山石椁（图三一）中负责主持升鼎的人物动

---

[1] 马继兴，1992年，第890页；唐纳德·哈珀，1997年，第390页。
[2] 关于这个题目的文献十分丰富。比如参见拉基斯拉夫·凯斯纳，1991年和韦驼，1993年的著作。
[3] 这一视觉纹饰可上溯至殷商时期。若要展开论述该论点，则需要长篇累牍的阐释，并涉及了关于该论题的经久不衰的学术讨论。足以说明的是，笔者在此处提出的观点避开了辩论双方的焦点——也就是这对眼睛有没有含义——这一点是需要修改和更新的。
[4] 段清波等编，2001年，第65页；《秦始皇帝陵园考古报告》，2012年，第28页。
[5] 同上，第67页；《秦始皇帝陵园考古报告》，2000年，第180页。

作十分相似。这种相似性证实了我们对K9901的升鼎是一场仪式的猜想。K9901的2号陶俑也许也是在主持这样的一个仪式。其他的人物正在举重，强壮结实的5号陶俑也是其中的一员（图三二）。他高举的右手也许说明他正在举重，或许是在扛鼎。我们不知道这里人物是举着一个真的鼎，还是只是做出示意性的动作，多半是后者。[1] 5号陶俑的伙伴，同一个坑中6号陶俑（图三三）高举左手，也许正在帮他扛鼎。两人也许正在合力扛鼎。两个陶俑本来是肩并肩站立的，这点使得我们的假说更加可信。

5号陶俑（图三二）的角色是值得注意的。他左腋下的空洞使得这个大腹便便的健壮人物与众不同。人们假定空洞是用来固定一根长竿子的，但竿子的功能不明。除了铜鼎和一件神秘的半球形青铜物体，这个坑中缺少其他的道具，[2] 考虑到这一点，我们推测参与缘

图三〇 K9901坑的2号陶俑
（柳扬：《中国兵马俑》，第186页，图5）

图三一 升鼎场景中手指天地的陶俑
（图13山东邹城卧虎山石椁内椁板上的石刻局部，西汉［公元前206年-公元9年］；由汪悦进拍摄）

---

[1] 考古报告显示，鼎是从K9901坑的北区出土的，紧邻位于中区的、半裸上身的陶俑。《秦始皇帝陵园考古报告》，2000年，第174页，以及《秦始皇帝陵园考古报告》，2012年，第28页。
[2] 这件半球形的铜器是2011年6月在9901坑的第二次发掘中出土的。它的用途未知，郭青，2012年。

图三二　K9901坑的5号陶俑
（柳扬：《中国兵马俑》，第221页）

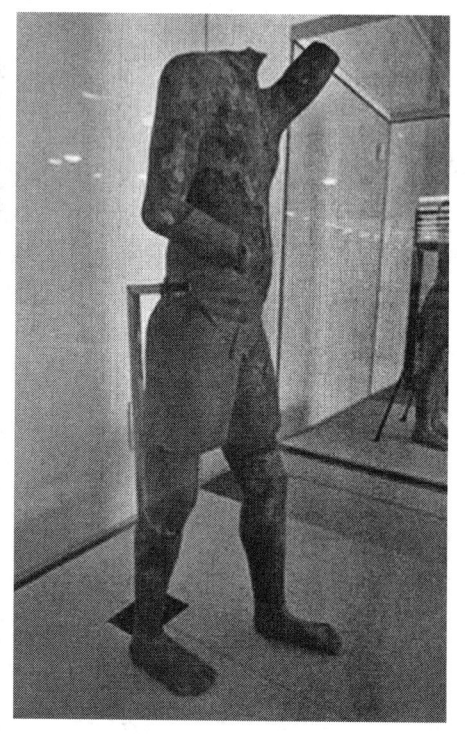

图三三　K9901坑的6号陶俑

竿的人物同时也在扛鼎。同时，他有可能是为在空中表演的灵活的杂技演员支撑竿子的。K9901中为什么有着各式各样的角抵项目呢？它们是做什么用的呢？

我们很容易陷入墓葬百戏娱乐亡者的习惯思维的陷阱。K9901中的杂技表演通常被认为是在冥间娱乐秦始皇亡灵之用。正如我在其他文章中所述，[1]这一假说是站不住脚的。此外，如前文所述，这些演员的表情过于肃穆，像是正在目睹或参加一场葬仪，与皇帝之死的严肃场合息息相关。无论是卧虎山还是泸州石棺/椁上的石刻都表明：升鼎的活动十分重要。卧虎山石刻中的升鼎表现了吐故纳新的新陈代谢的重要过程。泸州石棺上的升鼎表现了阴阳二气的结合以及炼气化神过程中的精

---

[1] 汪悦进，2012年，第211-227页。

1. K9901坑第一次挖掘时十一个陶俑所在位置的线描图

图三四

（1. 出自段清波等编：《秦始皇陵园K9901试掘简报》，《考古》2001年第1期，第64页，图8；2. 柳扬：《中国兵马俑》，第186页，图5）

2. K9901俯视图

气的聚敛。这两个例子虽稍有区别，但表现的是同一个主题：遵循由冬阴至春阳、由死至生的季节更替、生机复苏韵律的仪式活动。这种循环往复的自我更新，根植于自然生态系统，既是养生之道，同样原理亦被移置于丧葬情景。

两个汉代的升鼎的例子为 K9901 中的扛鼎仪式提供了一个视角。尽管扛鼎是角抵的一部分，特别如果只从表面上看，它是符合后世娱乐亡灵的理论的，但泸州的石刻断然否决了这一可能，连作为角抵项目的扛鼎本身都需要被置于炼气化神的语境中被再度考量。卧虎山石椁上的石刻证实了百戏是顺应自然循环的一种炼气活动，其程序与古典月令中描述的一致。在此，百戏标志秋季活动，是四季循环往复的一节，而四季万物更新又是生机新陈代谢的基本框架。将月令的场景刻画在石椁上意味将这种图示循环变为永恒，这样一来，形式化的时间循环指示了生死轮替的周期节奏，也是掌管宇宙和人体生机的盛衰。顺应自然规律，即将生机盛衰付诸四季循环往复韵律的机制成为人类应对未知死后冥界何去何从的最好应对方法。因此，K9901 中的由陶俑构成的表演场景是一个放大版的聚合春阳与秋阴之气的场景，永久地再现了生命力消长的季节循环。只要这个系统在，人们在面对未知世界时就可安然处之了。

扛鼎的陪葬坑属四季序列中的哪一环节？可以将卧虎山石刻的升鼎与百戏场面视为经纬。就升鼎单独而论，属春景；仅就角抵而言，属秋景。K9901 坑合升鼎与角抵为一处，而不是像卧虎山石棺将其分置。大约意味春秋阴阳二气在此聚合。由此亦可解释俑人的壮瘦两组截然之别。瘦者为春季少阳之气向盛阳发展，壮者为秋季盛阳（亦即少阴）之气向盛阴过渡。两者相对而列，意即春秋二气在此聚合。有了这一点，我们对秦始皇陵墓群的整体规划便能有一个更好的理解了。例如，坐落于封土东北 3.2 千米的 K0007 坑（图三五）约占地 892 平方米，F 形的坑（将 F 顺时针转 90°，就有了一个南北向的俯视图）中谜团众多。46 件真实大小的青铜水禽——天鹅、仙鹤、鸿雁等——分布于东西向的、模拟河岸的过洞上（图三六）。[1] 较长的、南北向

---

[1] 段清波，2005 年，第 36 页。

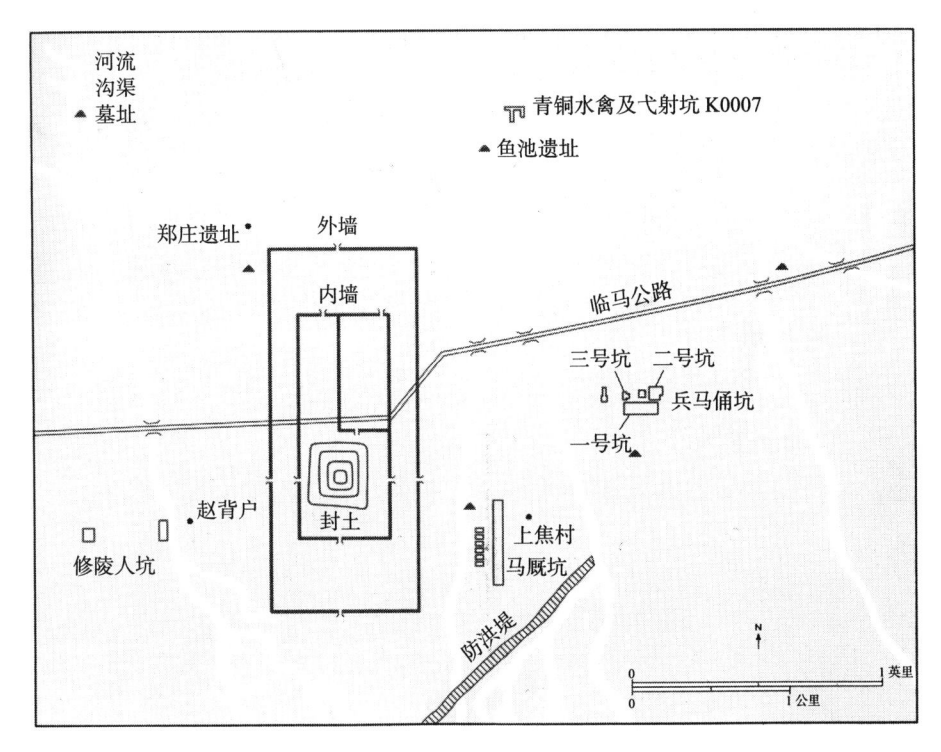

图三五　秦始皇陵墓群平面图

（陵墓与陪葬坑加在一起的面积约56平方千米）

的、铺地木的过洞则包含了一系列位于侧壁上的壁龛或称凹陷的小隔间，壁龛中发现两个箕踞姿陶俑（图三七）。根据姿势判断，他们应为弓箭手。[1]其中一人正在装载十字弓，另一人正在整理或发射弋。陶俑附近发现了约200件青铜锥形器，为这个假说增加了可信度。[2]因此这个坑通常被视作秦始皇狩猎场景的地下复制版。[3]

这一解释似是而非，未能说明为什么狩猎的对象仅限于禽类。和K9901类似，K0007的表演场景大体上是一个象征性的表现。在中国早期礼仪历法中，射雁是一个传统的仪式活动，有着特殊的地位。其象征含义源于鸿雁以及其他迁徙鸟类与春

---

[1] 焦南峰，2005年，和张敏，2008年。
[2] 考古报告并未识别该铜器。段清波，2005年。罗明认为它们是箭镞，参罗明，2007年，第90页。
[3] 焦南峰，2005年和罗明，2007年。

图三六　K0007中的青铜水禽

（柳扬：《中国兵马俑》，第162页，图7；第253-255页，图82-85）

季或又一个季节性循环的关联。这种与春季相关的象征意义部分解释了在婚礼或其他仪式中将鸿雁作为赠礼的习俗。赠礼包含着与春天万物复苏相关的美好寓意。其目的并非杀死鸿雁，而是捕捉它。狩猎中所用的箭头或箭镞由一根丝线拴着，将系线的箭头发射出去是希望将飞行中的鸟困在或圈在空中的绳索中。捕捉来的活雁则

从此处看去的立视图

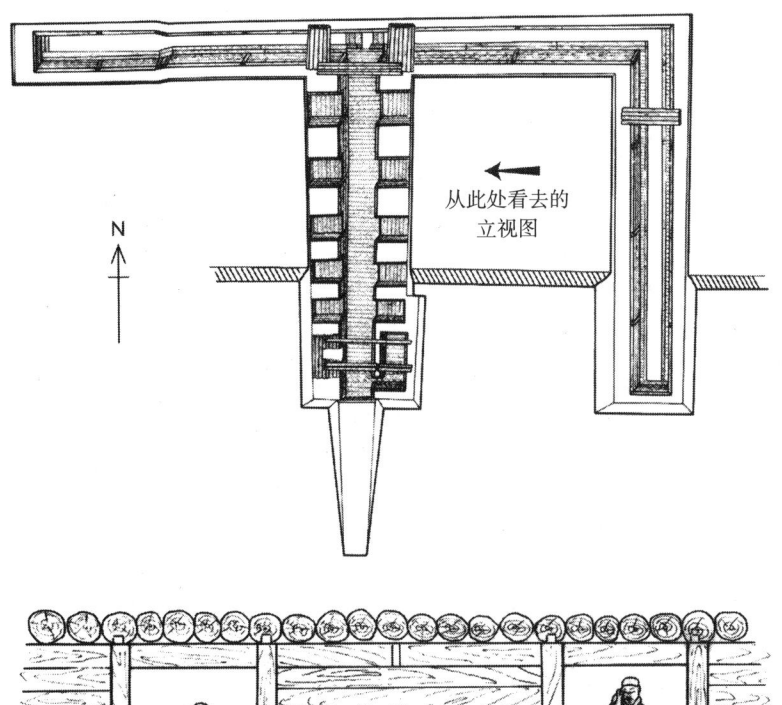

N↑

图三七　K0007 坑的线描图

(水禽沿北边的过洞东西向分布，两名弓箭手位于中间的南北向过洞的壁龛中；出自简·波特尔：《秦始皇：中国兵马俑》，2007 年，第 194 页，图 196)

被用作仪式的赠礼。此外，我们的焦点并非是作为礼仪文化的捕捉鸿雁的社会活动，而是它的视觉表现，还有在日常、礼仪和丧葬时将这种场景装饰于器表的作用。

一件约在公元前 500 年的青铜壶（图三八）十分具有说明性，从底部到口沿有四个带镶嵌的图像场景条带，其顺序是四季的顺序。然而，它并非是在模拟自然的四季循环，而是按炼气化神的序列编排，一个与四季生机盛衰相协调的自然生态的

91

图三八　青铜壶纹饰线描图

（约公元前500年，1965年四川成都出土；高39.9厘米，口径13.4厘米，足径14.2厘米，重4.5千克；藏于四川省博物馆；出自方闻：《伟大的中国青铜时代》，纽约：大都会艺术博物馆，1980年，第317页，图107）

序列。底层的条带象征的是冬天，通过一对对包裹在子宫一样形状的闭环中的胚胎动物来表现。下一个阶段则是一个更加生动的场面，表现了春之将至：鸟（阳气）与蛇（阴气）的结合是春之将至的重要标志之一。从底部数第二层条带与秋季的杀戮相关——更多表现了秋季而非杀戮。再往上，第三和第四层条带都是春季场景：

92

用带线的箭镞捕获鸿雁，乐曲和舞蹈，桑树下的交配以及弋射活动。穹形的壶盖上的图案将四个条带的场景推向一个生机勃勃的高峰：成对的动物在交配，间以三只造型逼真的水禽。[1]

这些画面展现了一个生命力在季节循环中精气逐渐聚敛的过程，其中猎捕鸿雁的场景主要是要表现春季，而非狩猎。最上一层条带将右侧的春季桑木交合与富于象征含义的弋射场景并置，使人们联想到了月令中的描述：

是月也，玄鸟至。至之日，以大牢祠于高禖。天子亲往，后妃帅九嫔御。乃礼天子所御，带以弓韣，授以弓矢，于高禖之前。[2]

此青铜壶（图三八）上的图像将K0007坑中射雁活动置于了四季生机循环往复的语境之中，卧虎山石椁上的石刻（图八）也有着同样的作用。两个射雁的场景都不能仅从画面上去理解，它们与四季循环中春机萌动息息相关。在卧虎山石椁石刻中嵌入春季射鸟的场景，显然是指春季萌发。纵然这只是一个愿望，但人们宁愿去相信自然万物同步生命力的周期性盛衰的季节循环，而不是将生死大事付诸于个人生死际遇的偶然不确定性。正是这种循环往生的蓝本左右统挈着秦始皇陵墓群整体的概念规划。升鼎和射雁都是自然四季循环往复规律中不可或缺的阶段。青铜壶上的图案和卧虎山的石刻都为我们认识秦始皇陵墓提供了一个绝佳的指导。

我的理论在某种程度上解释了秦始皇陵附近最令人迷惑不解的一些谜题。兵马俑1号坑位于秦始皇陵东侧1.5千米处，面向东方。它们与面向西方的青铜马车形成了鲜明对比，这驾青铜马车出土于皇陵封土的西侧边缘，被视作承载秦始皇灵魂的魂车。此情此景背后的逻辑似乎难以理喻，三军统帅像是在南辕北辙，背离麾下东向整

---

[1] 有关此处的讨论以及一件类似的、来自维纳·詹宁收藏的画像器物参见埃莉诺·冯·埃德伯格·康斯滕，1952年；韦伯，1968年，第190-197页；苏芳淑，1980年，第316页；爱沙·雅克布逊，1984年，第61-83页。
[2] 约翰·诺布洛克和杰弗里·里格尔，2000年，第78页。

军待发的兵马而不顾，独自西驰。[1]人们又常将1号坑的大量的兵马俑视作守卫秦始皇陵的军队。如若如此，问题就出现了，没有任何一名士兵头戴甲胄或手持盾牌。所有的头盔都在封土东侧边缘的一个坑中。此外，兵马俑坑中发现复原了约40000件青铜兵器，以及1件铁制戈和1件铁制箭镞。考虑到当时更先进的武器都是铁制甚至钢制，并且秦的确拥有铁制和钢制武器，因此这一点还是颇令人惊讶的。[2]

重新思考兵马俑的角色不失为解释这些古怪之处的一种方法。K9901（扛鼎）和K0007（捕射鸿雁）都指向了一个宏大的概念规划，这个规划是基于这一理念的：季节循环是死后生机萌发的保障机制。要是这样，那么距离陵墓1.5千米的、面向东方的兵马俑便是在扮演着孟春之月迎春于东郊的时令仪式。月令再一次为我们提供了线索：

是月也，以立春。先立春三日，大史谒之天子，曰：某日立春，盛德在木。天子乃齐。立春之日，天子亲帅三公、九卿、诸侯、大夫，以迎春于东郊。[3]

所谓的"魂车"被绘成白色，它位于封土的西侧，对应的是秋季仪式中的一部分。在公元前三世纪的思维习惯中，西方、白色和秋天都是可转换、可互换的概念。无论如何，尽管我们企盼着考古学家能够挖掘遗址中的所有陪葬坑，从而证实我们的猜想，但我们掌握的证据已经足以勾勒出一个总体设计概念方案，也就是基于季节变化和吐故纳新的信仰和仪式。秦始皇死后的命运被付诸于这种可靠的自然万物共同遵循的循环往复的生命周期规律。

用一个巧合来结束整篇文章或许是恰到好处的，也或许恰恰相反。我们在上文引用的月令的段落或出自吕不韦（约公元前291年-前235年）之手，或是在吕不韦的资助下完成的。吕不韦先是秦庄襄王（公元前249年-前247年在位）的相

---

[1] 关于该问题的讨论，见汪悦进，2012年。
[2] 陈景元，2009年，第119-134页。
[3] 约翰·诺布洛克和杰弗里·里格尔，2000年，第61页。

国，随后成为继立的太子的相邦。史家对于太子的身份仍争论不休：太子是庄襄王之子还是吕不韦之子？无论如何，太子后来都成为中国的第一位皇帝。值得提出的是，兵马俑坑中出土了五件带有"相邦吕不韦造"铭的青铜戈。[1]至少我们知道，负责墓葬工程的人谙熟月令及其相关知识。将带吕不韦铭的戈放入陪葬坑背后的动机是否在某种程度上默认了秦始皇的生父？无人知晓。

参考文献：

1. 安金槐：《河南南阳杨官寺汉画像石墓发掘报告》，《考古学报》1963年第1期，第111-139页。
2. 陈国符：《陈国符道藏研究论文集》，上海：上海古籍出版社，2004年。
3. 陈景元：《兵马俑真相：俑坑的主人不是秦始皇》，北京：华文出版社，2009年。
4. 陈桥驿：《水经注校释》，杭州：杭州大学出版社，1999年。
5. CONSTEN, Eleanor von Erdberg（埃莉诺·冯·埃德伯格·康斯滕）. "A Hu with Pictorial Decoration: Werner Jannings Collection, Palace Museum, Peking（带画像纹饰的壶：北京故宫博物院维纳·詹宁收藏）". *Archives of the Chinese Art Society of America*（美国中国艺术协会档案），1952, vol.6, 18-32.
6. 《断句十三经经文》，台北：开明书店，1991年。
7. 段清波等编：《秦始皇陵园K0007陪葬坑发掘简报》，《文物》2005年第6期，第16-38页。
8. DUAN, Qingbo（段清波）. "Entertainment for the Afterlife（后世的娱乐）", in PORTAL（简·波特尔）, *The First Emperor: China's Terracotta Army*, 2007, 192-203.
9. 段清波等编：《秦始皇陵园K9901试掘简报》，《考古》2001年第1期，第60-73页。
10. 冯云鹏，冯云鹓：《金石索》，上海：商务印书馆，1934年。
11. FONG, Wen（方闻）, et al. *The Great Bronze Age of China*（伟大的中国青铜时代）. New York: Metropolitan Museum of Art, 1980.
12. 高明：《高明论著选集》，北京：科学出版社，2001年。
13. 郭青：《秦始皇百戏俑坑新发现30余件陶俑》，《陕西日报》2012年6月10日，第1版。
14. 冽玮：《秦始皇百戏俑坑新发现30余件陶俑》，《陕西日报》2012年6月10日。
15. 韩玉祥，李陈广：《南阳汉代画像石墓》，郑州：河南美术出版社，1998年。

---

[1] 袁仲一，2002年，第256-257页。

16. HARPER, Donald（唐纳德·哈珀）. "The Sexual Arts of Ancient China as Described in a Manuscript of the Second Century B.C.（公元前二世纪手稿中记载的古代中国的性爱艺术）", *Harvard Journal of Asiatic Studies*（哈佛亚洲研究学刊）, Dec. 1987, vol. 47, no,2, 539–593.

17. HARPER, Donald（唐纳德·哈珀）. *Early China Medical Literature: The Mawangdui Medial Manuscripts*（早期中国医学文献：马王堆医书）. New York: Kegan Paul International, 1997.

18. HARPER, Donald（唐纳德·哈珀）. "Warring States Natural Philosophy and Occult Thought（战国时期的自然哲学与神秘思想）", in LOWEWE, Michael（鲁惟一）and SHAUGHNESSY, Edward L.（夏含夷）eds.. *The Cambridge History of Ancient China*（剑桥古代中国史）. Cambridge, UK, and New York: Cambridge University Press, 1999.

19. 胡新立:《邹城汉画像石》,北京：文物出版社，2008 年。

20. 黄展岳:《先秦两汉考古论丛》,北京：科学出版社，2008 年。

21. JACOBSON, Esther（爱沙·雅克布逊）. "The Structure of Narrative in Early Chinese Pictorial Vessels（早期中国画像器皿上的叙事结构）". *Representations*, autumn 1984, no. 8, 61–83.

22. 江苏省文物管理委员会:《江苏徐州汉画象石》,北京：科学出版社，1959 年。

23. 焦南峰:《左弋外池——秦始皇陵园 K0007 陪葬坑性质蠡测》,《文物》2005 年第 12 期，第 44–51 页。

24. KERN, Martin（马丁·柯恩）. "The Biography of Sima Xiangru' and the Question of the Fu in Sima Qian's Shiji（司马相如自传与司马迁《史记》中的赋相关的问题）". *Journal of the American Oriental Society*（美国东方协会学刊）, 2003, vol. 123, no. 2, 303–316.

25. KESNER, Ladislav（拉基斯拉夫·凯斯纳）. "The *taotie* Reconsidered: Meaning and Functions of Shang Theriomorphic Imagery（再论饕餮纹：商代兽性想象的含义与功能）". *Artibus Asiae*, 1991, vol. 51, 29–53.

26. KNOBLOCK, John（约翰·诺布洛克）and RIEGEL, Jeffery（杰弗里·里格尔）. *The Annals of Lübuwei*（吕不韦志）. Stanford, Calif.: Stanford University Press, 2000.

27. 老子:《道德经》,由 RYDEN, Edmund（埃德蒙德·瑞登）翻译并注释. Oxford, UK: Oxford University Press, 2008.

28. LEGGE, James（理雅各）. *The Chinese Classics*（中文经典）, 5 vols. Hong Kong: Hong Kong University Press, 1960.

29. LEGGE, James（理雅各）. *Li Chi: Book of Rites: An Encyclopedia of Ancient Ceremonial Usages, Religious Creeds, and Social Institutions*（礼记：古代礼仪使用、宗教信仰和社会制度）. New Hyde Park, N. Y.: University Books, 1967.

30. LIU, Yang（柳扬）等编. *China's Terracotta Warriors: The First Emperor's Legacy*（中

国兵马俑：秦始皇的遗产）. Minneapolis: Minneapolis Institute of Arts, 2012.
31. 孙希旦：《礼记集解》，北京：中华书局，1989 年。
32. 罗明：《秦始皇陵园 K0007 陪葬坑弋射场景考》，《考古》2007 年第 1 期，第 87-96 页。
33. 马继兴：《马王堆古医书考释》，长沙：湖南科学技术出版社，1992 年。
34. MCCURLEY, Dallas（达拉斯·麦卡利）. "Juedixi An Entertainment of War in Early China（早期中国的战争娱乐角抵戏）". *Asian Theatre Journal*, spring 2005, vol. 22, no. 1, 87-106.
35. 《墨子》，方勇译著，北京：中华书局，2011 年。
36. NEEDHAM, Joseph（李约瑟）. "Spagyrical Discovery and Invention: Physiological Alchemy（炼金术的发现与发明：内丹术）", in *Science and Civilization in China*, vol. 5, pt. 5. Cambridge, UK: Cambridge University Press, 1983.
37. NICKEL, Lukas（卢卡斯·尼克尔）. "Tonkrieger auf der Seidenstrasse? Die Plastiken des ErstenKaisers von China und diehellenistische Skulptur Zentralasiens（丝绸之路上的兵马俑？秦始皇陶俑和中亚的希腊雕塑）". *Zurich Studies in the History of Art/Georges Bloch Annual*, 2006/2007（published 2009），vol. 13-14, 124-149.
38. 《秦始皇帝陵园考古报告》，1999 年，2000 年。
39. 阮元：《重刊宋本十三经注疏》，台北：艺文印书馆，1965 年。
40. SHAUGHNESSY, Edward I.（夏含夷）. *I Ching The Classic of Changes*（易经）. New York: Ballantine Books, 1996.
41. 申茂盛：《秦陵大鼎与秦鼎》，《文博》2001 年第 3 期，第 59-62 页。
42. 《史记》，北京：中华书局，1959 年。
43. 《史记》，韩兆琦译注，北京：中华书局，2008 年。
44. SO, Jenny F.（苏芳淑）. "New Departures in Eastern Zhou Bronze Designs: The Spring and Autumn Period（东周青铜器纹饰的新变化：春秋时期）", in FONG, Wen（方闻）et al., *The Great Bronze Age of China*（伟大的中国青铜时代）. New York: Metropolitan Museum of Art, 1980.
45. SO, Jenny F.（苏芳淑）. *Eastern Zhou Ritual Bronzes from the Arthur M. Sackler Collection*（赛克勒藏东周青铜礼器）. New York: Adams, 1995.
46. STERCKX, Roel（胡司德）. *The Animal and the Daemon in Early China*（古代中国的动物与灵异）. Albany: State University of New York Press, 2012.
47. TSENG, Lillian L.（曾兰莹）. "Funerary Spatiality: Wang Hui's Sarcophagus in Han China（墓葬空间性：中国汉代王晖石棺）", *RES Anthropology and Aesthetics*, spring/autumn 2012, 61/62, 117-131.
48. UMEHARA, Sueji（梅原末治）. Sengoku shiki dōki no kenkyū（战国风格铜器的研究）. Kyōto: Tōhō bunka gakuin kyōto kenkyūsho, 1936.
49. WANG, Eugene（汪悦进）. "What Happened to the First Emperor's Afterlife Spirit?（秦

始皇的灵魂去哪了)", in LIU, Yang(柳扬)ed., *China's Terracotta Warriors: The First Emperor's Legacy*. Minneapolis: Minneapolis Institute of Arts, 2012, 221-227.

50. WANG, Eugene(汪悦进)."Jouissance or Death?(死后极乐)". *RES Anthropology and Aesthetics*, spring/autumn 2012, 61/62, 152-166.

51. 王利器：《史记注译》，西安：三秦出版社，1988年。

52. 王明：《太平经合校》，北京：中华书局，1960年。

53. WEBER, Charles D.(查尔斯·D·韦伯). *Chinese Pictorial Bronze Vessels of the Late Chou Period*(中国东周时期的画像青铜器). Ascona: Artibus Asiae Publishers, 1968.

54. WEBER, George W.(乔治·W·韦伯). *The Ornaments of Late Chou Bronzes: A Method of Analysis*(东周的青铜器装饰：分析方法). Rutgers, NJ.: Rutgers University Press, 1973.

55. WATSON, Burton(华兹生)trans. *Records of the Grand Historian, Han Dynasty II*(史记2). New York: Columbia University Press, 1993.

56. WHITFIELD, Roderick(韦驼)ed. *The Problem of Meaning in Early Chinese Ritual Bronzes*(早期中国青铜礼器的含义). London: Percival David Foundation of Chinese Art, 1993.

57. WILHELM, Richard(卫礼贤)and BAYNES, Cary F.(卡里·F·贝恩斯). *The I Ching or Book of Changes: The Richard Wilhelm Translation Rendered into English by Cary F. Baynes. Bollingen Series XIX*(由贝恩斯译为英文的卫礼贤版德译易经). Princeton: Princeton University Press, 1977.

58. Williams, Charles Alfred Speed(文林士). *Outlines of Chinese Symbolism and Art Motives*(中国符号与艺术动机概论). London: 1941.

59. WU, Hung(巫鸿). *The Wu Liang Shrine: The Ideology of Early Chinese Pictorial Art*(武梁祠：中国古代画像艺术的思想性). Stanford: Stanford University Press, 1989.

60. WU, Hung(巫鸿). "Han Sarcophagi: Surface, Depth, and Context(汉代石棺：表面、深度和语境)". *RES Anthropology and Aesthetics*, spring/autumn 2012, 61/62, 196-212.

61. 吴雪杉：《汉代画像中的"泗水取鼎"：图像与文本之间的叙事张力》，《中国汉画研究》2010年第3期，第379-415页。

62. 吴雪杉：《从九鼎到丹鼎：四川汉代取鼎图像的嬗变》，《北方美术》2011年第2期，第44-49页。

63. 邢义田：《汉画解读方式试探：以捞鼎图为例》，《画为心声：画像石、画像砖与壁画》，北京：中华书局，2011年。

64. 杨天才，张善文译注：《周易》，北京：中华书局，2011年。

65. 杨天宇：《礼记译注》，上海：上海古籍出版社，2004年。

66. 杨孝军：《徐州新发现一批汉代画像石考释》，《四川文物》2005年第6期，第55-62页。

67. 叶舒宪：《英雄与太阳：中国上古史诗的原型重构》，上海：上海社会科学院出版社，1991年。
68. 叶舒宪等编：《山海经的文化寻踪》，武汉：湖北人民出版社，2004年。
69. 俞伟超，高明：《周代用鼎制度研究（上）》，《北京大学学报》1978年第1期，第84-98页。
70. 于省吾：《甲骨文字释林》，北京：中华书局，2009年。
71. 袁仲一：《秦始皇陵的考古发现与研究》，西安：陕西人民出版社，2002年。
72. 臧守虎：《饮食·男女·鼎新》，《中医文化论丛》，济南：齐鲁书社，2005年。
73. 詹鄞鑫：《神灵与祭祀：中国传统宗教综论》，南京：江苏古籍出版社，1992年。
74. 张从军：《汉画像石》，济南：山东友谊出版社，2002年。
75. 张从军：《黄河下游的汉画像石艺术》，济南：齐鲁书社，2004年。
76. 张敏：《东周时期的矢与射——以三晋两周地区考古所见为例》，《文物世界》2008年第3期，第18-24页。
77. 张强：《桑文化原论》，西安：陕西人民教育出版社，1998年。
78. 《战国策》，李德山，石磊注，南京：凤凰出版社，2009年。
79. 邹厚本：《江苏盱眙东阳汉墓》，《考古》1979年第5期，第412-426页。

想象秦始皇陵

◎ 李安敦 *

　　几乎每一个上过学、去过博物馆的公众都熟知秦始皇兵马俑，其中的一些杰出的文物也在这次的展览中。展览"中国兵马俑：秦始皇的遗产"于2012年10月28日至2013年1月27日在明尼阿波利斯艺术博物馆展出。兵马俑埋藏于距离秦始皇封土堆近两千米的陪葬坑中，所以严格来讲，它们不算是陵墓本身的一部分。秦始皇陵位于地下三十米，在人造土丘的重力之下进一步地被挤压，即便历经了千年的水土流失，这座土丘依旧高达五十余米。[1] 近年来，考古学家在陵墓封土周边做了大量探测，发现了数百个墓葬和陪葬坑，其中就有宏伟壮观的兵马俑。尽管考古学家用物理和遥感设备探测了墓葬的深度，但秦始皇的墓室从未被打开过。此外，尽管我们从历史奇闻中得知，秦始皇陵曾在古代被多次盗掘，但皇陵表面没有留下盗洞的痕迹，至少没有一条盗洞足够大，大到能够通到墓葬核心区的。[2]

　　尽管秦始皇的墓室近乎完好如初，但不幸的现实是，我们此生可能无缘得见其真容了。中国的考古学家给出了几个不发掘该墓的理由，如高昂的费用，防止脆弱

---

* Anthony Barbieri；美国加州大学圣芭芭拉分校历史系教授。

[1] 据袁仲一《秦始皇陵的考古发现与研究》（西安：陕西人民出版社，2002年），第20-24页，根据测量地点不同，今天的封土高约43至52米。早期的文献声称封土有115米高。封土原先很可能是高的，但不可能有那么高，因为封土周围没有那么多滑落的土。袁仲一认为，原本封土大致高度为70米。

[2] 《史记》（8.376）记录了秦始皇陵，在公元前206年时，随着项羽的叛军进入咸阳时所劫掠。司马迁的文字清晰地写道："（项羽）掘始皇帝冢，私收其财物。"《汉书》（36.1954）记载的故事则更加神奇，一个年幼的牧羊人丢了羊，机缘之下顺着盗洞进入了始皇陵内部。牧羊人为了寻找羊而手持火把，却意外将墓室的木质墙壁点燃。有关其余的秦始皇陵被盗掘的记录，见袁仲一：《秦始皇陵的考古发现和研究》，第47-48页。

材料进一步腐烂的难度，以及由发掘对墓葬造成的永久性破坏。从政治上来看，发掘工作也几乎是不可能的，中国目前正在经历极端民族主义的剧痛，将中国的"创始人"从棺木中挖出，可以等同于亵渎了。或许某一天，考古学家会用光纤摄像镜头下探到墓中，探测长眠于秦始皇墓中的内容。

秦始皇墓在此生是不会被打开了，因此，我们只有推动历史学家、诗人和艺术家在过去数个世纪以来已经在做的事情：也就是想象中国秦始皇陵。墓葬本身未知未解的性质使得想象者们可以将秦始皇的恐惧、希冀和期望投射到墓葬中去，使得墓葬成为一面反射观察者伪装的镜子，而非一扇反映过去的窗口。

起初，陵墓必然要被想象或再想象，甚至是由它的建造者完成的这一举动。秦始皇登基不久，也就是公元前246年之后不久，陵墓就开始动工了。那时，秦始皇陵可能只被想象成一座典型的秦皇家陵墓，它有一个深坑，有一个地下宫殿模型，还有众多祭祀坑和珍贵随葬品。当秦王嬴政统一天下成为秦始皇，当他年近五十时，陵墓的建造者就需要构想一个更宏伟的设计和目标了。[1] 到了公元前210年嬴政去世之际，建造者已将陵墓扩建为一个大且复杂的墓群，这个墓群是整个帝国的微缩。在设计中，他们构想了一个神奇的世界，其中有半大的战车、陶质马夫牵引的真马、石质铠甲和手持铁制武器的陶俑士兵，所有的这些都十分可信且有效。[2]

关于秦始皇陵的第一则记载来自司马迁（公元前145年-前86年），成书时间约为公元前100年。司马迁是汉代的太史公，也就是秦朝之后的朝代中负责天文、历法、记事的职官。在《史记》中，有一章名为《秦始皇本纪》，是存世的唯一一部关于秦始皇生平的传记。事实上，除了现代考古学成果和近期发现的秦文献外，司

---

[1] 雷德侯认为，是丞相李斯升级了陵墓的建造规模，先是在公元前231年时将陵墓变为一个独立的区域，又在公元前221年，从各个被征服的诸侯国征来更多的劳动力，用于扩大工程的规模。兵马俑的制造不会早于公元前221年，很可能要晚得多。见LEDDEROSE, Lothar（雷德侯）. *Ten Thousand Things: Module and Mass Production in China Art*（万物：模件化与中国艺术）. A. W. Mellon Lectures in the Fine Arts, 1998, Princeton: Princeton University Press, 2000, 53.
[2] 雷德侯观察到了这一点，见 *Ten Thousand Things*（万物），66. 他指出，秦工匠并不认为半大的人像或复制品的效果比真人活物要差，兵马俑本来就是为一场表演而制的。如果秦始皇或者秦二世愿意的话，他完全可以让一整个军队陪葬。

马迁的记载几乎是关于秦的唯一来源,他的传记影响了后世关于秦始皇的所有记录,他对秦始皇陵的想象成为后世所有关于该陵构想的基础,他甚至决定了考古发掘的研究重心。在公元前210年去世后,秦始皇的一个小儿子设计使始皇长子自杀,从而篡位。这名小儿子继续担负起了埋葬其父并完成陵墓的修建。

下文是司马迁关于秦始皇陵的记载:

> 九月,葬始皇郦山。始皇初即位,穿治郦山,及并天下,天下徒送诣七十余万人,穿三泉,下铜而致椁,宫观百官奇器珍怪徙臧满之。令匠作机弩矢,有所穿近者辄射之。以水银为百川江河大海,机相灌输,上具天文,下具地理。以人鱼膏为烛,度不灭者久之。二世曰:"先帝后宫非有子者,出焉不宜。"皆令从死,死者甚众。葬既已下,或言工匠为机,臧皆知之,臧重即泄。大事毕,已臧,闭中羡,下外羡门,尽闭工匠臧者,无复出者。树草木以象山。[1]

让我们对这则记载的几个重要方面进行考察,因为这些种子会在后世想象者的脑海中生根发芽。第一,我们先来看看水银做的江河大海,这是秦始皇墓中最神奇且不可思议的一点(有关早期中国的朱砂和水银,见本论文集中陈光宇的文章)。在中国炼金术士的眼中,水银是一种特殊的金属。在室温下,水银是液态的并可以升华为气态,因此它被视作有精神上的功效,可以使一个人的灵魂从肉体中升华,从而成为不朽。此外,人们认为水银可以防止尸身腐烂,使灵魂保有栖身之地。然而,在墓中灌入成百上千加仑的液态水银,就可以模拟自然中流动的江河大海吗?许多现代学者批判地论证:这只是司马迁自己的幻想。然而,在近三十年来的考古探测中,人们两次探查封土中水银含量并发现,封土下土壤的水银含量的确远高于自然中的水平。[2] 有些学者甚至进一步指出:封土下的水银分布图与中国地图相似,水银

---

[1] Translation by Watson, Burton(华兹生), in Sima Qian(司马迁). *The Records of the Grand Historian: Qin Volume*(史记·秦本纪)(New York: Columbia University Press, 1993), 63-64(带有少量改动),中文原文见《史记》(6.265)。

[2] 关于土壤里的水银含量分布,见袁仲一:《秦始皇陵的考古发现和研究》,第43-44页。

密度最高的地方是长江黄河流经的地区。[1]但笔者认为这个观点是一个异想天开的重构，其前提是司马迁关于水银为江河大海的记载是完全准确的。因此，我们认同墓葬中有大量水银的观点，但水银一开始是什么形态的我们不得而知，因为水银已经弥散至土壤中了。无论现在的水银组成了什么形状，都应该不是最初人们设计的样子了。另外，如果我们看过更多的历史轶事，我们可能就对水银的形态有了一个更现实的印象。在秦始皇之前几百年，也有记载提及一些王墓中设置了"水银池"。这些早期墓葬后来被盗掘，汞蒸气含剧毒，需数天散尽后，盗掘者方能进入坟墓。[2]基于这些文献，似乎秦始皇的水银江河湖海并不尽然是司马迁自己的幻想，或许是

谢阁兰拍摄的照片

---

[1] 这个观点是段清波在纪录片《秦始皇：创造中国的人》中提出的（雄狮电视有限公司），在探索频道首映。

[2]《括地志》引用了张守节（公元七世纪）的《史记正义》（32.1495），称齐桓公之墓是在公元312年被盗的。当盗掘者进入陵墓时，他们看到了一片水银池。由于水银蒸发的缘故，他们数日无法进入陵墓。后来他们用一只狗来探测空气中的水银浓度，然后才开始盗掘宝藏。《越绝书》中引的裴骃（公元五世纪初）的《史记集解》（31.1468），吴王阖闾（公元前514年－前496年在位）的墓中也有一个水银池。但这些早期君王的陵墓的记载，有可能受到了司马迁关于秦始皇陵记载的影响；但也有可能，这些盗墓中的发现反映了一个共同的东周传统，也就是在墓中设置一个水银池。袁仲一也得出了同样的结论：《秦始皇陵》，第42页。

基于早先君王丧葬传统而展开的，这些早期的君王也在自己的墓中设置了水银池。

在文章的结尾处，司马迁提及了在封土上植草木以象山。今天，当人们看见秦始皇陵的图片或到西安附近探访秦始皇陵，他（她）能看到整个封土土丘的确被树木覆盖，但从谢阁兰（Victor Segalen）在1914年2月16日拍摄的照片来看（上图），二十世纪之初时，封土之上是没有树的。当今的照片中的草木是在二十世纪五十年代种植的，为了防止封土的进一步流失。探测过陵墓的考古学家指出，封土之上从未种植过大树，因为他们未曾在封土表面发现古代树根或根孔的痕迹。[1]然而，他们在封土周围发现发现了古代的树根，所以他们认为或许草木被种在了封土周围，而非封土之上。或许，司马迁是根据他那时的陵墓封土的样子——时常种满了树木——进行的构想，然后将构想投射到了秦始皇陵上，尽管这一构想与他自己的观察相悖。[2]在所有关于秦始皇陵的现代文献中都会提到能够自动发射的弩弓，若有盗掘者试图进入陵墓，则会立即遭到射杀。这种技术对于当时的工匠而言是力所能及的，秦汉之际，复杂的弩机和齿轮机构肯定是存在的。[3]我们或许永远也不能得知墓道中是否真的装置了自动发射的弩机，但这些陷阱装置激发了电影导演和游戏制作人的想象力。由于秦始皇陵戏剧化的设计理念，他们将它搬上银幕。

司马迁还描述了墓顶和地面上的图案。装饰着中国宇宙观中的星宿或四象的墓顶，与早期帝国时代中的墓葬相符。司马迁只是提到了"上具天文"，但后世的学者进一步地进行了阐发，他们想象那些星辰并非画出来的，而是嵌在天顶的珠宝，在黑暗中熠熠生辉。

然后我们看到了记载中颇为病态的一处，即司马迁提到所有未能给秦始皇留下子嗣的妻妾，都被要求殉葬。在秦墓葬中，这类的殉葬并非前所未有，秦始皇的祖

---

[1] 见袁仲一：《秦始皇陵的考古发现和研究》，第24–25页。
[2] 《汉书》（51.2328）中也提及了封土上的树，许浑作的唐诗《途经秦始皇墓》则反驳了封土上无树的假说。
[3] 《史记》（6.263）载，秦始皇曾尝试用连弩在海中捕捉大鱼，或许是一条鲸鱼。

先的墓葬中有着大量男性和女性人牲。[1]到了秦始皇时，人牲的做法在贵族中变少了。司马迁还提到，负责营造陵墓的工匠被永远关在地下。有关秦始皇的现代记载中颇为戏剧化地表现了这一点。这条记载也成为王嘉的记录的灵感来源，下文中我们会加以探讨。

人们一定会问，如果知晓陵墓的工匠和设计者都被埋在地下了，那司马迁又是怎么知道墓中内容的？或许司马迁没有任何关于秦始皇陵的确切信息，或许司马迁所有的记载都是凭空捏造的。比如，他对于在陵墓东侧的宏伟的兵马俑阵就一无所知，他对地上建筑群也知之甚少，地上建筑主要是木质和土质的，在司马迁的时代，也就是秦始皇死后一百年，应依然存世。所以，若要推测的话，笔者认为司马迁关于秦始皇陵的记载大多是基于传说，或许部分来自官方记载——比如关于建造陵墓使用了多少工人这种，但剩余的内容多半来自司马迁的想象，其想象来源于民间传说和他对同时代的汉代墓葬的了解。笔者还指出，由于缺乏关于陵墓可靠的文献记载或第一手知识，司马迁凭借着他对秦始皇和秦二世作为历史人物的解读，去构想了秦始皇陵。他想象中的宏伟的秦始皇陵，是一个与传记中秦始皇身份相符的长眠之地，传记中的秦始皇是世界上最伟大的统治者。而司马迁笔下的微缩帝国，与他描绘的秦始皇的个性相一致，与现代考古学家对于该墓群的解读也惊人的相似。此外，司马迁关于秦二世残暴的根据源于他令妃嫔和工匠殉葬的故事。司马迁的记载虽然夸张（比如青铜的棺椁和自动发射的弩机），但还不至于故弄玄虚。尽管多有偏颇和不实，司马迁的记载依旧是一个源头，是启发所有作家、画家、设计者记录秦始皇陵的源头。

司马迁的记载明显影响了王嘉（约殁于公元390年）天马行空的复述，王嘉的复述撰写于五个世纪之后，他本人是一名归隐的道士，居住在山腰的岩穴里。据《晋书》中简短的王嘉传，我们得知：王嘉衣衫褴褛，不食五谷，有众多弟子追随。面对胡人统治者，他拒不应仕，直到公元384年被迫入朝为官。最终，王嘉因一个

---

[1] 见 Ledderose（雷德侯）. *Ten Thousand Things*（万物），65-68. 秦公墓中包含166具男人和女人的尸骨，均整齐排列，墓中的灰坑中另有20具尸骨。

模糊不清的回答冒犯了当权者而被斩首。[1]他主要的传世作品是一系列关于前朝旧事的集合，从上古的三皇五帝和英雄人物到近期的三国（公元220年-280年）和西晋（公元265年-316年），充满了各种奇闻逸事。这本集合名为《拾遗记》，指的是《史记》和《汉书》这类正史中未收录的故事。王嘉将它们记录下来，这样一来事件的全貌才得以保存流传。王嘉的作品属于一种混杂糅合的体裁，结合了像《搜神记》一样的志怪的神鬼元素，又有《西京杂记》那样的伪历史杂文的特点。[2]《拾遗记》中关于秦朝的故事充满了神鬼色彩，比如一个鬼怪乘坐一个潜水艇一样的海螺来到秦始皇的朝堂，又比如一个从远方而来的能工巧匠能用玉雕出活人来，还比如邪恶的秦朝宦官赵高因为拥有巫术，即使在井中被倒吊，在锅中烹煮，也不会死掉。王嘉关于秦始皇陵的叙述显然是基于司马迁的，再在这之上对陵墓加以阐发，其后半部分是这样写的：

  昔始皇为冢，敛天下瑰异，生殉工人，倾远方奇宝于冢中，为江海川渎及列山岳之形。以沙棠沉檀为舟楫，金银为凫雁，以琉璃杂宝为龟鱼。又于海中作玉象鲸鱼，衔火珠为星，以代膏烛，光出墓中，精灵之伟也。昔生埋工人于冢内，至被开时皆不死。工人于冢内琢石为龙凤仙人之像，及作碑文辞赞。汉初发此冢，验诸史传，皆无列仙龙凤之制，则知生埋匠人之所作也。后人更写此碑文，而辞多怨酷之言，乃谓为"怨碑"。《史记》略而不录。[3]

在这段基础性描述中，王嘉与司马迁基本保持了一致，描述中有江海川渎，有

---

[1] 见《晋书》（95.2496-97）中短小的《王嘉传》。
[2] 有关王嘉和在中世纪志怪文学背景下的《拾遗记》，见 NIENHAUSER, William H.（倪豪士）. *The Indiana Companion to Traditional Chinese Literature*（印第安纳中国传统文学手册）. Bloomington: Indiana University Press, 1986-1998, vol. 1, 280-283. 梁代的萧绮将《拾遗记》的作者托为王嘉，并撰写《拾遗记序》，对书中内容进行了补正、发挥和评价。最初的作品本有19卷220篇，但萧绮订正的版本仅余10卷。尽管王嘉是一个归隐的术士，但萧绮却是一个文学家，所以书中有两种风格并存，但有些学者仍将整部作品托为萧绮所作。
[3] 见王嘉：《拾遗记》，第1-8卷，严一萍辑：《百部丛书集成》，台北：艺文印书馆，1966年，卷5，5b-6a。

山岳地形，有天上的星垣，同时也提及了活埋工匠。然而，为了吸引读者，王嘉加入了神鬼元素，其中地下的江海中加入了船和玉质鲸鱼，此外还有琉璃龟鱼；墓顶的星星由闪闪发光的水晶制成，最神奇的是，工人困在墓中三年而不死，一直活到陵墓在秦覆灭被盗时。在被困期间，工人继续创造了大量工艺品，交叉印证于关于陵墓内容的秦朝文献。

显然，王嘉的记载是基于司马迁原版的润饰版本，我认为，它展现了一种恰到好处的想象力。与其身前身后的作者一样，王嘉也被司马迁关于秦始皇陵的描述震撼到了，他有感于秦始皇对长生不老的求索和对不朽仙人的探寻。鉴于王嘉是一名归隐道士兼养生大师，同时又有着富有洞见的近乎神鬼的力量，于是他将自己的世界观和希冀投射于秦始皇的朝堂，将其视作一个奇妙的地方，其中充斥着异人方士和来往的仙人，奇闻逸事也是司空寻常了。王嘉还将他自己的世界投射于秦始皇陵中，将司马迁的夸夸其谈变成了神乎其神的记载。

故事中有一处让笔者稍加驻足，王嘉提到了金银做的凫雁，这一点也见于《拾遗记》的其他地方，它说这些凫雁本身是机械，它们从秦始皇陵的开口飞了出去，一直到了越南，被越南人捕获，又作为贡品进予中国的地方官员。此处记载或许源于刘向（公元前77年-公元前6年）早先关于秦始皇陵的叙述，它记录了埋葬在陵墓群东北陪葬坑中的彩绘青铜仙鹤和大雁，而王嘉的记载则是对一种曲解的历史记忆。陪葬坑中的部分鸟禽也见于本次展览。[1]

法国小说家、汉学家、考古学家和富有远见的诗人谢阁兰（Victor Segalen, 1878-1919）出生于1878年1月14日的布雷斯特。他于1989年进入波尔多海军医学院学习，1903年率先在大溪地驻守。他总是醉心文学和音乐，在此期间完成了他的第一篇长篇小说。在前往南太平洋的途中，他第一次在旧金山的中国城接触到了中国文化。他返回巴黎后，一个同事建议他接受正式的汉学教育，于是他在著名的学者爱德华·沙畹（Édouard Chavannes）的指导下开始了学习，后者是第一

---

[1] 刘向笔下的秦始皇陵的记载，显然是司马迁的原版和王嘉的神鬼版之间的文学桥梁，见《汉书》(36.1954-55)。

107

个将《史记》翻译成西方语言的人。在接受了一些训练之后，谢阁兰得以作为一名翻译跟随海军一起进驻中国，这是在他短暂又充实的人生之中的三次中国之行中的第一次。他于1909年5月抵达中国，后来他的朋友奥古斯托·吉尔贝·德·瓦赞（Augusto Gilbert de Voisins）也加入了他，并成为他这些耗资巨大的旅程的慷慨赞助人。在第一次远行中，他们绕了中国一圈，从上海北上至北京，再经西安去成都，造访了碑林、峨眉山以及其他一些著名景点。正是在中国的这些年间，谢阁兰构思或撰写了关于中国的一些文学作品，创造了一种颇有见地的异国风情体裁，混杂着中西双方的审美特征。当他于1913年回到法国时，他立即着手计划下一次远行，远比第一次野心勃勃。第二次远行是由官方资助的，资助方是法国公共教育部和法国铭文与美文学术院。这次行程，谢阁兰又有德·瓦赞同行，此外还有一名新朋友让·拉蒂阁（Jean Lartigue）。1914年2月至8月间，他们从谢阁兰所谓的跨越中国的"大对角线"穿行，从北京、西安、成都到云南，最后从法属中南半岛离开中国。第一次世界大战的爆发使得行程中断，尽管如此，谢阁兰在1917年又一次地踏上了中国的土壤。但由于糟糕的健康状况，谢阁兰于1919年5月23日自杀身亡，生命戛然而止。[1]

谢阁兰是在1914年2月16日的第二次中国行中首次看到秦始皇陵封土的，这时的他已经考察了一系列的、位于渭河河谷的汉墓以及更晚的墓葬了，也看到了它们了无生趣的半球形封土。谢阁兰成为第一个"发现"秦始皇陵地点的西方人。但对于新丰镇（临潼县）的村民来说，这并非什么大发现，因为后者坚持他们早就知道秦陵的地点，并给谢阁兰指了路，其中一位农民提出要做谢阁兰的向导。谢阁兰一行于2月16日晚到达了秦陵，他为秦陵封土拍摄了第一张照片，此后，这张照片被数次刊印。谢阁兰在他的游记中加入了下述内容（这部分内容后来成为谢阁兰正式的中国行笔记中的一部分）：

---

[1] BAPTISTE, Vinca（万萨·巴蒂斯特）et al. *Missions archéologiques françaises en Chine: photographies et itinéraires*（在中国的法国考古任务：工作照片）, 1907–1923. Paris: Les Indes savants, 2004.

突然，平整的黄土路尽头，一座人造的山丘脱颖而出。它不是一座生硬的墓葬，不是一个坏掉的鸡蛋，也不是一个人工的土块，更不是一条球形的面包……但这座由黄土做成的、高贵的中国历史遗迹第一次展露真颜（在骊山紫色的暮光的映射下呈现出灰黄色调）……其基址有着对称和重叠的曲线，双重曲线中线条的力量和设计的优雅，令人只能联想到一个名字，那就是基奥普斯，大金字塔的建造者。到达此地后，我的心情堪比发现了开罗三角，正在从废墟上俯视开罗。[1]

紧接着，谢阁兰又将司马迁《史记》中关于秦始皇陵的段落抄写了下来。当他亲眼看过遗址之后，重读司马迁激发了他的想象力。他在后来的出版物中多次提到了这个神奇的地方，但本人再未故地重游。最后，借助诗歌的艺术，他任自己的想象力自由驰骋，在他脑海中的陵墓里翱翔。

1914年的这次考古考察的初步成果在第一次世界大战期间发表，分三期连载于1915年至1916年的《亚洲学报》（*Journal Asiatique*）。[2] 谢阁兰记录了第一次的考古计划，粗略测量了秦始皇陵封土的高度，标记出了羡门基址的遗址，也就是从前有专人看守的、通往城墙环绕的陵墓区的地方。谢阁兰还基于长长的墓道，推测出了地宫的大小。

1916年，谢阁兰发表了《画》（*Peintures*），一本历时6年写成、受中国绘画

---

[1] SEGALEN, Victor（谢阁兰）. "Feuilles de Route", in Victor Segalen（谢阁兰）and Henry Bouillier（亨利·布里耶）. *OEurvres completes*（谢阁兰全集）. Paris R. Laffont, 1995. 1: 991-994. 此条目是1914年2月16日记录的，但根据BAPTISETE, Vinca（万萨·巴蒂斯特）et al. *Missions archéologiques françaises en Chine*, 112, 202，一行人于16日和17日都在秦始皇陵，而那张最著名的照片则是在2月24号，当一部分成员返回陵墓时拍的。谢阁兰率先发现了工事，这些工事是秦时修建的，是将一条河引向陵墓周围。

[2] SEGALEN, Victor（谢阁兰）, August Gilbert de Voisins（奥古斯托·吉尔贝·德·瓦赞）, and Jean Lartigue（让·拉蒂格）. "Premier exposé des resultats archéologiques obtenus dans la Chine occidentale par la mission Gilbert de Voisins, Jean Lartigue et Victor Segalen (1914)（谢阁兰、德·瓦赞和拉蒂格在中国西部取得的考古成果的首次发表）". *Journal Asiatique*, May-June 1915, Sept.-Oct. 1915, May-June 1916. 秦始皇出现在1916年五月六月刊中，在407-413页。有关1914年行程的全部记录，见BAPTISTE, et al. *Missions archéologiques francaises*, 227.

启发的实验性诗集。[1]许多诗歌是描绘中国山水画或其他类型的绘画的,但谢阁兰的画全是虚构的,多数所表现的混杂了神秘和现实。其中一部分是谢阁兰所谓的"朝代绘画",受中国历史上的著名地点或事件启发,这部分中的第一首诗便是《秦陵》,展现了对秦始皇陵的全面想象,使读者进入到可见的封土之外想象之地。在谢阁兰测量、记录陵墓的科学工作之外,便是他充满诗意的想象力在无限绽放。在描述完秦始皇壮观的、阶梯状的、金字塔形的封土后,谢阁兰写道:

> 这座山却不是天地造化的产物,而是人间血汗所垒就,是用八十万个日头筑起的荣耀,单单只为了他一人:秦国之君,历史上的"始"皇帝……错啦!诸位若只是被外表迷惑,当然什么也看不到!让我带诸位到深处走上一遭!我们得破壁而入,进入这个陵墓。想做到这一点,就要闭上你们那双睁得圆圆的眼睛,那双看得见摸得着的眼睛,答应我,我说什么就看什么,闭着眼、跟着我的每个字,看个仔细……现在穿过了墓壁,我们已经站在了黄土的那一边,却并不在黑暗中:沿着墓道,我们走向陵墓的心脏。这是一道长廊,穹窿顶,只是在五百步远的尽头才有些光亮。晕黄的光反射进墓壁,紧紧攫住那上面不计其数的画面……整个墓壁都铺满了画像砖。摸一摸这些砖,你们难道没有感受砖与土的相近?难道没有觉得,对于一个陵墓,砖室那般亲切?

谢阁兰带着人们进入他脑海中的地下世界,他构想了一个长长的、带拱的通道,有着魔法火把照亮。墙壁上砌满了画像砖,画像分三层,类似于武梁祠中的汉代画像石,后者是在谢阁兰的老师爱德华·沙畹推广下闻名遐迩。谢阁兰继续描述了这些画像砖是如何描绘了秦始皇的生平,包括他吞并六国、被荆轲刺杀以及焚书坑儒的事迹。此后,谢阁兰接着描述了墓葬的核心区:

---

[1] 见中译本 SEGALEN, Victor(谢阁兰). *Paintings*(画). London: Quartet, 1991, 115-119. 最容易找到的法文原版见谢阁兰和布里耶的《谢阁兰》全集, 2卷, 第245-259页。

我们现在站在灵柩前，走完了那条画面拥挤得让人透不过气来的长廊，走进了点着黄灯的棺室，来瞻仰这完美的立方体；它由一块完整的青铜铸成，坚固异常。不可思议！这群妇人居然还在！这两百位被活埋的嫔妃，与他共入墓室，长眠于晕黄的夜中，既不复生也不垂死……而头顶上方的景象更令人惊愕：承受着三座丘陵之重的墓穴顶部似乎绘有天象。脚下，你们正踩在大地与江海之图上。四周，被毁了的各国宫殿按原样重现。到处是各色奇珍异宝，种种想象出来的或是欲望所生的世界……

可是，诸位已经不再听我说了；你们向巨大的棺椁伏下身去，你们想通过微微掀起的盖子与四壁之间的空隙朝里头看……对，你们可以朝里头看：那棺椁竟是空的。

有人声称"始皇帝驾崩入葬五年后，陵墓被反贼掘开，尸首被毁，珠宝被焚"……还说我们并不是最早闯入这间墓室的人。这不过是书本的历史罢了！这墓空了，确实如此，然而整个华夏大地仍然充满他的影子，袭用他的律法，借助他的神威凝聚成一个整体。

而对他来说，他并不是在这里或在那里。他不愿意长久待在他的棺材里，仅此而已。他并没有遭到诗人笔下"骸骨白"的悲惨命运。可能那仙水果真的起了作用，他并没有死。每提到这个名字时，总唤起震天撼地的不灭雄风：始——皇——帝。诸位赶紧退后，出了墓吧！

这便是他的皇陵，仿佛他本人，正向我们走来：身边无人陪伴，身后无景衬托，身上无物携带，孤孑一人，占据了四面八方的所有空间。他魁梧高大，鼻高目长，铠甲下胸骨挺如鹰隼。只有他一人，除此之外什么都没有。他双手置于腹上，勉强压住一肚子无人可比的傲气。这就是玩天下人于股掌之上的那个人；他可以随心所欲地摆布他们，甚至将他们吞下。

他双足分开，稳稳地立在天地之间。

谢阁兰不仅仅是一名在巴黎受训的汉学家，他更是一名小说家和诗人，是欧洲悠久的东方主义传统的继承人。他依然想要视中国为一个宏大的东方文明，一个可以比肩埃及的文明。一个世纪前，正是他的同胞让古埃及文明重见天日。中国的宫殿和墓葬是木质和夯土制成的，而非石灰岩和大理石，所以并没有遗留下来像卡纳克神庙或大金字塔一样的、令人叹为观止的遗迹。谢阁兰在其著作《画》中的游记部分记录了他对秦始皇陵的想象，他尝试将中国的皇陵置于与埃及陵墓同等的地位，后者借由插画和游记为欧洲人熟知。谢阁兰将秦始皇陵坍塌的封土土丘与基奥普斯的吉萨大金字塔等量齐观，在通往墓室的廊道中加上了一组浅浮雕的画像石，与埃及帝王谷的墓葬中的情形相似。尽管谢阁兰充满想象的文字显然是基于司马迁的记载，但他的诗性并未就此止步。最后，他带着读者进入了神鬼的领域，一个类似于王嘉创造的世界：在不灭的灯火的照亮下，随葬的嫔妃复活了，秦始皇就站在我们的面前。

参考文献：

1. BAPTISTE, Vinca（万萨·巴蒂斯特）et al. *Missions archéologiques françaises en Chine: photographies et itinéraires*（在中国的法国考古任务：工作照片），1907–1923. Paris: Les Indes savants, 2004.
2. BERNE, Mauricette（莫里赛特·伯尔尼）. *Victor Segalen: Voyageur et visionnarie*（谢阁兰：旅行者和富有远见者）. Paris: Bibliothèque nationale de France, 1999.
3. BRADLEY, Richard（理查德）and Bill Locke（比尔·洛克）. *The First Emperor: The Man Who Made China*（秦始皇：创造中国的人）.（Lion Television, 2006），DVD edition, Optimum Home Entertainment, 2007.
4. 班固：《汉书》，北京：中华书局，1983 年（1962 年）。
5. LEDDEROSE, Lothar（雷德侯）. *Ten Thousand Things: Module and Mass Production in China Art*（万物：模件化与中国艺术）. Princeton: Princeton University Press, 2000.
6. NIENHAUSER, William H.（倪豪士）. *The Indiana Companion to Traditional Chinese Literature*（印第安纳中国传统文学手册），2 vols. Bloomington: Indiana University Press, 1986–1998.
7. SEGALEN, Victor（谢阁兰），August Gilbert de Voisins（奥古斯托·吉尔贝·德·瓦赞），and Jean Lartigue（让·拉蒂格）. "Premier exposé des resultats archéologiques obtenus dans la Chine occidentale par la mission Gilbert de Voisins, Jean Lartigue et Victor Segalen (1914)（谢阁兰、德·瓦赞和拉蒂格在中国西部取得的考古成果的首

次发表）", *Journal Asiatique*, May-June 1915, Sept.-Oct. 1915, May-June 1916.
8. SEGALEN, Victor（谢阁兰）, and Henry Bouillier（亨利·布里耶）. *Oeuvres completes*（谢阁兰全集）, 2 vols. Paris: R. Laffont, 1995.
9. SEGALEN, Victor（谢阁兰）. *Paintings*（画）. Andrew Harvey and Iain Watson, trans. London: Quartet, 1991.
10. 司马迁:《史记》,北京:中华书局,1985年,1959年。
11. Sima Qian（司马迁）. *The Records of the Grand Historian: Qin Volume*(《史记:秦本纪》). Burton Watson（华兹生）, trans. New York: Columbia University Press, 1993.
12. 王嘉:《拾遗记》,第1-8卷,严一萍编:《百部丛书集成》,台北:艺文印书馆,1966年。
13. 袁仲一:《秦始皇陵的考古发现与研究》,西安:陕西人民出版社,2002年。

历史、文化与艺术

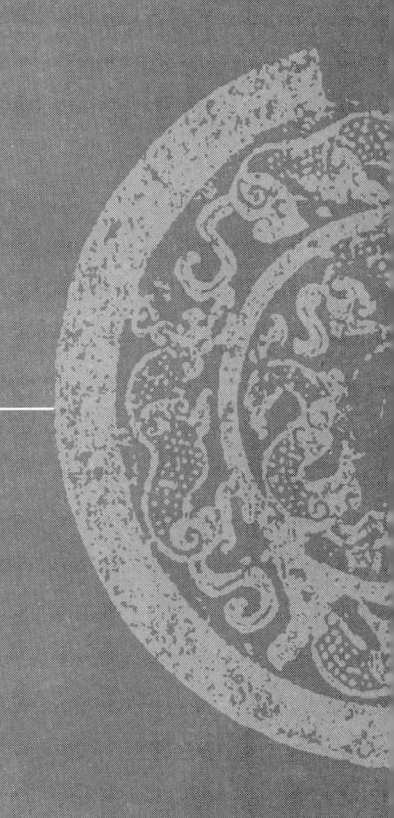

纪年形式与史书之起源[*]

◎ 夏含夷[**]

2011年《文物》杂志上载有李学勤先生作的《清华简〈系年〉及有关古史问题》[1]，如题目所述对清华大学收藏的战国楚简之一《系年》作了详细介绍。据李先生报告，《系年》写于138枚简上，含有23章，对西周早期至战国中期史事进行了综合性的阐述。《系年》将于2011年年底之前正式发表于《清华大学藏战国竹简（贰）》，《系年》之发表一定会引起中国国内外学术界的关注[2]。

《系年》的消息再次说明编年史书在中国古代文献上占的重要地位，促使我们重新思考纪年对研究早期史学的概念所起的重大作用[3]。中国古代文献中最有名的编年史书当然是《春秋》。不晚于公元前4世纪末年，《春秋》已被视为孔子所作，因此也被视为六经之一。除了《春秋》以外，传世文献中还提到（或者至少暗示）了好几种其他的编年史书，出土文献中也有不少例子，可以列举如下：

周《春秋》

---

[*] 本文原载于《简帛·经典·古史》，上海古籍出版社，2013年。
[**] Edward L. Shaughnessy；美国芝加哥大学顾立雅殊荣专席中国古代教授。
[1] 李学勤：《清华简〈系年〉及有关古史问题》，《文物》2011年第3期，第70—74页。
[2] 本文是为香港浸会大学召开的"简帛·经典·古史"国际论坛所作，在2011年11月30日宣读。此后才有机会看到《清华大学藏战国竹简（贰）》所载《系年》，然而，为了保护论坛的本子，只作了某些字面上的修改。希望以后还有机会对《系年》本身作深入研究。
[3] 本文仅仅是对纪年形式和作用的初步讨论，我不打算对"史"这个字和这个概念作更深入的研究。对"史"最有名的论述是王国维的《释史》，载于王国维《观堂集林》（中华书局，1984年）卷六，第1—6页；以及白川静的《释史》，载于白川静《甲骨金文学论集》（朋友书店，1979年）第1—68页。

燕《春秋》

宋《春秋》

齐《春秋》[1]

晋《乘》

楚《梼杌》[2]

《秦纪》[3]

西晋时代（公元279年）汲郡出土的《竹书纪年》[4]

1975年湖北云梦睡虎地出土的《编年记》[5]

1978年安徽阜阳双古堆出土的《大事记》和《年表》[6]

虽然这些纪年相当一部分失传，但是有足够的证据说明它们可以分成两个大类型：一种是单国的编年纪，《春秋》、《竹书纪年》的魏国纪年、《史记》提及的《秦纪》和云梦睡虎地的《编年记》都属于这个类型；一种是诸国或数国综合性的纪年，阜阳的《年表》即其例，汲冢竹书似乎也有同样的年表。按照李学勤的介绍，清华简《系年》似乎也属于后一种类型。《系年》尽管是用楚国文字书写的，大概也是从一个楚墓盗出的，但是文献里所记载的史实牵涉春秋、战国时代的所有国家，楚国似乎只是诸国之一。《系年》正式发表以后这种形式的纪年一定会引起学

---

[1] 周、燕、宋和齐《春秋》都见于《墨子·明鬼》。
[2] 晋《乘》和楚《梼杌》都见于《孟子·离娄下》。
[3] 在《史记·秦始皇本纪》里，司马迁谓"吾读《秦纪》"，见《史记》（中华书局，1959年）卷六，第293页。
[4] 在拙作《〈竹书纪年〉的整理和整理本——兼论汲冢竹书的不同整理本》里，我论证了《竹书纪年》反映了两个不同的墓本，一个是夏、商、周、晋和魏的单国编年史书，另外一个是"记诸国世次及十二公岁星所在"的列表式史书，见拙作《古史异观》（上海古籍出版社，2005年），第423页。除了内在的证据以外，刘知几《史通》还提到汲冢竹书中的《夏殷春秋》和《晋春秋》，见《史通通释》（上海商务印书馆，1935年）卷一，第3—4页。
[5] 睡虎地秦墓竹简整理小组编：《睡虎地秦墓竹简》，文物出版社，1990年，第3—7页（图版）、第3—10页（释文）。
[6] 据我所知，对这两种文献最详细的介绍是 Hu Pingsheng, "Some Notes on the Organization of the Han Dynasty Bamboo 'Annals' Found at Fuyang." *Early China* 14 (1989), pp.1–25.

术界的更多注意。

学术界对第一种类型,即单国编年史书,已经很熟悉,鲁国的《春秋》即其最显著的例证。《春秋》几乎每一年的年纪都能够反映这个类型的形式。譬如,鲁昭公元年(公元前541年)有这样的记载:

> 元年春,王正月,公即位。叔孙豹会晋赵武、楚公子围、齐国弱、宋向戌、卫齐恶、陈公子招、蔡公孙归生、郑罕虎、许人、曹人于虢。
> 三月,取郓。
> 夏,秦伯之弟鍼出奔晋。
> 六月丁巳,邾子华卒。晋荀吴帅师败狄于大卤。
> 秋,莒去疾自齐入于莒。莒展舆出奔吴。叔弓帅师疆郓田。葬邾悼公。
> 冬十有一月己酉,楚子麇卒。楚公子比出奔晋。

这些记载包括很多信息,诸如公之"即位"、诸侯之"会"、战争(特别是鲁国的战争,但是偶尔也涉及他国之战)、君主之"奔"(即流到国外)以及君主之死亡和埋葬。在《春秋》经里,每一年都可以有许多记载。记载都有时间的记录,先分春、夏、秋、冬的季节,后分正、二、三、四等月(根据鲁国的历表),偶尔也涉及某一日,如上引昭公元年"冬十有一月己酉,楚子麇卒"等。

中国古代编年史书不都像《春秋》这样提供详细的历史记载,可能更有代表性的是睡虎地的《编年记》。该文出于当地官员喜(公元前262—前217年)的墓葬里,写于53枚竹简上,载有秦昭王(公元前306—前251年在位)元年(亦即公元前306年)至"今"(即秦王政,亦即秦始皇帝)二十八年(即公元前219年)的史实,二十九年和三十年有年份记载但没有史实记载。大多数的记载都是关于秦国的大事,特别是战役,少数提及喜自己生活上的重要事情,诸如他出生的日子(即秦昭王四十五年十二月甲午,亦即公元前262年11月10日,更确切地在鸡鸣之时)、他受命作官以及他的孩子们的出生。秦昭王在位最后十年(公元前260—

前251年）的纪年可以代表全文的大概面貌：

卅七年，攻长平。十一月，敢产。

卅八年，攻武安。

卅九年，□□□。

五十年，攻邯郸。

五十一年，攻阳城。

五十二年，王稽、张禄死。

五十三年，吏谁从军。

五十四年

五十五年

五十六年，后九月，昭死。正月，遬产。

从写本的形式和书法可知，原文是在公元前231年或稍后抄写的，原文或者底本很可能是一种官方纪年。从书法的差别来看，此年后的记载以及关于喜自己家事的记载应该是另一个抄手添上去的。如果这样推测不误的话，连离秦国首都很远的湖北地区的地方性官员都能够抄写官方纪年，那么应该说明全国的同等官员大概也都会知道这个纪年及其所有记载。如此，某一年的记载也就等于那一年的标志。譬如，大家都会知道"王稽、张禄死"之年就是秦昭王五十二年。

战国时代其他出土文献上也有这样的大事年代记载。比方说，包山楚简是在战国中期偏晚楚国地方性官员邵㐌（死于公元前316年）的墓里发现的，包括三种文献：邵㐌判断的文书、给邵㐌贞卜的记录以及遣册。文书和贞卜记录都以楚国的大事来记载年代：

大司马邵阳败晋师于襄陵之岁夏尿之月庚午之日命尹子士大师子繡命冀陵公邥疆为鄗娜贪陇异之䤥金一百益二益四两（包山简115）

东周之客鄦䋣归胙于蔵郢之岁爨月己酉之日郹盝以少宝为左尹邵坨贞既又㽐。心疾少气不内飤爨月期中尚毋又咎（包山简221）[1]

应该指出的是大事年代记载和文书或贞卜记录的内容没有必然的关系，这种记载仅仅是用来表示年代而已。包山楚简一共含有七个不同的大事年代记载，有的是传统文献上也有的，如上引包山简115的"大司马邵阳败晋师于襄陵"（此事于公元前323年发生）；有的从来都没有见过，如上引包山简221的"东周之客鄦䋣归胙于蔵郢"。根据包山楚简的内容，可以将这七个大事记载列出一个次序，是公元前323—前316年：

大司马邵阳败晋师于襄陵之岁

齐客陈豫贺王之岁

鲁阳公以楚师后城郑之岁

□客监固遘楚之岁

宋客盛公䑣聘于楚之岁

东周之客鄦䋣归胙于蔵郢之岁

大司马悼愲将楚邦之师以救郙之岁

同样的大事纪年记录也见于铜器铭文上。譬如，鄂君启节是楚怀王（公元前328—前299年在位）给楚国封君鄂君启做的行货之符节，一共有4枚，即舟节1枚、车节3枚。在叙述鄂君启被允许跟随的旅途之前，铭文开头记录了楚王发命令的年月及处所：

大司马邵阳败晋师于襄陵之岁夏㞋之月乙亥之日，王处于蔵郢之游宫。

---

[1] 湖北省荆沙铁路考古队：《包山楚简》，文物出版社，1991年。

大攻尹脽台王命，命集尹恕糈、裁尹逆、裁毁朋为鄂君启之府造铸金节。(《集成》12110）

很巧，这些符节的铸造年代与包山楚简一部分记录的年代正好是同一年份，即"大司马邵阳败晋师于襄陵之岁"，亦即公元前323年。应该再指出，"大司马邵阳败晋师于襄陵"这一记录与楚怀王给鄂君启发的命令及符节的内容没有必然的关系，它仅仅标志命令和符节的年代而已。不但如此，鄂君启节所用的记录和那一年包山楚简所用的记录完全一样，一字不差[1]。这似乎说明楚国像秦国政府一样使用了一种标准纪年，全国的地区性行政机关都会存有一份，所有官僚文件的年代记载都应该按照这一标准纪年。我们可以设想，这样的纪年不仅仅起标志时间的作用，还会被当作国家的正式史书。

尽管《春秋》的记录都以鲁国诸公在位之年来标志年份，但是《左传》里的某些段落暗示在春秋时代各个国家也使用了大事记录的纪年。下面所引两个例子不但含有大事记录的形式，而且也清清楚楚地说明这些大事起着标志时间的作用[2]：

公送晋侯，晋侯以公宴于河上，问公年。季武子对曰："会于沙随之岁，寡君以生。"晋侯曰："十二年矣，是谓一终，一星终也。"（襄公九年，即公元前564年）

二月癸未，晋悼夫人食舆人之城杞者。绛县人或年长矣，无子，而往与于食。有与疑年，使之年。曰："臣，小人也，不知纪年。臣生之岁，正月甲子朔，四百有四十五甲子矣。其季于今，三之一也。"吏走问诸朝。师旷曰："鲁叔仲惠伯会郤成子于承匡之岁也。是岁也，狄伐鲁，叔孙庄叔于是乎败狄

---

[1] 其实，每一个字的写法也都一样，可以比较包山简103与鄂君启节的舟节和车节。
[2] 相同的例子还可以见于襄公二十五年"会于夷仪之岁"，襄公二十六年"齐人城郑之岁"，昭公二年"晋韩宣子为政聘于诸侯之岁"，昭公六年"铸刑书之岁"以及昭公十一年"蔡侯般弑其君之岁"。

于咸，获长狄侨如及虺也、豹也，而皆以名其子。七十三年矣。"（襄公三十年，即公元前543年）

在第一个例子里，晋悼公（公元前573—前558年在位）和鲁襄公（公元前572—前542年在位）相见之时，晋公问年轻的鲁公有多少岁。鲁国大臣季武子利用大事记录来回答，说他生于"会于沙随之岁"。沙随之会载于《春秋·成公十六年》，即公元前575年，是晋和楚打仗的时候，晋国与其盟友齐、卫、宋和邾召开的会盟。襄公的父亲鲁成公（公元前590—前573年在位）没有出席，注疏家认为他当时犹豫不定，不知应该和晋还是和楚联盟，因此受到晋厉公（公元前580—前573年在位）的严厉责备。十几年以后，两国的继承君主晋悼公和鲁襄公一定会记住这件大事，晋侯也许不用参考史书记载，就可以算出"会于沙随之岁"距当年有12年的时间。

第二个例子好像并不那么容易推算出来。这个例子也关系着某某人的出生年份。晋悼公的夫人给工人吃饭，工人中有一位年纪很大的老人，官员问他有多少岁。他说不知道有多少岁，但是从他出生到该天有445个干支循环。官员推算不出有多少岁，只好向朝廷的名师师旷打听，师旷以大事记录来指定他的出生年份，即"鲁叔仲惠伯会郤成子于承匡之岁"。这个记录也见于《春秋》经："（文公）十有一年（公元前616年）……夏叔彭生会晋郤缺于承匡。"像师旷这样聪明的大师应该能够从"四百有四十五甲子"推算出老人有73岁（即$445 \times 60 = 26700$日，亦即73岁多），但是恐怕连他也得参考一种编年史书来确定73年前有什么事情发生（特别是像叔仲惠伯会晋郤缺于承匡这种并没有重大意义的事件）。

这个假设如果不误，在公元前7世纪晋国已经使用了一个以大事记录编年的纪年。也有其他的证据暗示，早在西周时代已有纪年，也许也是以大事来记录年纪。如上面已经提到的，《墨子·明鬼》的几个段落提到了早期《春秋》，其一是"周之《春秋》"：

今执无鬼者言曰："夫天下之为闻见鬼神之物者，不可胜计也。亦孰为闻见鬼神有无之物哉？"子墨子言曰：若以众之所同见，与众之所同闻，则若昔者杜伯是也。周宣王杀其臣杜伯而不辜，杜伯曰："吾君杀我而不辜，若以死者为无知，则止矣。若死而有知，不出三年，必使吾君知之。"其三年，周宣王合诸侯而田于圃田，车数百乘，从数千，人满野。日中，杜伯乘白马素车，朱衣冠，执朱弓，挟朱矢，追周宣王，射入车上，中心折脊，殪车中，伏弢而死。当是之时，周人从者莫不见，远者莫不闻，著在周之《春秋》。

这个段落并不说明"周之《春秋》"的形式，很可能是像《国语》的样子，或者更可能像清华简的《系年》。然而，西周早期的铜器铭文开头往往载有大事纪年，与战国时代以大事纪年不无相似之处。譬如，周昭王时代的中方鼎铭文谓：

隹王令南宫伐反虎方之年。王令中先省南或贯行，埶王应在夔陴真山。中乎归生凤于王，埶于宝彝。(《集成》2751)

研究西周史的专家多半认为中之南征是为了帮助南宫伐虎方，因此铭文开头的"隹王令南宫伐反虎方之年"的记录不仅仅起着标志时间的作用，更是为了说明中受命令的原因。下面还会考虑一下这个记录的用处，但是现在我们只要注意它的形式，即"隹某某大事之年"。类似的记载也见于时代更早的旅鼎，铭文谓：

隹公大保来伐反尸年，才十又一月庚申，公才盩师。公赐旅贝十朋。旅用乍父丁尊彝。(《集成》2728)

禽簋和牺却尊与旅鼎的时代非常接近。

王伐盖侯。周公某，禽祝。禽又敗祝。王赐金百锊。禽用乍宝彝。(《集

成》4041）

　　王征盖。赐牺却贝朋，用作朕高祖宝尊彝。(《集成》5977）

这两件铜器铭文所载"王伐盖侯"和"王征盖"与旅鼎所载"公大保来伐反尸"很可能是指同一次征伐，两个句子虽然没有明确指出"（之）年"，可是我们应该理解这两个句子为大事记录。与中方鼎铭文一样，这三件器的大事记录和铭文的其他内容很可能有直接关系，那也就是说"公赐旅贝十朋"大概是由于旅参加了公大保之"伐反尸"、禽和牺却大概也参加了"王"针对盖（侯）之征伐，因此他们受到赏赐。然而，在其他一些铭文里，铭文开头的大事记录和铭文其他内容没有明显的关系。譬如，厚趠方鼎是为了纪念濰公给厚趠的赏赐而铸造的。

　　佳王来各于成周年。厚趠又馈于濰公。趠用乍厥文考父辛宝尊齋，其子子孙永宝。束。(《集成》2730）

铭文开头提到"佳王来各于成周年"，看起来与濰公和厚趠没有什么联系。也许有人说濰离成周不很远（濰相当于祭，地理位置在现在的河南开封附近），王"各于成周"之时顺便安排厚趠到濰公之封地，当然也有可能。虽然如此，但我想这个大事记录更可能像战国时代的大事记录一样，仅仅标志时间而已。这样推测如果不误，西周王朝应该有一个简单的编年记录，以王的征伐与行动来纪年。说到这一点，我想再回到前面引用的中方鼎铭文，铭文谓：

　　佳王令南宫伐反虎方之年。王令中先省南或贯行，執王应在夔䧹真山。中乎归生凤于王，執于宝彝。

这件铜器是所谓的"孝感六器"之一，是宋徽宗（1101—1125年在位）年间于现在的湖北孝感县出土的。现在多半的史学家认为"中先省南或贯行"与昭王之

125

南征有关。我们知道这一次南征的结果是周"丧六师于汉",昭王自己也因此而亡。这一次失败于西周最早的"史书",即史墙盘有所反映。关于昭王部分的铭文谓：

宖鲁邵王。广㪊楚荆。隹奂南行。(《集成》10175)

中方鼎铭文关于征伐的叙述谓"省南或贯行",与史墙盘之"隹奂南行"相当相似（其实,不少学者认为史墙盘的"奂"字就是"贯"字的假借字）。史墙肯定没有见过中方鼎的铭文。不知道此器是在周都还是在孝感当地铸造的,但是按照墓葬中其他的铜器来看,墓的年代应该就在昭王时代或之后不久。史墙乃是两世后共王时代的史官。中所受的命书,即"王令中先省南或贯行",可能存在周王朝档案里（西周晚期的铜器铭文如四十二年逑鼎显示命书存于当时的王朝档案里）。这种推测如果不误的话,作为王朝史官的史墙可能会见到。然而,我想更可能的是中方鼎铭文所载"隹王令南宫伐反虎方之年"大事记录像厚趠方鼎铭文那样是朝廷使用的大事纪年。那样的话,作为共王时代史官的史墙一定参看了这个纪年。当然,我们现在看不到西周王朝的档案,无法证明这种推测。然而,有不少证据暗示当时确实存在某种简单的纪年。我们可以大胆地推测当时的史官也会参考这个纪年来书写王朝的历史。这应该可以算是中国历史学的第一步。

秦和早期中国的朱砂及水银生产

◎ 陈光宇 *

朱砂的化学构成

朱砂是一种含有硫化汞的矿物，其化学分子式为 HgS。硫化汞具有很高的化学稳定性，几乎不溶于水，其密度为 8.1，升华点为 583.5 摄氏度。优质的朱砂矿具有金属光泽，呈鲜红色。朱砂在古籍中曾被称为朱、丹、赤丹、丹砂、砂和汞砂等。在《论语·阳货篇》中，子曰："恶紫之夺朱也。"晋傅玄（公元217年–278年）在《太子少傅箴》中说"近朱者赤，近墨者黑"，这两处的朱均指朱砂。

朱砂在早期中国的使用

浙江余姚河姆渡遗址第二文化层出土了一个木质漆碗（图一），可溯至约公元前4500年至前4000年，是朱砂在古代中国使用的最早考古证据。光谱分析显示该漆器中含有朱砂。[1]

然而，在早期中国，朱砂大多被用于祭祀场合，在龙山文化（约公元前3000年–前2000年）的墓葬中发现了最早使用朱砂祭祀的证据。在陶寺遗址（陕西襄汾）

---

* Chen Kuang Yu；美国罗格斯大学化学与生物化学系资深荣休教授，东亚语言文化系兼职教授。
[1] 浙江省文物考古研究所：《河姆渡——新石器时代遗址考古发掘报告》，北京：文物出版社，2003年，第291页；又见孙国平：《远古江南——河姆渡遗址》，天津：天津古籍出版社，2008年，第195页。

图一 浙江余姚河姆渡遗址出土的木漆碗（T231 [3B]: 30）
（孙国平:《远古江南：河姆渡遗址》，天津古籍出版社，2008年，第195页）

出土的数百座墓葬中，尸体上都覆盖着朱砂。[1] 在二里头遗址（约公元前1600年）发掘的商代早期墓葬中，朱砂粉层厚达6厘米。[2] 在商晚期妇好墓（约公元前1300年）中，尽管棺材和尸体早已彻底腐化，但仍遗留多层朱砂。[3] 在四川金沙遗址（约公元前1200年）的一座双棺墓（M2725）中，尸体和周围的地面都被鲜红的朱砂覆盖。[4] 在大堡子山（甘肃陇南礼县大堡子山）的著名圆顶山秦贵族墓葬区（约公元前700-前600年）中，所有的三座墓葬（98LDM1、98LDM2和98LDM3）和单独的车马坑中，都发现了大量的朱砂。[5]

玛雅文明是另一个有着在墓葬中使用朱砂传统的古代文明。例如，在科潘遗址著名的马加里塔墓中，死者的身体上覆盖着大量的红色颜料朱砂和赤铁矿，[6] 以至于其头骨和骨架都呈现赤红色（图二）。研究玛雅文明的学者认为，在亡者身上使用朱砂，是为了模拟血液，将死亡与重生联系起来，因为刚出生的婴儿身上往往也覆盖着血液。[7] 这种死亡和重生的信仰关联，很可能是驱使中国古人在墓葬中使用

---

[1] 高炜等：《关于陶寺墓地的几个问题》，《考古》1983年第6期，第531-536页；中国社会科学院考古研究所山西工作队：《山西襄汾县陶寺遗址发掘简报》，《考古》1980年第1期，第18-31页。
[2] 杨国忠，刘忠伏：《1980年秋河南偃师二里头遗址发掘简报》，《考古》1983年第3期，第199-205页；白崇斌等：《益门二号墓出土红色粉末的化学与矿物学性质》，《文物保护与考古科学》2004年第3期，第52-54页。
[3] 中国社会科学院考古研究所：《殷墟妇好墓》，北京：文物出版社，1980年，第8页。
[4] 王飞等：《博物馆中的古蜀国》，《文明》2010年第3期，第138-150页。
[5] 礼县博物馆等：《秦西垂陵区》，北京：文物出版社，2003年，第18-24页。
[6] SIMON, Martin（马丁·西蒙）and Grube, Nikolai（尼古拉·格鲁贝）. *Chronicle of the Maya Kings and Queens*（玛雅国王和王后编年）. New York: Thames and Hudson, 2008, 195.
[7] FITZSIMMONS, James L.（詹姆斯·L·菲茨西蒙斯）. *Death and the Classic Maya Kings*（死亡与古典玛雅国王）. Austin: University of Texas Press, 2009, 81-85.

朱砂的原因。

朱砂在古代中国的另一个重要用途，是作为壁画的颜料。北洞山（江苏徐州北洞山）的西汉楚襄王（约公元前175年）墓，就是一个很好的例证。该墓在秦帝国灭亡不到50年内建成，[1]墓室的主要房间，包括东、西侧室，前堂和后寝，以及两个耳室，从地面到室顶都涂有朱砂漆。

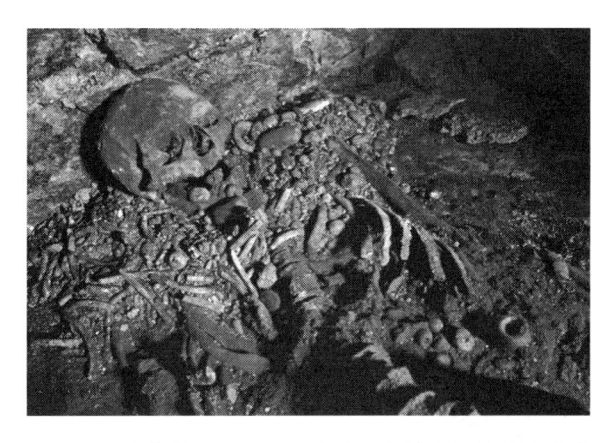

图二 一个满载玉石，呈现朱砂和赤铁矿颜色的女性遗骸，深埋在科潘遗址的马加里塔墓中

（她可能是科潘第一统治者蓝鸟王的妻子［426-437年］；图片编号：130200，图源：http://www.natgeocreative.com/photography/130200，科潘废墟中被朱砂覆盖的玛雅女性遗骸，肯尼斯·加勒特：《国家地理杂志·创意摄影》）

考古挖掘时，墓室墙面上仍遗留清晰可见的大面积红漆残迹（图三）。在位于安阳小屯的殷墟中，人们发现含汞量很高，这与皇陵遗址和宫殿式的陵墓结构有关，[2]因为这些汞成分，可能源于涂抹墓葬和宫殿建筑的朱砂漆。

如《汉旧仪》等传世文献中，提到始皇帝的地下宫殿使用了朱砂漆。

> 使丞相李斯将天下刑人徒隶七十二万人作陵……三十七岁。锢水泉绝之，塞以文石，致以丹漆。

如果秦始皇陵的确使用了朱砂漆，他用了多少？在国家高技术研究发展计划（863项目）下，[3]专家使用了包括核磁共振在内的各种地球物理方法，绘制和探测

---

[1] 徐州博物馆，南京大学历史学系考古专业：《徐州北洞山西汉楚王墓》，北京：文物出版社，2003年。
[2] 伍宗华等：《汞的勘察地球化学》，北京：地质出版社，1994年，第31-58页；申斌：《"热释汞"与中国考古》，《殷都学刊》1989年第3期，第6-10页。
[3] 刘士毅等：《秦始皇陵地宫地球物理探测成果与技术》，北京：地质出版社，2005年，第201页。

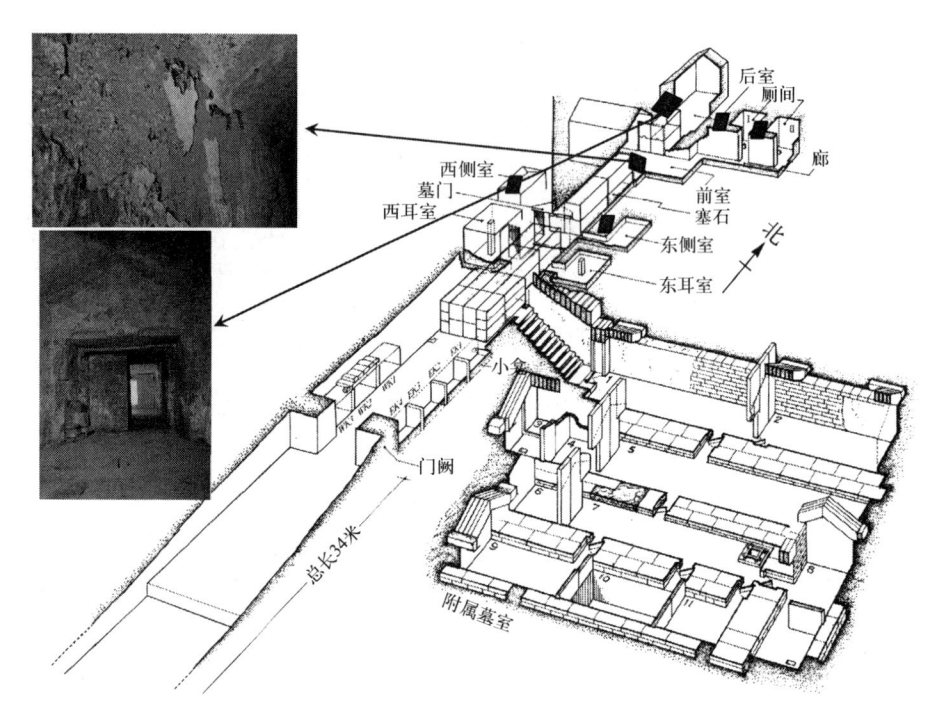

图三 位于徐州北洞山的西汉楚王墓，墓室从墙壁到室顶都涂有朱砂漆
（徐州博物馆，南京大学历史学系考古专业：《徐州北洞山西汉楚王墓》，北京：文物出版社，2003年）

秦始皇陵。863项目的探考古发现，墓室距地表约30米深，远远低于约17米深的地下水位，[1]显然，秦工匠必须解决防止地下水渗入墓室这一重大技术挑战。显然，李斯的防水方法非常有效，因为863项目的探考古发现，墓室内几乎没有水的痕迹。[2]

商武丁时期（约公元前1300年）的许多契刻的甲骨文（卜骨）均用红色颜料着色（图四），有些用毛笔上色。[3]本尼迪提-皮希勒（Benedetti-Pichler）测定，

---

[1] 段清波：《秦始皇陵园考古研究》，北京：北京大学出版社，2011年，第43-48页；又见王学理：《秦始皇陵研究》，上海：上海人民出版社，1994年，第79-82页。
[2] 刘士毅等：《秦始皇陵地宫地球物理探测成果与技术》，北京：地质出版社，2005年，第58页；又见段清波：《秦始皇陵园考古研究》，北京：北京大学出版社，2011年，第257页。
[3] 张秉权：《甲骨文和甲骨学》，台北：编译馆，1988年，第62页。

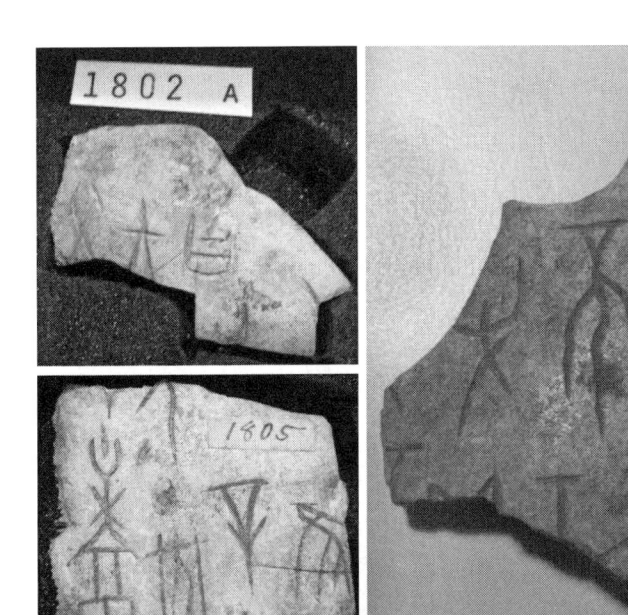

图四　朱砂颜料在商代晚期（约公元前1300年）被用于在甲骨和贝壳上契刻铭文
（右图由"中研院"蔡哲茂博士提供；左图为陈光宇博士拍摄）

其中的红色元素为硫化汞。[1]甲骨文占卜被视为帝王与上天沟通的一种方式，朱砂在甲骨文上的应用，就引出这样一个问题，即是否存在专门表示朱砂的甲骨文字？我们认为，表示"八脚蜘蛛或螨虫"的图形蛛 🕷 可被视为用来指代朱砂。[2]在不同的文化中，红蜘蛛或螨虫被用作红色染料的来源，最著名的例子就是所谓的胭脂虫染料，由一种叫作胭脂虫的蜘蛛状昆虫制成。图五将硫化汞、朱砂粉和胭脂虫红色素进行了比较。朱砂颜料也被用在陶器和玉器上。例如，从陶寺遗址

---

[1] BENEDITTI-PICHLER, Anton Alexander（安东·亚历山大·本尼迪提-皮希勒）. "Microchemical Analysis of Pigments Used in the Fossae of Incisions of Chinese Oracle Bones（中国甲骨上的沟槽中使用的颜料的微量化学分析）", in *Industrial and Engineering Chemistry*, 1937, analytical edition 9, 151-153.
[2] 陈光宇:《从"硃砂"到"不綷黿"》，《古文字研究》第29辑，北京：中华书局，2012年，第30-42页。

朱砂矿　　　　　　　　　　朱砂粉

胭脂虫　　　　　　　　　　胭脂红粉

图五

(上图：朱砂矿和由朱砂制成的红色朱砂颜料；下图：胭脂虫红色素是从雌性胭脂虫中提取的红色染料)

出土的陶器碎片中，发现了用红色绘制的符号；[1]二里头的陶器上绘有红色的龙纹；[2]安阳小屯 M18 商墓，出土了一把玉匕首和其他带有七个红字的器物。[3]图六

---

[1] 高炜：《陶寺出土文字二三事》，《襄汾陶寺遗址研究》，北京：科学出版社，2007年，第175页。
[2] 中国科学院考古研究所二里头工作队：《偃师二里头遗址新发现的铜器和玉器》，《考古》1976年第4期，第259-263页。
[3] 中国社会科学院考古研究所安阳工作队：《安阳小屯村北的两座殷代墓》，《考古学报》1981年第4期，第491-518页；中国社会科学院考古研究所安阳工作队：《1987年安阳小屯村东北地的发掘》，《考古》1989年第10期，第893-905页；孟宪武、李贵昌：《殷墟出土的玉璋朱书文字》，《华夏考古》1997年第2期，第72-77页。

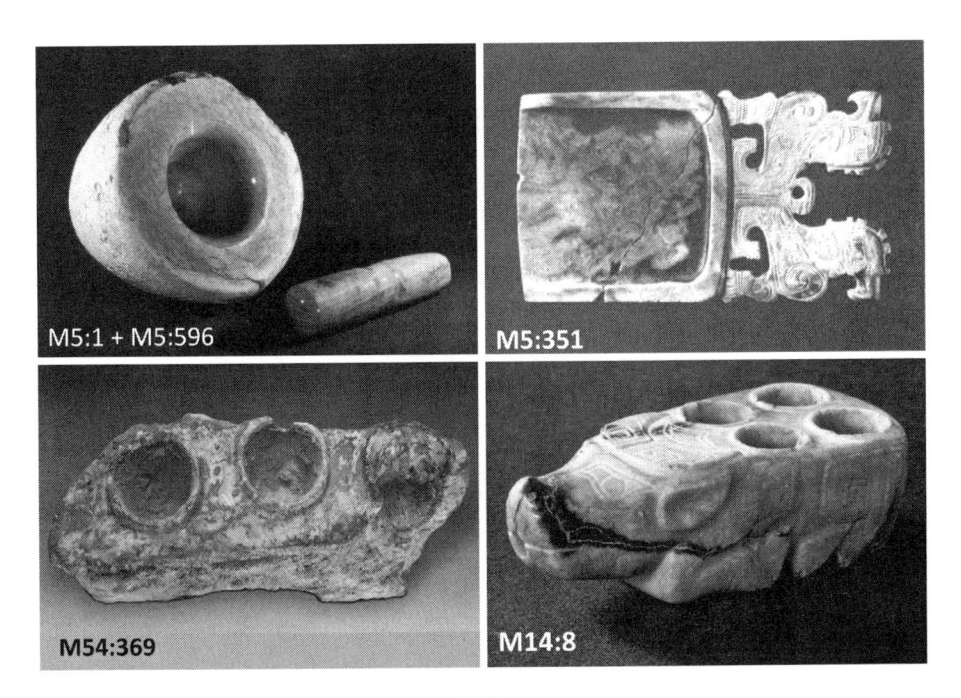

图六

（上图：妇好墓出土的玉杵［左］和玉调色板［右］；下图：殷墟花园庄东地M54号墓出土的石刻调色器［左］和洛阳北窑西周墓出土的牛形玉器［右］。上图选自中国社会科学院考古研究所：《殷墟妇好墓》，北京：文物出版社，1980年，第149页；下左图选自中国社会科学院考古研究所：《安阳殷墟花园庄东地商代墓葬》，北京：科学出版社，2004年，第214页；下右图选自洛阳市文物工作队：《洛阳北窑西周墓》，文物出版社，1999年，第245页）

是从商周墓葬中出土的一些精美的朱砂容器和调色板，上方两张图展示了妇好墓中出土的一套玉杵和一个漂亮的玉调色盘。[1]杵的外表相当粗糙，但内侧却涂有朱砂。玉调色板上刻有双鹦鹉纹和并带钮，均用朱砂染色。下方的两张图展示了M54号商墓[2]出土的三孔石质调色器和西周墓出土的牛形玉器，器顶有四个圆孔，都含有朱砂。

---

[1] 中国社会科学院考古研究所：《殷墟妇好墓》，北京：文物出版社，1980年，第149页。
[2] 中国社会科学院考古研究所：《安阳殷墟花园庄东地商代墓葬》，北京：科学出版社，2004年，第214页。

先秦时期的朱砂业

朱砂制造行业需要大量的劳动力,是一个致力于大规模开采和生产朱砂粉或硫化汞的系统性行业,只有在大量和持续的需求下才会存在。在先秦和秦朝时期,中国对朱砂的需求有多大?目前,对这一问题的研究和讨论尚不充分,然而正如下文所述,即使考古报告中的相关数据很少,我们依然可以得出结论,即先秦中国对朱砂的需求量很大。

如掌握了棺材或墓坑的大小和朱砂粉的厚度,就可估算出墓葬或墓坑中使用的朱砂粉的总量。墓葬中使用的朱砂体积和质量,可根据相关数据计算得出。图七给出了朱砂粉用量计算的三个例子:二里头的储物坑,[1]二里头的IIM2墓,以及圆顶山的98LDM2墓,每个案例中使用的朱砂都超过了1吨,用量很大。

朱砂用量计算示例

二里头储物坑:最小坑面积1.26 m²,朱砂层厚度5—6厘米。

面积=1.26 m²,厚度=0.05 m

用量=1.26 m² × 0.05 m=0.063 m³=63 L

质量=6.3 × 10⁴ cc × 8.1 g/cc=510 千克=0.5 T

二里头IIM2、IIM4、VM3号墓:朱砂漆全覆盖,厚度达6厘米。IIM2号墓:

面积=3.0 m²,厚度=6厘米=0.06 m

用量=3.0 m² × 0.06 m=0.18 m³=180 L

质量=1.8 × 10⁵ cc × 8.1 g/cc=1458 千克=1.5 T

礼县西垂98LDM2号墓:棺木大量使用朱砂,厚度约为5厘米。

用量=3 m² × 0.05 m=0.15 m³=150 L

质量=1.5 × 10⁵ cc × 8.1 g/cc=1.2 T

图七 朱砂用量计算示例

(根据考古报告提供的数据,估算出三个例子中使用的朱砂粉数量)

---

[1] 洛阳市文物工作队:《洛阳北窑西周墓》,北京:文物出版社,1999年,第245页。

如果使用的是朱砂漆，需要多少朱砂呢？以北洞山墓（图三）为例进行计算：据考古报告，该墓中朱砂漆覆盖总面积，估计至少约 200 平方米，根据残余的朱砂漆判断，假设朱砂漆的厚度为 0.5 厘米，就需要大约 1000 升的朱砂漆。假设漆和朱砂的比例为 10∶1，就需要 100 升朱砂，即 0.8 吨的朱砂粉。同理，我们也可计算出秦始皇陵地宫所需的朱砂漆数量。根据地球物理测量获得的四组数据，即地表开口的大小（160×120 米）、地宫底部的大小（50×80 米）、深度（30 米）和地下水位（距地表 17 米），估计需要涂刷的面积约为 3000 平方米（图八），这将需要大约 12 吨朱砂粉。

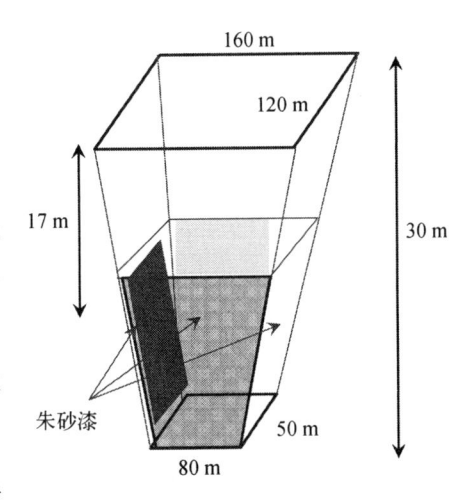

图八 为防止地下水渗入，需要用朱砂漆覆盖的墙面面积示意图
（墓口到墓底深度为 30 米，地下水位约为 17 米）

此外，在春秋战国交替之际（约公元前 500 年），有两项发明使朱砂有了新的用途：制汞和鎏金工艺。如进一步考虑在数以千计真人大小的兵马俑上大量使用朱砂，[1] 那么几乎可以肯定的是，为了满足大量需求，先民们必须开采几十甚至上百吨的朱砂矿。表一给出了秦朝所需朱砂矿数量的粗略估计。但朱砂矿从何而来？

《史记·货殖列传》载："巴寡妇清，其先得丹穴，而擅其利数世，家亦不訾。清，寡妇也，能守其业，用财自卫，不见侵犯。秦皇帝以为贞妇而客之，为筑女怀清台……清穷乡寡妇，礼抗万乘，名显天下，岂非以富邪？"[2]

---

[1] 中国社会科学院考古研究所二里头工作队：《偃师二里头遗址新发现的铜器和玉器》，《考古》1976 年第 4 期，第 259-263 页。
[2] 袁仲一：《秦始皇陵的考古发现与研究》，陕西：陕西人民出版社，2002 年，第 263 页。

表一　朱砂在秦朝时期的使用

	硫化汞（吨）	朱砂矿（吨）
地宫中的漆画	20	100
兵马俑和小型陶俑上的彩绘	5	25
宫殿中的家具、家居用品和墙壁	10	50
颜料	2	10
尸体保存和丧葬	50	250
水银制造	100	500
总计	～200	～1000

巴指现在的四川彭水、綦江、务川和（四川东部）酉阳等地区。在彭水，仍有很多地方名为"朱砂窝"和"朱砂洞"。这里也是仡佬族的自治区，他们自称为"水银之乡"。务川山区许多人工开凿的洞穴，可能是朱砂矿的遗迹。务川的大坪河和洪都河附近进行的考古发掘，发现了汉代的墓葬，其中很多都含有朱砂，[1]考古学家认为，这些坟墓中埋葬的是汉代的朱砂矿工。

另一个可能的朱砂矿遗址位于秦岭地区，包括陕西省的山阳和洵阳等地。尤为值得一提的是洵阳，它不仅拥有大量朱砂矿储备，还以漆树闻名。此外，洵阳离秦都城咸阳很近，其周边许多地方都被称为朱砂洞或水银山。得益于较近的距离和便捷的水路运输，洵阳也成为秦帝国朱砂矿的主要来源。[2]

中国古代工匠如何加工朱砂矿，我们不得而知，但我们认为这一过程，与宋应

---

[1] NEEDHAM, Joseph（李约瑟）. Science and Civilization in China（中国的科学与文明）. Cambridge University Press, 1976, vol.5, part III, 6. 李约瑟指出，秦的鼎盛期应该约在公元前245至210年，她的矿已由其丈夫的先祖开采了数代。所以说，这个行业在公元前四世纪时一定就已经开始繁盛了，也就是邹衍的时期，或者更早，在计倪子的时期，这二人都是有名的炼金术士。

[2] 曾超：《乌江丹砂开发史考》，《长江师范学院学报》2006年第4期，第25-33页；又见王明希：《秦始皇地宫的江河大海》，http://big5.xinhuanet.com/gate/big5/www.gz.xinhuanet.com/zfpd/2011-06/03/content_22930402.htm。

星（公元 1587 年 –1661 年）在《天工开物》中的生动描述没有太大区别：

> 若砂质即嫩而烁视欲丹者，则取来时，入巨铁碾槽中，轧碎如微尘，然后入缸，注清水澄浸。过三日夜，跌取其上浮者，倾入别缸，名曰二朱。其下沉结者，晒干即名头朱也。[1]

研磨的步骤被称为研朱，水力分离的步骤被称为淘澄飞跌。"飞跌"一词的字面意思，是"飞（吹去杂质的漂浮物）和跌（硫化汞的沉淀物）"，其分离原理是硫化汞比杂质更重。从妇好墓出土的调色板上找到的细小朱砂粉来看，当时无疑已使用类似的方法。

水银的物理和化学特性

汞是元素周期表中第 80 种化学元素，其化学符号是 Hg，熔点为 –38.87℃，沸点为 356.7℃，密度为 13.6 克/立方厘米，25℃时蒸汽压力为 1.61×10^{-3} 毫米汞柱。因呈银白色，汞也被称为快银，是唯一在室温下以液体状态存在的金属。由于其挥发性，汞在自然界中几乎没出现过。

朱砂矿是制造水银的唯一主要原材料。图九列出了涉及汞和朱砂的几个重要化学反应公式。公式 1 显示，硫化汞（纯朱砂）在加热（> 500℃）下与氧气反应，并通过氧化还原反应，产生汞元素和二氧化硫，这个公式展示了用朱砂制造水银的原理。相反地，汞通过与硫磺反应，可轻易地转化为硫化汞（公式 2）。东汉末年的炼金术士魏伯阳（约公元 147 年 –167 年）在《周易参同契》中对这两种反应进行了诗意的描述，他写道"河上姹女，灵而最神，得火则飞，不见埃尘。……将欲

---

[1] 王学理：《秦始皇陵研究》，上海：上海人民出版社，1994 年，第 71–72 页。

$$公式1 \quad HgS(s) + O_2(g) \xrightarrow{>500℃} Hg(l) + SO_2(g) \uparrow \qquad 升汞$$

$$公式2 \quad Hg(l) + S(s) \longrightarrow HgS(s) \qquad 黄芽为根$$

$$公式3 \quad Hg(l) + Au(s) \longrightarrow Hg \cdot Au \qquad 鎏金$$

$$公式4 \quad Hg(l) + R\text{-}SH(s) \longrightarrow RS \cdot Hg(s) \qquad 剧毒$$

图九 汞的四个重要化学反应

（公式1：从硫化汞中形成汞；公式2：硫与汞反应形成硫化汞；公式3：形成金汞合金；公式4：汞容易与有机化合物的巯基反应，如半胱氨酸［20种必需氨基酸之一］，变成剧毒）

制之，黄芽为根"，其中"黄芽"就是硫磺，而"河上姹女"则为液态水银。[1]

图九的公式3展示了汞的另一个独特性质。作为一种液体，水银是金（Au）和银（Ag）等金属的良好溶剂；由此产生的溶液被称为汞合金，也称"汞齐"。古籍中将汞齐的形成，描述为"汞杀金银"。

可以想象，这些化学变化将如何以一种最神秘的方式，给古代人留下深刻的印象。为此，自战国时代早期以来，方士会利用这些观察，试图通过炼金术，追求长生不老，或制造金银等贵金属，也不足为奇。

汞很容易和存在于蛋白质中的半胱氨酸残基的巯基产生化学反应（图九，公式4），为此汞蒸气很容易渗入生物系统，与蛋白质中的半胱氨酸或胱氨酸反应，导致酶和其他关键功能失活，并很快导致死亡。因此，水银为剧毒物质。

水银在先秦时期和秦朝的使用情况

通过将金或银汞合金加工成液态，工匠可以轻松地将其塑成不同形状，甚至可

---

[1] SONG, Yingxing（宋应星）, SUN, E-tu Zen（任以都）, SUN, Shou-chuan（孙宋全）trans. *Chinese Technology in the Seventeenth Century*（天工开物：十七世纪的中国技术）. Pennsylvania State University Press, 1966.

以细如丝线，并应用于青铜器或工具等不同器物的表面。汞的易挥发性使工匠们可通过简单的加热，将汞成分从合金中去除，从而制造出鎏金或鎏银的器物。迄今最早的鎏金器物，是浙江绍兴狮子山墓出土的一个嵌玉带扣，其一端雕成兽首，再鎏以黄金。[1] 该墓葬的年代可追溯到公元前473年的春秋末期，据此我们可以确定，水银制造和鎏金工艺必然在此之前已经存在。

除了用于鎏金之外，据传世文本记载，水银可能还被用于保存遗骸。例如，据赵晔（卒于公元前83年）编纂的《吴越春秋》记载，公元前495年，吴王阖闾葬于虎丘山，"阖闾之葬……使象运土凿池，四周广六十里，水深一丈……倾水银为池六尺"，如记载为真，这可能需要用到数吨水银。

然而，关于水银在墓葬中使用的最著名故事，是司马迁在《史记》中描述的秦始皇。始皇帝于公元前210年7月去世，并于当年9月下葬。司马迁写道：

> 葬始皇郦山。始皇初即位，穿治郦山……宫观百官奇器珍怪徙藏满之。令匠作机弩矢，有所穿近者辄射之。以水银为百川江河大海，机相灌输，上具天文，下具地理。以人鱼膏为烛，度不灭者久之。……葬既已下，或言工匠为机，臧皆知之，臧重即泄。大事毕，已臧，闭中羡，下外羡门，尽闭工匠臧者，无复出者。树草木以象山。

秦始皇陵占地总面积为56平方千米，有418座陪葬墓和180个陪葬坑。地宫上方的封土面积为12.6万平方米，地面上的墓穴开口面积约为1.2万平方米。如《史记》中关于秦始皇陵的记载为真，水银的挥发性可能导致其土丘地区出现汞异常。在二十世纪八十年代初，常勇和李彤在秦始皇陵进行了一次全面的汞测量。[2]

---

[1] 中文原句是：河上姹女，灵而最神，得火则飞，不见埃尘……将欲制之，黄芽为根。这里，黄芽有两种解释，一种是硫（S），另一种是四氧化铅（PB_3O_4）。但四氧化铅的颜色实为橙色或红色，而不是黄色，所以我们认为将黄芽释为黄色硫黄颗粒更为恰当。
[2] 牟永抗:《绍兴306号战国墓发掘简报》,《文物》1984年第1期，第10-26页。

最初的调查显示，陵墓中心附近的土壤样本检测出很高的汞含量。他们绘制了一片 10×10 米的网格，覆盖了整个陵墓区域约 3 万平方米的面积。在每个网格点收集土壤样本，风干后研磨成细小的颗粒（过 160 目筛子），然后加热磨碎的土壤样品（约 200 毫克），释放其中的汞含量，利用原子吸收汞分析仪进行测量。土壤中的汞含量，以每一土壤样品的重量的十亿分之一（ppb）表示。二者的研究显示，封土中心区域的汞含量在 70 到 1500 ppb 之间，远远高于 35 ppb 的背景值。相比之下，通常在自然界中与朱砂共存的砷、锑和铋，在所有测试地点都保持在背景值，表明秦始皇陵的高汞水平，是一种人为现象，而不是自然富集。2003 年，在"863"项目的支持下，人们对秦始皇陵区进行了又一次的热汞测量，独立印证了常勇和李彤的汞测量先期数据的真实性。[1] 利用他们的数据，我们重新绘制了秦始皇陵墓区的水银异常曲线图（图一〇）。水银异常的三个等级：70-140 ppb，140-280 ppb，以及 >280 ppb 以三种不同的深浅表示，汞含量高于 140 ppb 的网格点数量为 43 个：其中，11 个网格点的汞含量超过 280 ppb，比背景值高 8 倍。剖面图清楚地显示，有两个汞含量超高的点，我们将其标记为 A 区和 B 区。如果假设这两个区域与地下储存水银的位置直接对应，那么秦始皇陵中就存在两个存储水银的独立区域。如果是这样，我们推测 A 区将与模型中地下河和海洋的地点相关。结合战国时期君王和贵族使用水银保存遗骸的习俗，B 区储存的水银可能用于保存尸体。

秦始皇陵墓顶开口大小约为 160×120 平方米，墓底为 50×80 平方米，顶部的面积几乎等同于存在汞异常区域的大小。这或许表明，两千多年来，秦始皇地宫中（作为河流和海洋）储存的水银，慢慢蒸发、扩散，并在入口处的土丘土壤中，形成了不均匀的汞印记。汞计数最密集（>280 ppb）的 11 个网格点的分布，可能反映了水银在地宫中的存储位置。由于地宫底部的面积约为顶部的五分之一，我们假设储存地下水银存储的面积，也约为 11 个网格点所占

---

[1] 常勇，李同：《秦始皇陵中埋藏汞的初步研究》，《考古》1983 年第 7 期，第 659-663 页。

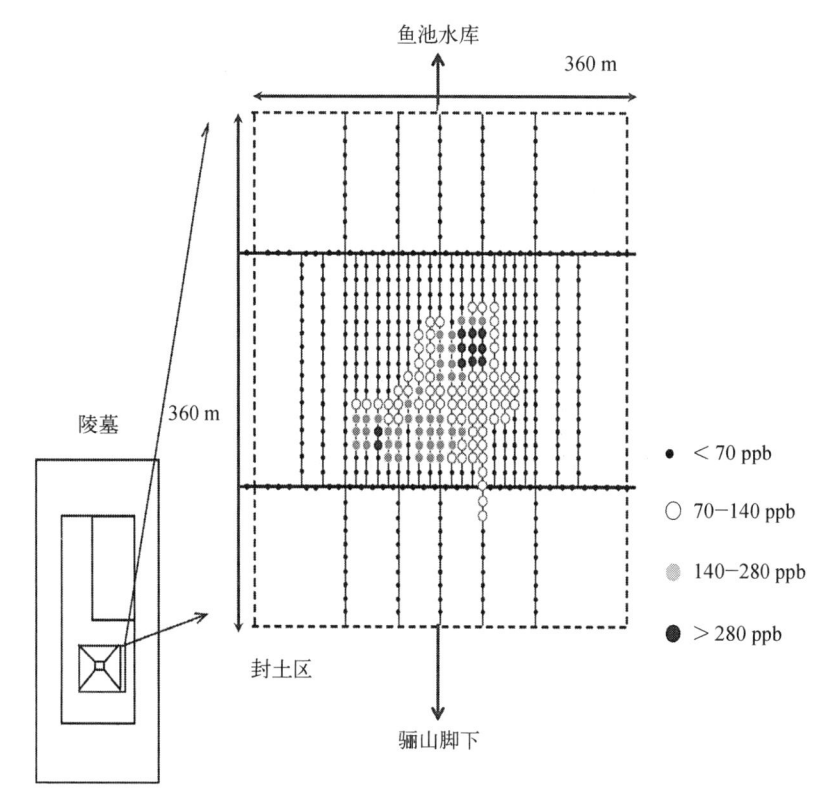

图一〇　秦始皇陵中的水银含量异常曲线
（数据来自常勇和李同的研究）

面积的 1/5，即约 400 平方米（图一一）。因此，与 A 区相对应的储汞面积约为 80 米，这将覆盖秦始皇地下宫殿区域。如果我们进一步假设，建造地宫时采用了 10 比 1 的水陆比，那么水银所占的面积大约为 8 平方米。考虑到地宫内建造了某种机械装置确保使水银流动（如《史记》所述），水银的深度应足以确保循环，因此假设水银至少有 20 厘米深。根据这些假设，我们可以计算出储存在地下宫殿中的水银体积为 1600 升，相当于大约 22 吨，足以装满八个 50 加仑的桶。

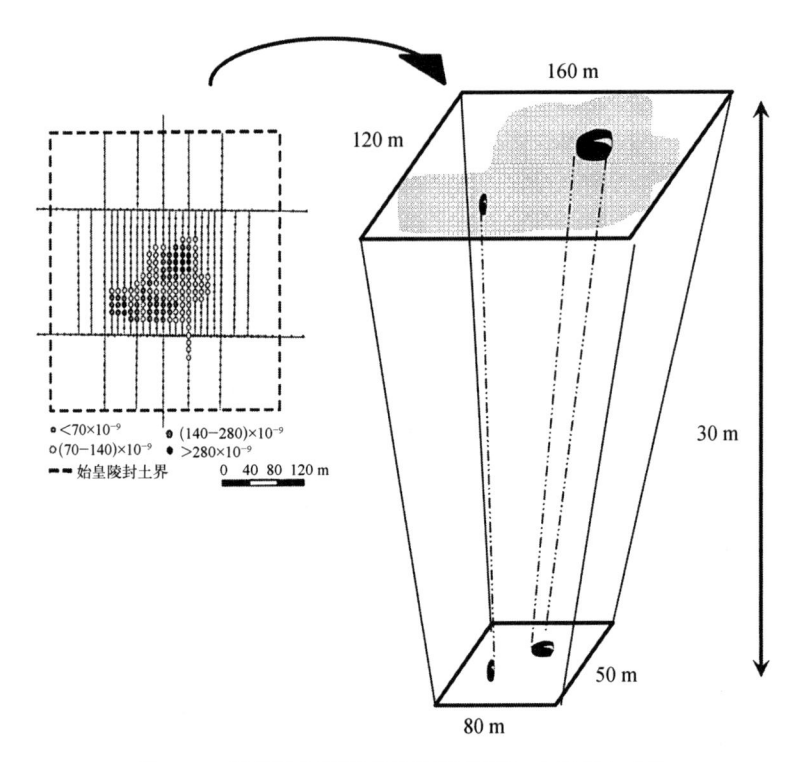

图一一 汞异常剖面转化为秦始皇陵中水银储存定位

秦的水银工业

在先秦和秦朝时期，水银在祭祀活动、鎏金工艺和炼金术中的广泛使用，意味着一个强大而持续的水银制造工业的存在。淮南王刘安（公元前179-前122年）编纂的《淮南万毕术》中最早提到了水银的制造，但只提到"以朱砂造水银"。由于缺乏更早期的文字或考古记录，我们不得不依靠后来的文献资料，推断和重构彼时水银行业的样貌。

朱砂和氧气的化学反应（图九，公式1）是制造水银的关键，包括两个部分操作：一是在450至800度下烘烤朱砂矿，产生汞蒸气；二是将汞蒸气冷凝为液态汞进行收集。由于加热或焙烧步骤是制备水银的关键,制造水银的技术在古籍中也被称为"升汞"。

南宋的周去非(1135-1189年)在《岭外代答》一书中,描述了当地邕人(壮族)如何冶炼朱砂来制汞。

> 以铁为上下釜,上釜盛砂,隔以细眼铁板;下釜盛水,埋诸地。合二釜之口于地面而封固之,灼以炽火。丹砂得火,化为霏雾,得水配合,转而下坠,遂成水银。

宋应星在《天工开物》中更详细地描述了这一过程(图一二):

> 水和搓成大盘条,每三十斤入一釜内升汞,其下炭质亦用三十斤。凡升汞,上盖一釜,釜当中留一小孔,釜傍盐泥紧固。釜上用铁打成一曲弓溜管,其管用麻绳密缠通梢,仍用盐泥涂固。煅火之时,曲溜一头插入釜中通气(插处一丝固密),一头以中罐注水两瓶,插曲溜尾于内,釜中之气达于罐中之水而止。共煅五个时辰,其中砂末尽化成汞,

图一二 宋应星在《天工开物》中描述的用于制汞的焙烧炉

(摘自宋应星:《天工开物》,任以都,孙宋全译:《天工开物:十七世纪的中国技术》,宾夕法尼亚州立大学出版社,1966年)

布于满釜。冷定一日，取出扫下。此最妙玄化，全部天机也。

在田雯（公元1635年-1704年）所著的《黔书》中，我们也发现了关于贵州水银制作的类似描述。因此可见，从宋到清的600多年里，传统的升汞方法，在技术上没有什么变化。宋应星还提供了一些数据，让人们可利用图一二所示的设施来估计水银产量，即在将20千克的朱砂矿放入炉子，用20千克的煤烧10个小时，然后再等24个小时进行冷却和冷凝。假设炉子热转化率为100%，且朱砂矿为上等（即HgS > 20%），那么一个炉子在两天内，可生产大约3千克的水银。在秦国，使用类似的技术，是否可以达到这个产量？为了回答这个问题，我们首先考察了宋朝和明朝的实际水银产量。《宋史·食货志》记载，宋神宗（公元1067年-1085年）年间，水银年产量接近2 000千克。据《贵州通志》记载，到明朝嘉靖皇帝（1521-1566年）时期，贵州省的年进贡水银量超过400千克。由此可见，利用图一二所示的工具，实现吨级的水银产量不成问题。

然而，为更好地领会秦国当时的水银制造业规模，让我们以后工业化时代的西方汞制造业作为对比。美国化学学会在1901年出版的一份化学杂志中，生动地描述了美国德克萨斯州布鲁斯特县的马尔法和马里波萨矿业公司制造水银的过程：

> 这里有一个重达10吨的赫特纳-斯科特炉在运行：每小时由一辆装载900磅的汽车，将粉碎至0.5英寸的矿石倒入炉中；每隔半小时，从炉子下方运走半车废矿石。矿石需要在炉子中加热约24小时，并消耗1.25至1.5节木材。汞蒸气先通过一根连接炉子的16英寸的铁皮管，进入呈之字形排列的六个冷凝器，每个冷凝器间设隔墙，然后通过一个长烟道排出……冷凝后的流银不断流入一个储存罐装瓶，同时大部分流银排放的烟尘，通过一个斜面作业后，少量地添加矿料中。据估计，流银的产量为90%。在五个月内，共生产

了 1200 瓶流银（即 40.8 吨水银）。[1][2]

假设使用与该矿业公司大小的熔炉，并日夜不停地工作，且朱砂矿的质量为上等，在熔炉的产量为 100% 的情况下，生产 20 吨水银需要两个半月。那么，在技术远远落后于工业时代的情况下，秦工匠如何生产 20 吨或更多的水银呢？最有可能的解决方案是，他们会建造数百个图一二中所示的炉子。一个粗略的计算表明，在最理想的情况下，使用最上等的朱砂矿和 100 个这样的炉子，即便日夜不停地工作，也至少需要 6 个月，才能生产 20 吨水银。因此，即使理论上秦工匠确实有能力生产这么多的水银，这个产量依然是了不起的壮举，甚至放到现代水银生产的背景下，这也可能是前所未有的成就，毕竟全球 1995 年水银产量为 2 820 吨，2008 年为 1 320 吨。[3]

结　语

工业是一种系统的劳动和活动，通过原材料的加工，生产有价值的东西。对特定产品的大量而持续的需求，是催生一个工业的必要条件。朱砂和水银工业应该包括以下业务：朱砂矿的开采、朱砂粉（朱砂）或水银的加工和生产、储存和销售。本文旨在根据传世文献和考古报告提供的数据，考察和估计先秦时期和秦朝使用朱砂和水银的规模。尽管收集的数据远非全面，但它们提供的证据表明，在先秦时期和秦国，必然存在一个强大的朱砂和水银工业，以满足需求。此外，朱砂在墓葬和

---

[1] 刘士毅等:《秦始皇陵地宫地球物理探测成果与技术》，北京：地质出版社，2005 年，第 26—29 页。
[2] SPALDING E. P.（E·P·斯伯丁）. "Review of American Chemical Research（美国化学研究回顾）", in *Metallurgical Chemistry*, 1901, vol. 7, 217-218.
[3] *Technical and Economic Criteria for Processing Mercury-Containing Tailings*（处理含汞尾渣的技术和经济标注）, United Nations Environment Program Division of Technology, Industry, and Economics, Chemicals Branch, 2010, p. 11.

宗教领域广泛使用也表明，朱砂和水银工业的重要性，可能仅次于青铜工业。

所有现有资料均表明，该时期朱砂和水银工业的原料，主要来自两个地区：四川东部，包括彭水、綦江、务川和酉阳等地，以及包括山阳和洵阳等地在内的陕西秦岭地区。古代采矿遗址中的文物已初步表明，进一步的考古调查和发掘很有必要。湖北大冶铜绿山遗址，已经做了大量关于铜矿和青铜工业的考古工作。[1] 例如，科学家已经发现了公元前八世纪的古代采矿设施，其中包括地下矿道、炼铜炉以及各种采矿工具和排水设施，我们希望在务川和洵阳地区，也能进行类似的考古发掘工作。未来的考古工作，可能会让我们确定在秦始皇陵墓附近的遗址，或朱砂矿附近的遗址，是否进行了水银冶炼。

尽管缺乏如何从矿石中制备朱砂或朱砂粉的相关信息，但我们猜测这种方法，与《天工开物》中描述的方法没有太大区别。然而，即使利用《天工开物》描述的工具，也需要大量的工匠和一定程度的管理，才可确保大规模生产。在秦始皇陵的封土区，检测到的热释汞的不均匀分布，不仅证实了水银在地宫中的储存，还使我们能够利用地球物理的方法确定墓葬规模数据，计算出水银的地下储存量。我们估计，储量大约是 20 吨，相当于大约 8 个 50 加仑的桶。考虑到宋代的水银年产量仅为约 2 吨，这一数量非常可观。尽管如此，我们相信以秦帝国的技术能力，这个产量是可实现的。在最理想的情况下，利用宋应星描述的简单焙烧炉（图一二），每年预计可生产 0.5 吨水银。考虑到修建秦始皇陵的时间跨度和投入的工匠数量，组装一百个或更多的水银制造炉，对秦国工匠而言，应该没有难度。秦工匠必然已经知道，必须将水银储存在铁瓶或玻璃瓶中，因为水银会溶解其他金属，如金、银、铜、锡和锌。此外，他们也一定已经认识到了汞蒸气的毒性，并发明了一种方法，确保更安全的操作。鉴于到了秦帝国时期，大量的朱砂和水银（以吨计）被贵族和皇室使用，朱砂和水银工业，包括地质勘探、采矿、运输、加工和储存过程，可能已经由特定部门和官员管理、协调和监督。

---

[1] 湖北省黄石市博物馆：《铜绿山古矿冶遗址》，北京：文物出版社，1980 年。

秦青铜礼器：来自中原及南方的碰撞

◎ 柳　扬

秦崛起之初，是中国西方边陲的一个诸侯，尽管如此，秦的文化态度却与商周的主流文化相近，特别表现在青铜礼器的使用上。秦采用了西周（约公元前1046年-前771年）的礼制——在取悦祖先和天神的仪式和祭祀中使用青铜器，从而维持从天到统治者再到人的不容置疑的秩序，同时也是认可封于各个等级的权力。秦人还采用了以成套青铜礼器随葬的做法，葬器的规模与死者的地位及其墓葬的等级相匹配，以此保障死者在阴间的身份和生活。

秦的艺术产物与西周主流的风格相一致。当秦的统治阶级迁徙到之前西周在陕西的腹地时，他们一定继承了大量周朝贵族遗留的青铜器，这些青铜器为秦的工匠提供了原型。商周时期最典型的青铜器型——鼎、簋、方壶、豆和盉——都是常见的秦青铜器型。[1]

基于历史记载和近年在陕西的考古发现，我们发现，在秦的统治阶级从其故土迁至当今陕西省西部后，其都城几经迁移。整体的方向是向东，东边是更发达、富庶的地区。第一次迁徙是由秦襄公（公元前777年-前766年在位）主导的，他将秦的政治中心迁至汧，在当今甘肃陕西边界附近。公元前762年，襄公的后继者

---

[1] 有关秦青铜礼器的讨论，见 LIU, Yang（柳扬）. "Inheritance and Innovation: Qin Bronze, Gold and Jade"（继承与创新：秦青铜器、金器与玉器）. *China's Terracotta Warriors: The First Emperor's Legacy*（中国兵马俑：秦始皇的遗产）. Minneapolis: Minneapolis Institute of Arts (2012): 155-165. "An Archaeological Perspective of Qin Art"（考古学视野下的秦艺术）. *Arts of China*, 11/12 (2010): 1-14. 以及 "Qin Bronze: From Symbolic Art to the Quest for Realism"（秦青铜器：从象征的艺术到对写实的追求）. *Orientations*, 9 (2012): 111-117.

文公（公元前765年-前716年在位）将都城进一步东迁，迁至千河和渭河的交汇处。一些中国考古学家推测这个都城就在今宝鸡陈仓，近年来人们在这里出土了一批绝美的文物。宁公（公元前715年-前704年在位）二年，秦再迁都至平阳，在今宝鸡地区。秦在春秋中期至战国中期最重要的都城是雍，在今陕西凤翔。据司马迁《史记》载，十九位秦公（秦世系中共有36名统治者）在雍统治了294年，从德公（公元前677年-前676年在位）元年始，至献公（公元前384年-前362年在位）二年终。[1] 公元前383年，秦都城继续东迁至栎阳，今天临潼之北。在接下来的三十三年中，从献公二年至孝公（公元前361年-前338年在位）十二年，栎阳一直是秦的都城。公元前四世纪中叶，秦从一个普通的诸侯国发展成一方霸主，其统治者野心勃勃地试图控制其他方国。为了适应现实，公元前350年，秦孝公迁都咸阳，也就是今西安西北约30千米处。公元前221年，嬴政统一七国，从秦国之王变为始皇帝，咸阳也就自然而然地成为秦朝的首都。[2]

大量考古证据表明，秦在公元前677年左右迁都至雍后，它与其他诸侯国的联系变紧密了，文化交流更频繁了。穆公长达39年的统治提升了秦国在诸侯国中的地位，拓展了秦的版图。秦穆公自己也成为春秋五霸之一。在他之前，秦与中原或中国东部的其他诸侯国的来往是很少的。位于秦在东边的邻国，也就是黄河对岸的晋国，是当时最强大的诸侯国。当周天子东迁至洛邑（今天河南洛阳）后，周朝进入东周时期（公元前770年-前256年），中国的政治中心也大多转移到了晋国。为了巩固与晋国的良好关系并与晋结盟，穆公迎娶了晋献公（公元前676年-前651年）的女儿，他随后大举向东进军，在黄河平原地区站稳了脚跟。穆公十五年，秦军大败晋军，秦在与晋的关系中占得上风，迫使晋将黄河以西的地区割让与秦。此后，穆公将其女儿怀嬴嫁给了流放在外的晋国公子重耳，并支持重耳回到晋

---

[1] 司马迁：《史记》卷五《秦本纪》，北京：中华书局，1959年。
[2] LIU, Yang（柳扬）. "City, Palace, and Burial: An Archaeological Perspective on Qin Culture"（都城、宫殿和墓葬：秦文化的考古学视角）. *China's Terracotta Warriors*（中国兵马俑：秦始皇的遗产）, 41-61.

国并夺回王位，成为晋文公（公元前 636 年－前 628 年在位）。怀嬴与重耳的联姻就成了成语"秦晋之好"的典故。晋文公很快成为一名精明强干的国君，他在公元前 634 年与秦、齐和宋联盟，在城濮之战中大败楚国，从而成为春秋五霸之一。

栎阳的过渡时期尽管短，却意义重大。正是在栎阳，公元前 356 年之初，杰出的政治家和法家商鞅（公元前 390 年－前 338 年）在秦孝公（公元前 361 年－前 338 年在位）的支持下开启了深远的政治改革。这些措施帮助秦从一个外围的诸侯国成长为一个军师强国和高度中央化的国家；它们为秦国一统天下奠定了基础。商鞅的改革措施也吸引了许多他国人才事秦，这些人才为文化交流做出了伟大的贡献。

一、晋国的影响

穆公时期秦与晋之间的来往，以及秦对晋的压制（虽然很短暂），是秦与其他诸国的交往中最重要的因素，为贸易和文化交流开启了通道。当时晋国的青铜文化先进，其都城新田（今天的山西侯马）的作坊是北方的青铜铸造中心。尽管在春秋末期晋国的贵族结构崩塌，晋公权力旁落，公元前 376 年三家分晋，变为韩、赵、魏三国（史称"三晋"），但三晋的青铜文化仍占主导。近期的考古挖掘表明，公元前七世纪末，秦国与晋国以及其他中原地区的国家的交往愈加频繁，有了丰硕的成果。秦贵族墓葬中发现了许多带有晋国风格特点的青铜器。这些青铜器种类多样，从武器、车马具到礼器不等。下述例子正说明了晋国对秦国青铜器的显著影响，这种影响在战国时期达到了顶峰。

现藏于宝鸡青铜器博物院的一件春秋中期的青铜豆（高 20 厘米，口径 17.3 厘米；06927/IA1.162）出土于宝鸡（图一）。[1] 该器器身圆浑，下接长柄，腹部饰以五条带状变形螭虺纹。器盖的圆形捉手一周饰以同样的带状纹饰。两条斜向交叉的虺

---

[1] LIU, Yang. *China's Terracotta Warriors*（中国兵马俑：秦始皇的遗产）, 76, pl.9.

图一　青铜豆

（春秋中期，公元前六世纪；高20厘米，口径17.3厘米；陕西宝鸡出土，现藏于宝鸡青铜器博物院［IA1.162］）

图二　图一局部

构成了带状纹饰的基本单位，另外两角上的一对C形纹饰补全了该纹饰。不断重复的方形单位构成了纹样带（图二），它是晋国青铜艺术的典型纹饰，流行于春秋中期至战国早期，见于许多器物。1923年出土于山西浑源李峪村的一件春秋晚期的鬲鼎，现藏于上海博物馆，通体几乎饰以同样的纹饰（图三）。[1]侯马铸铜遗址出土的泥范也有着同样的纹饰（图四）。[2]晋国在侯马的官方铸铜作坊于1957年被发现，其中的泥范碎片对于认识这个时期的、出土于中国或藏于博物馆的众多青铜器极为重要。

另外一个例子是来自眉县博物馆的青铜扁壶，近年来出土于宝鸡附近的眉县（图五）。在其平坦的器壁上镶嵌了红铜条，在器表上形成了均匀的网格。网格中填满了紧凑、抽象的卷曲图案（称作"羽纹"）。狭窄的侧面饰以相似的纹饰，同时还有饕餮纹和一对圆形环耳。这种扁壶与晋也有渊源。与眉县扁壶几乎一模一样的、战国中期的扁壶也在三晋地区有所发现；其中之一发现于河南三

---

[1] 李夏廷，梁子明：《晋国青铜艺术图鉴》，北京：文物出版社，2009年，第216页，图309-310。

[2] Institute of Archaeology of Shanxi Province（山西省考古研究院）. *Art of the Houma Foundry*（侯马铸铜遗址）. Princeton University Press (1996): 307-308, pls.642, 646, 642. 也见山西省考古研究院：《侯马铸铜遗址》，北京：文物出版社，1993年，第225页，图117，图版148：1-4。

图三　青铜鬲鼎及其外壁线描图
（春秋晚期，公元前六-前五世纪；1923年山西浑源李峪村出土，现藏于上海博物馆）

图四　变形螭虺纹泥范
（约公元前585年-前376年；1957年侯马铸铜遗址出土）

图五　青铜酒器扁壶
（战国中期，公元前四世纪；陕西眉县出土，现藏于眉县博物馆）

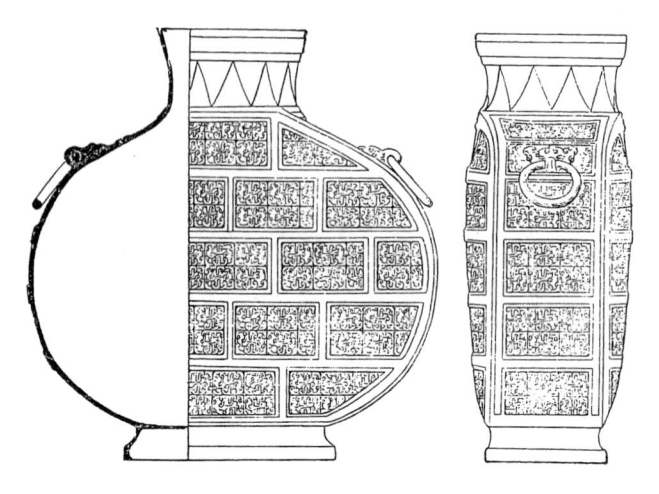

图六　青铜扁壶的线描图
（1974年河南三门峡上村岭出土；战国中期，公元前四世纪；高34.3厘米，口径12.5厘米；现藏于河南省博物馆）

门峡上村岭（图六）。[1]此外，在器颈饰有类似三角形纹饰的器物在晋国很普遍。[2]侯马铸铜遗址发现了用来铸造这种器颈的泥范。[3]在这里同样发现了为数不少的羽纹泥范，和眉县扁壶上的一致（图七）。[4]其他诸侯国的铸铜作坊或许也生产类似的扁壶，然而很显然，扁壶在三晋地区最为流行。考虑到秦与晋之间的关系，眉县扁壶源于晋这一理论或许是可靠的。

第三个例子是一个鸟盖瓠壶，1967年在陕西北部绥德出土，器高33.5厘米，口径5.8厘米，足径8.8毫米。该器通体饰以六条交叉蟠螭纹带状纹饰，分别环绕器身一周（图八）。它有着C字形手柄，呈变形龙状，并有小链与盖相连。该壶的年代约在战国早期，也就是公元前五世纪中叶。[5]这种青铜器的原型大概源于晋国，它也

---

[1] 见河南三门峡上村岭墓葬出土的一模一样的扁壶，参见河南博物院：《河南三门峡市上村岭出土的几件战国铜器》，《文物》1976年第3期，第53页，图3；李夏廷、梁子明提到了在山西夏县司马村出土的类似的例子，见《晋国青铜艺术图鉴》，第529页。
[2] 李夏廷：《流散美国的晋式青铜器》，《文物世界》2000年第6期，第28页。
[3] 山西省考古研究院：《侯马铸铜遗址》，第116页，图52:1。
[4] 李夏廷、梁子明：《晋国青铜艺术图鉴》，第296页，图531-532；山西省考古研究院：《侯马铸铜遗址》，图版183:2；也参见SO, Jenny（苏芳淑）在 *Eastern Zhou Ritual Bronzes from the Arthur M. Sackler Collections*（亚瑟·M·赛克勒藏东周青铜礼器）. Washington, D.C., Arthur M. Sackler Foundation in Association with the Arthur M. Sackler Gallery (1995): 46 中的讨论。
[5] 1979年湖北随县八角楼的一座墓葬出土了一个高圈足折沿、微微鼓出的壶，见随县博物馆：《湖北随县城郊发现春秋墓葬和铜器》，《文物》1980年第1期，第41页，图版21。该墓为春秋早期墓葬（公元前八世纪晚期）。其他已知的同类型的壶都是公元前六世纪甚至更晚的，所以这件八角楼的壶有待进一步的讨论。有关这类器物的序列探讨，见SO, Jenny（苏芳淑）*Eastern Zhou Ritual Bronzes from the Arthur M. Sackler Collections*（亚瑟·M·赛克勒藏东周青铜礼器），237-241。

图七　羽纹泥范

（约公元前585年–前376年；1957年侯马铸铜遗址出土）

图八　鸟盖瓠壶

（战国早期，公元前五世纪中叶；高33.5厘米，口径5.8厘米；1961年陕西绥德出土，现藏于陕西历史博物馆）

可能铸造于魏国，也就是原先的晋国的一部分，同样是因为在今天的山西的重要贵族墓葬中出土了类似的器物。例如1988年在太原金胜村赵鞅（殁于公元前476年，谥号赵简子或赵孟）墓中有类似器形的器物出土（图九）。[1] 赵鞅是晋国贵族，为晋定公（公元前512年–前475年在位）卿大夫。与绥德的壶相比，赵鞅墓中的壶要更精致——盖上的鸟栩栩如生，其喙微张，双爪紧握蟒蛇，连结盖与手柄的小链衔于龙口中（中国学者认为是虎）。赵鞅墓中的青铜壶表明，当时的重要公卿贵族拥有制造更精美器物的权力和财富。他们不仅主导了青铜器的制作，还引领了风格。

---

[1] 山西省考古研究所、太原市文物管理委员会：《太原金胜村251号春秋大墓及车马坑发掘简报》，《文物》1989年第9期，第71页，图18。

图九　鸟盖瓠壶

（战国早期，公元前五世纪初；高40.8厘米；1988年太原金胜村赵鞅墓出土，现藏于山西博物院）

图一〇　莲盖青铜壶

（春秋晚期，公元前六世纪晚期，1999年西安户县黄堆村出土；高43厘米，口径26.3厘米；现藏于陕西历史博物馆）

另一个例子是1999年出土于西安附近黄堆村的青铜壶，现藏陕西历史博物馆（高43厘米，口径26.3厘米），它的纵截面为梨形，鼓腹，束颈，侈口，侧面呈S形（图一〇）。器盖呈八瓣莲花形，四周填以螭虺纹与饕餮纹。腹部上方，有一对顾首虎耳，虎口中衔环。该器器表以错红铜工艺——广泛使用于春秋中期——饰以螭虺纹。这种带有一对虎形耳和莲盖的梨形青铜壶可溯至公元前六世纪晚期，带有晋国制造的特点，很可能是侯马铸铜作坊生产的。近年来，晋国故地出土了一系列类似器物，其中的一些就来自侯马。[1]

---

[1] 例如，侯马上马墓地就出土了这样的一对铜壶（M15:7与M5218:1），见山西省考古研究院：《上马墓地》，北京：文物出版社，1994年，第59页，图45，图版35（XV）。

图一一　一对莲盖青铜壶
（春秋晚期，约公元前480年；
高48.3厘米，口径17厘米；
现藏于大英博物馆）

我们从铭文中得知，这些分藏于各个博物馆的同类器物，都来自晋国。这其中最有名的是大英博物馆的一对青铜壶，常称作库尔（Cull）壶（图一一）。在莲冠之下的口沿处，有一圈清晰的铭文，记载了吴王夫差（公元前？-前473年）与晋定公（公元前511年-前475年在位）及其正卿赵鞅在公元前482年的会盟。期间，夫差向赵鞅的副手"介"（一些学者认为"介"其实是晋国官吏司马寅）献上了一些未加工的铜料。[1]会盟之后，"介"用夫差献的青铜器做了这对壶。[2]相比之下，陕西户县黄堆村的壶与大英博物馆藏壶的器形是基本相同的，反映了山西侯马铸铜作坊的特征，唯一的区别就是器表的纹饰。

---

[1] 张崇宁：《对"蜀"字以及赵孟称谓之认识》，《华夏考古》1994年第1期，第111-112页，第48页。
[2] 见 YETTS, W. Percival（叶慈）. *The Cull Chinese Bronzes*（库尔藏中国青铜器）. London: Courtauld Institute of Art (1939): pl. 12; RAWSON, J.（杰西卡·罗森）. *Chinese Bronzes: Art and Ritual*（中国青铜器：艺术与礼仪）. London: The British Museum Press (1987): pl. 34.

图一二　青铜鼎
（或属春秋晚期，公元前六世纪；高61厘米，口径73厘米；1999年秦始皇陵K9901陪葬坑出土，现藏于秦始皇兵马俑博物馆）

1999年，在秦始皇陵内外城之间的东南角的K9901陪葬坑中，发现了一个青铜大鼎，同在坑中的还有十一个陶百戏俑。鼎（高61厘米，口径73厘米）身呈半球形，平底，下承三粗壮蹄足（图一二），口沿处有两立耳。器身饰以两圈变形龙纹，被饰以斜角云雷纹的凸棱所隔。颈带较宽，以交体龙纹、双环圆形和两个V形纹饰相间排列组成——一条在上，一条在下。腹带纹饰相近但更简洁，只是双环圆形纹周围的纹饰稍有不同。足上部均饰兽面纹。[1] 鼎重212千克，铸造技术复杂，是在陕西出土的与秦相关的最大的鼎。这件鼎之所以独特，是因为它与当时秦器的器形、规模和纹饰均不相同。考古发现表明，春秋时期的秦式鼎有着浅腹和三个粗壮的足，足上部从腹部鼓出（图四〇）。在商和西周早期占主导的兽面纹让步于细小、复杂、交缠着的虺纹。战国时期和秦朝的秦鼎在规制上都非常小，高度均不超过20厘米，口径小于19厘米，重量轻于2至3千克。此外，这时期的秦鼎的表面纹饰更趋简化，多数光素无纹（图四一-五三）。[2] 相比之下，这件大鼎展现了精美的表面纹饰，很像春秋末期在晋国铸造的鼎。它富有特点的宽线交体龙纹在侯马的铸铜作坊中有所发现。值得注意的是，这种龙纹纹样带的基本单元是由斜向分布的S形图案及其尾端的涡纹组成的，还有一个直角三角形似的图案，涡纹在一端，一个

---

[1] WANG, Eugene（汪悦进）探讨了鼎在墓葬语境下可能的礼仪象征主义，见他的文章"What Happened to the First Emperor's Afterlife Spirit"（秦始皇的灵魂去哪了）. LIU, Yang（柳扬）. *China's Terracotta Warriors: The First Emperor's Legacy*（中国兵马俑：秦始皇的遗产），211-227.
[2] 有关秦鼎从春秋到战国时期的发展，见 LIU, Yang（柳扬）. *China's Terracotta Warriors: The First Emperor's Legacy*（中国兵马俑：秦始皇的遗产），70, 78, 82, 158-159.

图一三 泥范以及带有S形图案的线描图
（约公元前585年－前376年；1957年侯马铸铜遗址出土）

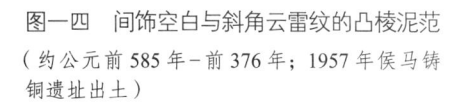

图一四 间饰空白与斜角云雷纹的凸棱泥范
（约公元前585年－前376年；1957年侯马铸铜遗址出土）

锐角三角形在另一端，这些图案共同组成了纹样带。这样的纹饰与晋国青铜纹饰有共通之处，侯马铸铜遗址出土了带有这种纹饰的模具碎片，上边还有环饰一周的阴刻绳纹图案（图一三）。[1]此鼎凸棱上间饰的空白和斜角云雷纹，也常见于侯马的泥范碎片中（图一四）。[2]太原赵卿墓、定襄中霍村都出土了类似的鼎，都在

---

[1] 山西省考古研究所：《侯马铸铜遗址》，第236，412-413页；也见第157，259，371，474-475，478-479页以及图版130-131，369-371，412-413，483，1244-1250，1260-1267。山西省考古研究所：《1992年侯马铸铜遗址发掘简报》，《文物》1995年第2期，第39页，图2。
[2] 山西省考古研究院：《侯马铸铜遗址》，第431页，图版1068-1069；也见山西省考古研究所：《1992年侯马铸铜遗址发掘简报》，《文物》1995年第2期，第37页，图16：3；山西省考古研究院：《侯马铸铜遗址》，图版185：1。

今天的山西省，[1]它们的器表都带有带状交体龙纹，中间被凸棱分隔，凸棱上间饰空白与斜角云雷纹。[2]

二、楚国的影响

除了与中原地区，特别始与晋国的文化联结外，秦地域内也发现了来自其他地区的青铜器，其中之一便是战国时期中国南方的霸主楚国。

秦与南方楚国的关系与秦晋之间的很像，两国王室通过复杂的联姻维持关系。早在公元前六世纪，楚平王（公元前528年–前516年在位）就计划使其子太子建迎娶秦哀公（公元前536年–前501年在位）之女，但他很快就改变了主意，决定自己迎娶秦国公主，并要求太子建迎娶公主之媵。这种政治联姻延续了下去，楚华阳公主嫁给了秦昭襄王（公元前306年–前250年）的太子安国为夫人。华阳夫人收养了异人，也就是秦始皇之父。她将异人改名为子楚，或公子楚，以纪念她的母国。

这种联姻必然带来了贸易和文化交往，秦境内发现的诸多青铜器可以证实这一点。1999年，一件青铜缶（高44厘米，口径19厘米）出土于陕西临潼秦始皇陵墓群，现藏于临潼县博物馆（01966）（图一五）。[3]其铭文提及了它的容量和重量，同时也说明了它是"骊山园"或秦始皇陵墓群的产物。尽管铭文指出该器属于秦贵族，但其实，它或是秦仿照楚国青铜器形铸造的仿品，或是铸造于楚国，但后来又由秦官员刻铭的器物。这件器物名为缶，本来是一个带盖罐，直到战国晚期，都是

---

[1] 山西省考古研究所，太原市文物管理委员会：《太原金胜村251号春秋大墓及车马坑发掘简报》，《文物》1989年第9期，第59–86页；将秦始皇陵中的这件鼎与M251∶333、M251∶616相对比，图6和图66，图7和图8；李有成：《定襄县中霍村东周墓发掘报告》，《文物》1997年第5期，第4–17页；将它与M1∶7, 7, 图6∶1对比。

[2] 山西省考古研究所，太原市文物管理委员会：《太原金胜村251号春秋大墓及车马坑发掘简报》，《文物》1989年第9期，第64页，图6。

[3] 丁耀祖：《临潼县附近出土秦代铜器》，《文物》1965年第7期，第53–54页，图1；LIU, Yang（柳扬）and CAPON, Edmund（埃德蒙德·卡彭）. *The First Emperor: China's Entombed Warriors*（秦始皇及其地下大军）. Sydney: Art Gallery of New South Wales (2010): 172, pl. 109.

图一五　青铜尊缶

（战国时期，公元前四世纪；高44厘米，口径19厘米；1960年陕西临潼出土，现藏于临潼县博物馆［01966］）

图一六　青铜尊缶

（战国时期，公元前四世纪；高35.8厘米，口径15.7厘米；2002年湖北枣阳九连墩一号墓出土，现藏于湖北省博物馆）

楚国青铜器组合中必不可少的组成部分。从功能上看，缶有两类：一为尊缶，为盛酒器；二为浴缶，为盛水器。2002年出土于湖北枣阳九连墩一号墓的、公元前四世纪的缶，就是典型的例子，这件楚国的尊缶有着椭圆的器身，上接柱状短颈，腹部平均或成对饰以四个圆环（图一六）。尊缶和浴缶的主要区别在于后者有着柱状的甚至垂直的短颈。[1]秦始皇陵墓群中的缶显然是一个尊缶。

现藏于凤翔县博物馆（0324）的春秋时期青铜敦（高24.2厘米，口径20.8厘米），于1977年出土于陕西凤翔高王寺（图一七）。[2]这个球形器的上半部分和下半部分是严格对称的。这种器型是南方楚国的产物，始见于春秋中期，在战国时期

---

[1] LIU, Yang（柳扬）and CAPON, Edmund（埃德蒙德·卡彭）. *The First Emperor: China's Entombed Warriors*（秦始皇及其地下大军）. 70-72, pls. 16 and 17.
[2] LIU, Yang（柳扬）and CAPON, Edmund（埃德蒙德·卡彭）. *The First Emperor: China's Entombed Warriors*（秦始皇及其地下大军）. 48, pl. 13.

图一七 青铜敦

（春秋晚期，公元前六至前五世纪；高24.2厘米，直径20.8厘米；1977年陕西凤翔高王寺出土，现藏于凤翔县博物馆［0324］）

非常普遍，但到了秦朝之后就消失了。秦的青铜礼器系列中没有敦，秦墓葬中的青铜器组合中也看不到敦的踪影。尽管如此，据发掘报告，这件缶是从雍的一个宫殿区窖藏出土的，这个地方从公元前677年到前383年是秦国的都城，一同出土的还有十件其他青铜器。[1]根据其中的一件鼎上的铭文，我们得知该器是由吴王（吴国的长江中下游地区的诸侯国）的后代所铸，《史记》记载说，秦王曾应楚之请攻打吴国，如此，这件鼎和缶都可能是秦人得自楚国的战利品或贡品。[2]

就纹饰而言，这一时期流行极简风格，甚至是光素无纹，但凤翔县博物馆藏有一只熏炉（0838，图一八），却有着异常繁缛交错的镂空纹饰。这件熏炉是在1995年由一个凤翔姚家岗的男孩在放学回家途中不经意发现的。[3]它35.5厘米高，由三部分组成：底座、空心方柱、炉体和上方的展翅凤鸟。球形的炉体有内外两层，外层饰镂空的交体虺纹带四铺首，或称"兽首衔环"，铺首与炉体边缘相接。底座的四个面以人物图案装饰。

这种富有特色的、卷曲交叉的立体镂空虺纹，说明铸造时使用了非常复杂的块范铸法，或者另一种浇铸方法，例如失蜡法，失蜡法能够产生不规则的、盘旋的形

---

［1］韩伟，曹明檀：《陕西凤翔高王寺战国铜器窖藏》，《文物》1981年第1期：第15-17页，图版7：2。
［2］司马迁：《史记》卷五《秦本纪》，北京：中华书局，1959年。
［3］景宏伟，王周应：《凤翔发现战国凤鸟衔环铜熏炉》，《文博》1996年第1期，第57页；LIU, Yang（柳扬）and CAPON, Edmund（埃德蒙德·卡彭）. *The First Emperor: China's Entombed Warriors*（秦始皇及其地下大军）. 58, pl. 18.

图一八　凤鸟衔环铜熏炉

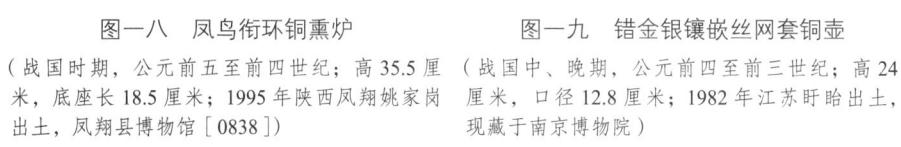

（战国时期，公元前五至前四世纪；高35.5厘米，底座长18.5厘米；1995年陕西凤翔姚家岗出土，凤翔县博物馆［0838］）

图一九　错金银镶嵌丝网套铜壶

（战国中、晚期，公元前四至前三世纪；高24厘米，口径12.8厘米；1982年江苏盱眙出土，现藏于南京博物院）

状。鉴于这件熏炉复杂、镂空的装饰，说明它生产于战国时期秦以外的国家。可以用来比较的是一个高50厘米的鼎，制造于战国时期，1980年在山西省新绛柳泉出土，它有着半球形的内外双层器身，器表由镂空的交体蛇纹组成。[1]战国晚期的一件错金铜壶出土于江苏盱眙，器表同样是镂空交错的丝网（图一九）。[2]尽管有着

---

[1]《中国文物精华》编辑委员会：《中国文物精华》，北京：文物出版社，1992年，图版109；有一件双层铜缶，藏于哈佛艺术博物馆或称亚瑟·M·赛克勒博物馆（1s943.52.70），还有一件藏于大都会博物馆的圆腹双层鼎（47.27a.b），都有着类似的纹饰和工艺；见 SO, Jenny（苏芳淑）在 Eastern Zhou Ritual Bronzes from the Arthur M. Sackler Collections（亚瑟·M·赛克勒藏东周青铜礼器）. Washington, D.C., Arthur M. Sackler Foundation in Association with the Arthur M. Sackler Gallery (1995): 28, figs. 23 and 24.

[2]《中国文物精华》编辑委员会：《中国文物精华》，北京：文物出版社，1990年，图版73。

图二〇　云纹铜禁

（春秋时期，公元前六世纪中叶；高 28.8 厘米，长 103 厘米，宽 46 厘米；1978 年河南淅川下寺公子午［殁于公元前 552 年］之墓出土，现藏于河南博物院）

同样纹饰和铸造工艺的青铜器在许多地方都有发现，但楚国是这种风格的发源地或铸造地。在公元前六世纪的楚墓中发现的一系列青铜器中，特别是在河南南部淅川下寺王子午（殁于公元前 552 年）墓中发现的青铜器，都展现了颇为高超的铸造技术。例如一件非常著名的铜禁，器表是凸起的镂空交错纹饰（图二〇）。[1]

至公元前四世纪，楚国工匠掌握了一种更富挑战的技术，一种有着透空的密集螺旋表面的蜂巢似结构出现了。以曾侯乙（约公元前 300 年）墓出土的尊盘为例，器表有着超过 1000 个这样的密集螺旋螭虺纹（图二一）。所有的这些有着细密镂空器表的楚器，都有可能是用失蜡法铸造的。[2]

---

[1] 有关这些墓葬和青铜器的发掘信息见河南省文物研究所等：《淅川下寺春秋楚墓》，北京：文物出版社，1991 年，铜禁见图版 49–51。有关楚铜器的讨论，见 LIU, Yang（柳扬），*Homage to Ancestors: Ritual Art from the Chu Kingdom*（敬天崇祖：楚地礼仪艺术），46–105; *Cast for Eternity: Ancient Ritual Bronzes from the Shanghai Museum*（铸为永恒：上海博物馆藏古代青铜礼器）. The Sterling and Francine Clark Art Institute and Yale Press, 2014, 43–45.

[2] 汤文兴：《淅川下寺一号墓青铜器的铸造技术》，《考古》1981 年第 2 期，第 176 页；湖北省博物馆编：《曾侯乙墓》上，北京：文物出版社，1989 年，第 646 页；华觉明，郭德维：《曾侯乙墓青铜器群的铸焊技术和失蜡法》，《文物》1979 年第 7 期，第 48 页；近期，一些中国学者反对普遍观点，指出中国青铜时代不存在失蜡法。见周卫荣：《中国青铜时代不存在失蜡法铸造工艺》，《江汉考古》2006 年第 2 期，第 80–85 页。

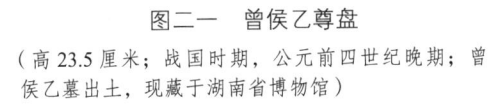

图二一　曾侯乙尊盘
（高23.5厘米；战国时期，公元前四世纪晚期；曾侯乙墓出土，现藏于湖南省博物馆）

图二二　图一八中熏炉底座的场景局部，展现了武士各持盾与矛的场景

  凤翔熏炉源自楚国，其证据就在熏炉底座立面的场景中。在每一个长方立面中，都有一虎位于正中上方，间以两名持盾和矛的士兵，其下是一对倒置老虎，间以一名士兵，立面边缘饰以飞翔的凤鸟和攀爬的动物。梯形立面与长方立面图案相同，除了没有小凤鸟和动物。有趣的是，图案中士兵所持盾牌是一种双弧形方盾（图二二），每一个盾牌都有着独具特色的波折边缘，与楚国这一时期的盾牌特征一致。这一点通过湖北荆州李家台四号墓出土的战国盾牌得以印证，该盾现藏于荆州博物馆（高92.5厘米，宽58.2厘米，图二三）。[1]然而，遗留下来的战国盾牌大都出土于楚墓，因此很难判断这样形状的盾牌是否仅产于楚国。来自另外一个地区的另一则例子恰恰解答了这一问题。1994年10月，考古学家在河南三门峡虢国发现了一座西周贵族墓。在所有的出土物中，发现了一组三个的盾牌（图二四），它们约80厘米长，40至50厘米宽，藤条制成，上覆皮革。与楚盾一样，盾牌中线有脊棱外突；但每个盾牌都有着圆肩、直边，饰以六个泡饰。[2]虢国盾尽管制造于西

---

[1] 荆州博物馆：《荆州博物馆馆藏精品》，武汉：湖北省美术出版社，2008年，第59页，图版58。
[2] 三门峡虢国博物馆的李清丽发表过关于这些盾牌的发掘信息与图，见河南博物院网站：http://www.chnmus.net/dcjp/node_12453.htm。

图二三 楚国漆盾

（战国时期［公元前475年－前221年］；高92.5厘米，宽58.2厘米；湖北荆州李家台四号墓出土，现藏于荆州博物馆）

图二四 一组三只盾牌的遗迹

（西周时期［约公元前1046年－前771年］；高80厘米，宽40-50厘米；1994年出土于河南三门峡虢国墓地）

周时期，但可见楚盾的波折边缘似乎是楚国独有的。相比之下，凤翔熏炉底座四个立面中的士兵所持盾牌显然与楚盾是一种。

显而易见的是，楚式盾牌在战国到秦朝期间被秦所采用。比如，在1975年湖北云梦睡虎地的秦朝墓葬中，出土了一枚铜镜（M9∶60），其上的装饰中就有与楚盾同样式的盾牌。[1] 铜镜背面刻画了两名武士，各持一把剑和一个楚式盾牌，他们正在与

---

[1]《云梦睡虎地秦墓》编写组：《云梦睡虎地秦墓》，北京：文物出版社，1981年，第45-46页，图62，图版4。

两只虎豹格斗（图二五）。楚在云梦的影响是深远的，因为这里曾是楚国故地，直到公元前278年才被秦军兼并。同样式的盾牌，也见于秦始皇陵。1980年，在秦始皇封冢西侧20米处的一个陪葬坑中，出土了两乘二分之一尺寸的车马。它们由青铜铸成，再以颜料和金银装饰。第一组战车上的御官俑佩剑、弩、箙，以及一个装饰精美绝伦的盾牌，该盾与楚国的盾牌有着异曲同工之处（图二六）。[1] 2009年，中国考古学家重启了对一号坑的挖

图二五　斗兽纹铜镜

（战国晚期或秦；公元前四－前三世纪；直径10.4厘米；1975年出土于湖北云梦睡虎地，现藏于云梦县博物馆［M9：60］）

图二六　铜盾

（秦［公元前221年－前206年］；高35.6厘米，底宽23.5厘米；1980年秦始皇陵车马坑出土，现藏于秦始皇兵马俑博物馆）

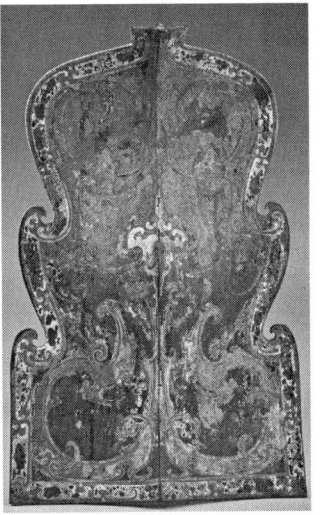

---

[1] LIU, Yang（柳扬）. *China's Terracotta Warriors: The First Emperor's Legacy*（中国兵马俑：秦始皇的遗产）, 292-293.

掘，主要集中挖掘从中部到北侧的200平方米的区域。在诸多重大发现中，在一驾马车的右侧，出土一个漆盾（图二七）。尽管盾牌残损不堪，但这是第一个被发现的真正的盾牌。这只盾牌与上文提及的铜车马中发现的铜盾形状相似，但这只盾牌是足尺的，而铜盾只是真实盾牌的一半大小。漆盾腰部收缩有波折，高71.2厘米，厚0.8厘米，底部宽47厘米，顶部宽40厘米，腰部在32.8厘米至42.6厘米之间。这只盾牌是由皮革制成，内面有木质握柄。它以单色漆绘制，边缘饰以红、绿、白、蓝的几何纹饰。对比之下，上述的这些秦盾显然与早先楚国的盾牌有关联，这进一步支持了凤翔熏炉来源于楚的假说。[1]

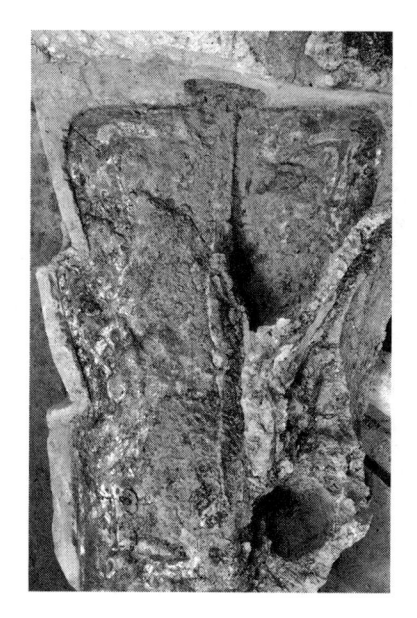

图二七　漆盾残余
（秦［公元前221年－前206年］；高71.2厘米，底宽47厘米；2009年秦始皇陵1号墓出土）

三、秦鼎的风格演变

在从春秋时期到战国时期的数百年间，秦青铜器风格从西周具有建筑风的式样转变为鲜明的战国形式。流行于春秋时期的一些经典器型则被新的器型所替代。逐渐减少的或者消失的器型包括无盖鼎——它通常有着装饰繁复的器身和粗壮、鼓出的足，还有簋、甗、扁盉以及方壶。新出现的器型则包括圆腹鼎、椭圆腹壶、蒜头瓶、四棱钫、打击乐器錞于，以及鍪。很显然，譬如圆身兽足的鼎、圆壶等许多新

---

[1] LIU, Yang（柳扬）. "A Report from the Field: Recent Finds in the First Emperor's Tomb Complex（来自考古领域的最新报道：秦始皇陵的近期发现）". *The Oriental Ceramic Society Newsletter*, no. 21, 5(2013): 5-7.

器型，都吸收了当时的东方和南方的风格，而其他的器型，譬如錞于和錞则是来自巴蜀地区。

在中原地区，特别是三晋地区铸造的青铜器，越来越多地出现在了秦国在陕西的腹地，从礼器到实用器、武器不等，详见下方的诸多例子。

两件带盖高柄钫1984年出土于咸阳任家嘴的战国中期墓葬，[1]均高25.1厘米，口径4.1厘米，腹径7.8厘米。它的纹饰图案与同藏于咸阳博物院的一件残损的铜钫相同。钫的四壁上，上有一对相对的凤鸟对称分布，四壁中部为变形虺纹，再往下，是一个正面神人头顶一条蛇（图二八）。该神人身后有翅膀，两旁各一只昂首张喙大鸟。神人与大鸟间饰以圆圈，或是日或月的符号。

很显然，带盖铜钫是晋以及后来的三晋地区流行使用的器型。山西太原附近的金胜村赵鞅墓（M251）也出土了同样器型的钫，该器抽象的纹饰中嵌着多彩的矿石（图二九）。[2]在侯马铸铜遗址中，有发现像任家嘴一样的高柄钫的泥范，时间约在春秋时期。[3]

更重要的是，任家嘴铜钫上的纹饰是一种非常流行的图案，见于三晋地区出土的许多器物。例如，它的图

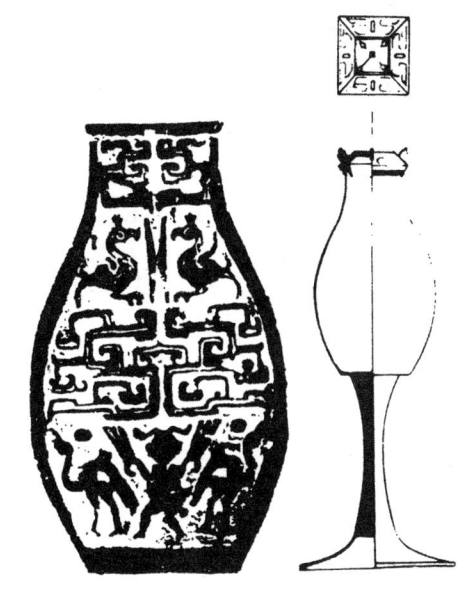

图二八　带盖高柄钫线描图

（战国中期，公元前4-前3世纪；高25.1厘米，口径4.1厘米，腹径7.8厘米；1984年陕西咸阳任家嘴出土，现藏于咸阳博物院）

---

[1] 咸阳市博物馆：《咸阳任家嘴殉人秦墓清理简报》，《考古与文物》1986年第6期，第22-27页，图5∶1。
[2] 李夏廷、李劭轩：《晋国青铜艺术图鉴》，第273页，图版463∶1-2；又见山西省考古研究所，太原市文物管理委员会：《太原金胜村251号春秋大墓及车马坑发掘简报》，《文物》1989年第9期，第70页，图17；山西省考古研究所等：《太原晋国赵卿墓》，文物出版社，1996年，第50页，图38，图版37。
[3] 李夏廷：《流散美国的晋式青铜器》（续），《文物世界》2000年第6期，第30页，图29。

图二九　带盖高柄钫

（春秋晚期，公元前五世纪早期；高27.8厘米；山西太原金胜村附近的赵鞅［殁于公元前475年］墓出土，现藏于山西博物院）

图三〇　带盖高柄钫

（战国中期，公元前四-前三世纪；高27厘米，宽12厘米；据传河南辉县出土，现藏于洛杉矶郡艺术博物馆）

案和洛杉矶郡艺术博物馆所藏的高足钫（26.99厘米×12.07厘米）上半部的几乎一模一样，而后者据传出土于河南辉县，战国时期魏国地界（图三〇）。[1] 任家嘴铜钫与一系列的战国铜壶的图案也有共同之处，如出土于河南辉县琉璃阁的青铜壶（图三一）。在这些青铜壶中，有两件出土于琉璃阁第59号墓（59∶23），[2] 另外四件来自河南洛阳的第131号墓，[3] 它们全部都是战国中期的。

---

[1] WEBER, Charles D.（查尔斯·D·韦伯）. "Chinese Pictorial Bronze Vessels of the Late Chou Period Part III（周朝晚期的中国图案青铜器［第三部分］）". *Artibus Asiae*, 29, 2/3 (1967), 115-192, fig. 45-b.

[2] 郭宝钧：《山彪镇与琉璃阁》，北京：科学出版社，1959年，图版93；李零：《入山与出塞》，北京：文物出版社，2004年，第214页。

[3] 蔡运章等：《洛阳西工131号战国墓》，《文物》1994年第7期，第8和第10页，图13和图15。

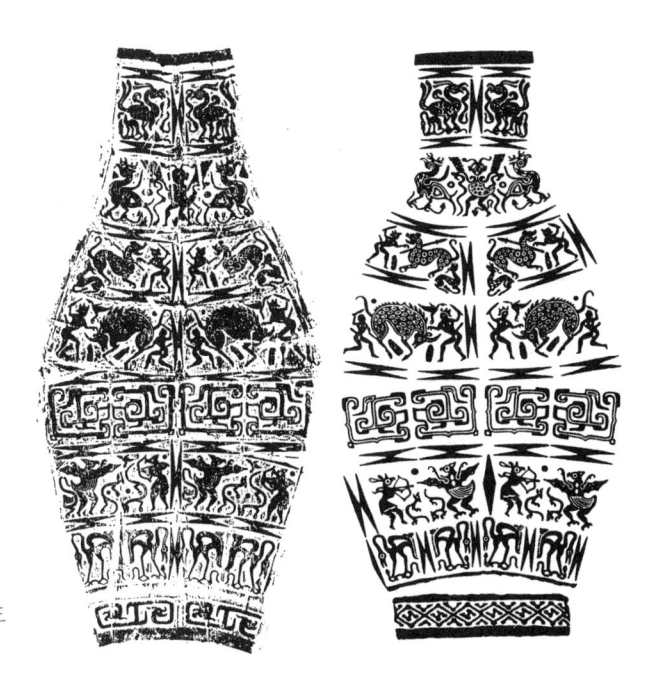

图三一　两件青铜壶拓片
（战国中期，公元前四-前三世纪；河南辉县琉璃阁出土）

所有这些器物器形较大，纹饰也更加复杂，包含了六至七个纹饰带。像任家嘴铜钫上的神人则出现在了颈部的第二条纹饰带上，或在第七条上。值得注意的是，琉璃阁76号墓出土了一件与任家嘴铜钫器形和纹饰几乎毫无二致的器物。[1]正面的神人两侧是各有一鸟，钫四面图案皆同，与上文所描述的青铜壶（图三二）的装饰手法一样。

现藏于咸阳博物院的圆腹壶（又称"安邑下官锺"，高56厘米，腹径36.9厘

图三二　高柄钫拓片
（河南辉县琉璃阁76号墓出土［76：84］）

---

[1] 郭宝钧：《山彪镇与琉璃阁》，第68页，图版104：3。

169

米）1966年出土于咸阳塔尔坡（图三三）。[1]这类铜壶鼓腹、长颈、圈足外撇有折沿，是战国时期秦国境域中最普遍的一种青铜器类。为了契合当时的品位，此壶基本上是没有纹饰的，只有环器一周的数条凸出的弦纹，或条带。该器肩部有一对环耳，盖微隆起作圜顶，其上有三个变形动物形环钮。其腹部有两段铭文，第一段指出该壶（又称"锺"）曾属安邑，在此器铸造之时，安邑是隶属于魏国的。公元前287年，魏王被迫将安邑割让与秦国，而此壶的所有权又以某种方式转到了韩国。在韩国，"府"是官方储藏机构，公元前263年，"府"的官员在该器腹部加刻了第二段铭文，并在颈部刻划标线，刻有"至此"二字，很有可能是在指示该器应有的容积。[2]又过了一些年，这件壶落到了秦国贵族的手中，他们在壶的口沿处又加了一圈铭文，以指出秦国的标准容积。此后，该壶与其他贵重陪葬品一起埋葬在了秦都城咸阳塔尔坡的墓中。

现藏于咸阳博物院（5-1321）的一件温酒器（长12.9厘米，宽15厘米）及底盘（长15厘米，宽11.5厘米，高11厘米），是1966年在塔尔坡的秦墓中出土

图三三　青铜壶

（战国中期，公元前四-前三世纪；高56厘米，腹径36.9厘米；1966年咸阳塔尔坡出土，现藏于咸阳博物院）

---

[1] 咸阳市博物馆：《陕西咸阳塔儿坡出土的铜器》，《文物》1975年第6期，第69-72页，图4和图5。
[2] 李学勤：《荥阳上官皿与安邑下官钟》，《文物》2003年第10期，第79-80页；又见LIU, Yang（柳扬）. *China's Terracotta Warriors: The First Emperor's Legacy*（中国兵马俑：秦始皇的遗产）, 81, pl. 14, and 159.

图三四　青铜温酒器（长12.9厘米，宽15厘米）及底盘
（魏国，战国时期，公元前四世纪；1966年咸阳塔尔坡出土，现藏于咸阳博物院）

图三五　双圈兽纹铜镜
（战国晚期，公元前三世纪；直径8.5厘米；1991年陕西陇县店子M49号墓出土，现藏于陇县博物馆［91M49∶1］）

的（图三四）。[1]底盘底部刻有"修武府"三字铭文。虽然我们无法在秦国或其他诸侯国中找到一个类似的温酒器，但修武府是战国时期魏国的一个地名，所以可以确定这件器物是在魏国铸造的，但不知为何最后到了秦墓之中。

1991年陕西陇县店子秦墓出土的、现藏于陇县博物馆（91M49∶1）的铜镜（M49∶1），与其他同在秦国出土铜镜的纹样不同（图三五），[2]一个圆周将纹饰一分为二，内圈是卷尾、吐舌的俯卧怪兽，顾首回望其后背。兽身上布满粟粒纹和S形纹样。在外圈中，共有八个同样的神兽，只是头部朝前，与内圈怪兽稍有区别。该镜的纹饰与其他秦镜的并不相同，[3]但在山西长冶的战国墓葬中出土了一枚与陇县

---

[1] PORTAL, Jane（简·波特尔）编. *The First Emperor: China's Terracotta Warrior*（秦始皇：中国兵马俑）, London: The British Museum (2007): 120.
[2] 陕西省考古研究所：《陇县店子秦墓》，西安：三秦出版社，1998年，第105页，图版74∶4；LIU, Yang（柳扬）. *China's Terracotta Warriors: The First Emperor's Legacy*（中国兵马俑：秦始皇的遗产）, 258, pl. 89.
[3] 有关秦镜的讨论，见马利清：《秦镜初探》，《考古与文物》（汉唐考古特刊）2002年第12期，第55页；杨瑾：《秦镜的特点与识别》，《收藏界》2005年第2期，第75-77页。

图三六　铜镜纹饰拓片
（战国晚期，公元前三世纪；直径8.5厘米；山西长治出土）

铜镜几乎一模一样的铜镜（图三六），说明了后者可能的来源。长治铜镜的直径为8.2厘米，厚0.2厘米，与陇县铜镜形制相近。[1]据发掘者，长治的铜镜来自平民墓葬，死者的陪葬品只有一些陶器和少量青铜器。如果陇县的铜镜的确为三晋地区的产物，那么它可以证明秦与三晋地区在战国时期文化交往的不断增强，这种交往不仅限于之前人们认为的官员之间的交往，而是跨越社会阶层的人们之间的交往。

除了青铜器皿之外，秦墓中还发现了许多来源不是秦的青铜武器，其中的许多都可能是在秦国士兵征战时缴获的。[2]一件现藏于商洛博物馆（0297 D017）的战国青铜戈（长25.2厘米），是1996年在陕西东部丹凤县的一座墓葬（M42）中出土的，这个地方位于秦、晋、楚三国交界之处。而这座墓葬，是一个长方竖穴墓，随葬品有六件仿铜陶礼器、一件戈、一件镞、一把剑，所有的这些都放置于55岁男性墓主的左臂旁。随葬品说明墓主是一名从军的平民。[3]与秦朝的戈相比，这件戈有着长得多的弧形援（图三七）。值得注意的是，在援的直角处有着小巧翼状装饰。在1996年丹凤县出土的15件戈中，只有这一件装饰着翼状尖顶饰。这种形制的戈流行于楚越地区，因此说明这件戈来自南方。[4]

---

[1] 山西省文物管理委员会，山西省考古研究所：《山西长治分水岭战国墓第二次发掘》，《考古》1964年第3期，第111–136页，图27。

[2] 三个例子，两把剑与一件戈都见于下述作者，见 LIU, Yang（柳扬）. *China's Terracotta Warriors: The First Emperor's Legacy*（中国兵马俑：秦始皇的遗产），89–91, pls. 23–25.

[3] 陕西省考古研究所，商洛博物馆：《丹凤古城楚墓》，西安：三秦出版社，2006年，第66–70页，图67：7，第151页，图141。

[4] 见井中伟：《早期中国青铜戈·戟研究》，北京：科学出版社，2011年，第264–267页，图3–52，第348–351页，图5–19，图5–20。

图三七　戈

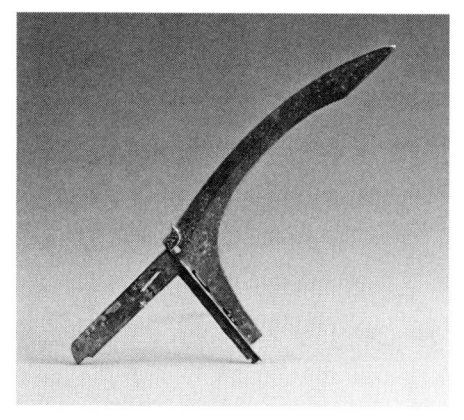

（战国时期［公元前475年－前221年］；长25.2厘米；1996年陕西丹凤古城M42号墓出土，现藏于陕西商洛博物馆［0297/D017］）

图三八　错银铜鸟柲帽

（战国时期，公元前276年；现藏于西安博物院）

另一件有趣的器物是一个藏于西安博物院的铜柲帽，柲帽顶部有顾首鸟饰（图三八），鸟身以错银饰几何纹。中国学者王辉对澳门私人收藏中的一个戈和鸟柲帽（图三九）进行了研究，[1] 戈与柲帽身带两处铭文，指明了它们的制造者和制造方。基于铭文风格以及其他史料，王辉认为这件戈是秦昭襄王三十二年（公元前275年）由职业工匠所铸，它先是藏于雍也就是当今凤翔的武库中，后来又转给咸阳都城内的北宫使用。但柲帽的鸟饰却是在赵惠文王二十三年（公元前276年），由赵国工匠所铸。无论是形制还是纹饰，澳门私人收藏中的鸟形柲帽和西安博物院中的都相同。西安藏的鸟形柲帽铭文说明它与

图三九　戈与铜鸟柲帽

（战国时期，公元前276年；现藏于澳门珍秦斋）

---

[1] 王辉，萧春源：《珍秦斋藏秦铜器铭文选释》，《故宫博物院院刊》2006年第2期，第64-87页，图13-14。

澳门鸟形柲帽铸于同一年，但有着不同的库号。二者似乎都是在赵国的同一个作坊中铸造的，然后都落入秦人手中。据司马迁《史记》所载，在秦昭襄王三十一年至三十二年间（公元前276年－前275年），秦发动了对赵、魏的征战。[1]这些顶饰有可能是被秦国士兵所缴获，后来又被再度使用。

虽然秦与其他诸侯国间有着大量交往与人口迁徙（合纵连横造成的文化融合和文化传播），但秦的风格演变的主要动力在于公元前四世纪中期商鞅变法后带来的开放。这些改革措施使得秦在政治和文化上都迈向了超级大国。不计其数的青铜器通过贸易、战争被带到了秦国，许多技艺高超的工匠也或主动或被迫来到了秦地。商鞅变法及其社会、文化影响清晰地反映在了考古发现中。中国学者滕铭予从考古的角度，分析了秦从封国成长为不可一世的帝国的发展过程。她分析了秦陪葬品发展中的不同阶段，进而说明了秦人口逐渐与不同文化来源的人口相融，最初的基于血缘的秩序被战国时基于地缘的认同所替代。[2]滕的发现揭示了：秦丧葬制度最显著的变化发生在战国后期之时。

滕铭予的研究表明，在这个时期里，除了以往使用青铜礼器的统治阶级外，新涌现了一群人，也在丧葬活动使用青铜礼器。他们墓葬中的青铜器物组合是不规律的，常见他国的器物。他们墓中埋葬的武器也样式不一，有来自秦的，也有像长江中下游三角洲的吴越地区的，还有西南的巴蜀地区的，这表明：这群人之所以能够享受使用礼器的特权，是因为他们在文化活动中，特别是军事活动中扮演了重要的角色。换言之，他们是通过自身能力获取这些青铜器的，而非像先前一样，依靠继承。他们是新兴的军事贵族，[3]他们开始随葬器物，用来表示他们的权力和社会威望。

社会和文化变迁持续并极大地影响着青铜礼器的铸造和使用。人们常说，在战国时期，秦器开始变得世俗化，许多器形的变化反映了这一发展。不过，中原和南

---

[1] 司马迁：《史记》卷五《秦本纪》，卷四十三《赵世家》，又见湖北睡虎地出土的简牍，又称"编年纪"上的记载。另一件战国时期铸于韩国的某一任韩王三十一年的戈，也藏于澳门的私人收藏，它在落入秦人之手后，加铭"雍"（秦国都城）字，见王辉，同上。
[2] 滕铭予：《秦文化：从封国到帝国的考古学观察》，北京：学苑出版社，2002年，第5-6章。
[3] 滕铭予：《秦文化：从封国到帝国的考古学观察》，第90-91页。

方的巨大影响也改变了秦青铜礼器的功能与风格。

青铜鼎,特别能够说明和彰显秦器的世俗化趋向和新风格。典型的春秋中期的秦鼎是1981年边家庄五号墓出土的(高19.6厘米,口径22.8厘米),现藏于陇县博物馆([81L619]三足鼎为代表)。[1]此鼎器身密布交体蟠螭纹,其下地纹是蜿蜒的云雷纹(图四〇)。与更早时期铸造的鼎或是其他地区的鼎相比,这个时期的秦鼎有着更浅的腹部,足更粗壮,与腹部相连的足上部像球一样鼓出。商周时期流行的饕餮纹被细密、交缠的蟠螭纹所替代。

图四〇 青铜鼎

(春秋中期,公元前七世纪;高19.6厘米,口径22.8厘米;1981年陕西陇县边家庄出土,现藏于陇县博物馆[81L619])

战国中期以降,一种实用的鼎很快取代了早先的礼仪用鼎,它有着简洁并优雅的器形,成为秦地最受欢迎的风格。与早前春秋时期的秦鼎相比,公元前300年前后,在秦地出现了一种鼓腹、圜顶上带三环钮的新式鼎。这种新风格来源于中原地区。中国学者李学勤指出,"战国中期竟作了彻底的转弯,全素面的青铜器代之兴起,而且在器形上也走向了简省和定型化。例如,一种扁球体的素面附耳鼎起始流行于中原,逐渐广布"。[2]

得益于近期的考古发现,我们不难追寻中原新风格的鼎走进秦地的踪迹。1979年6月,考古学家在咸阳附近的武功县浮沱村发现了一座秦墓。在所有随葬品中,一件战国鼎上的铭文吸引了学者的注意力(图四一)。此鼎高19厘米,口径19厘米,重2.84千克,盖隆起呈弧形,短足、双耳大而外撇,器形简洁优雅,

---

[1] 尹盛平、张天恩:《陕西陇县边家庄一号春秋秦墓》,《考古与文物》1986年第6期,第17页,图3:5。
[2] 李学勤:《东周与秦代文明》,上海:上海人民出版社,2016年,第208页。

图四一 青铜鼎

（战国时期，公元前300年；高19厘米，口径19厘米；1979年咸阳武功浮沱出土）

图四二 青铜鼎

（战国时期，约公元前307年-前300年；高17厘米，口径17.8厘米；传出土于陕西，现藏于洛阳理工学院）

与春秋时期建筑化的、满布花纹的秦鼎截然不同。鼎盖与身上共有三段铭文，第一段说明该鼎为"信安君"所铸，由其官舍食官所用。第二段铭文是在鼎被转让给下官使用时所刻。第三段则是在不知名的官员重新测量其容积时后加的。我们知道，该鼎是在公元前300年，由信安君，也就是魏相魏信资助下铸造的。[1]

另有两件鼎，带有类似的铭文，进一步地说明了信安君积极于铸铜。其中一件据传出自陕西，另一件则藏于洛阳理工学院（图四二）。前者高17厘米，口径17.8厘米，重3.2千克，容积2205毫升。[2]后者藏于澳门的珍秦斋。[3]

---

[1] 罗昊：《武功县出土平安君鼎》，《考古与文物》1981年第2期，第19-20页，图2；裘锡圭：《〈武功县出土平安君鼎〉读后记》，《考古与文物》1982年第2期，第53-54页；李学勤：《论新发现的魏信安君鼎》，《中原文物》1981年第4期，第37-38页。
[2] 刘余力，褚卫红：《战国信安君鼎考略》，《文物》2009年第11期，第70-72页。
[3] 萧春源：《珍秦斋藏金：吴越三晋篇》，澳门基金会，2008年。

由魏国信安君资助铸造的铜鼎,其风格与当时魏国(或与魏国来往甚密的其他诸侯国)的其他鼎是一致的。1978年在河南泌阳的一座秦贵族墓葬中出的鼎是很好的一例(图四三),它的器形与信安君鼎的几乎如出一辙,鼎上铭文表明该鼎是由平安君在28年铸造的。[1] 李学勤先生认为此鼎是卫国平安君所铸,后来又转让给低级贵族,也就是他的封臣单父,其封地位于当今的山东。因此,这个鼎可被追溯至卫嗣君时(又名成襄侯),卫嗣君28年也就是公元前297年。[2] 魏与卫是相邻的两国,平安君的封臣单父及其封地后来被魏所兼并。也有一种看法认为,平安君并非卫国贵族,而是来自魏国,[3] 但两种说法都不妨碍信安君鼎和魏鼎风格一致的看法。上海博物馆藏有另一件铜鼎,其铭文表明该鼎是在卫嗣君时的公元前293年由平安君所铸(图四四)。[4]

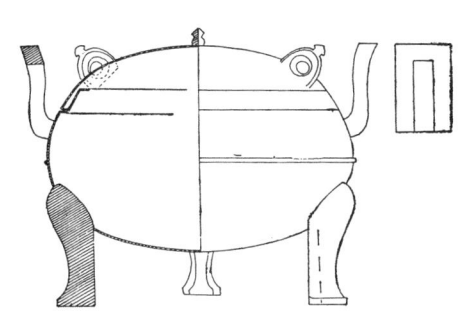

图四三 青铜鼎

(战国时期,公元前297年;高15厘米,口径13厘米;1978年河南泌阳M3号墓北室出土)

图四四 青铜鼎

(战国时期,公元前293年;高14厘米,口径13.7厘米;现藏于上海博物馆)

现藏于陕西历史博物馆的一件同类的鼎,据传出土于陕西中北部的黄龙县(图

---

[1] 驻马店地区文管会:《河南泌阳秦墓》,《文物》1980年第9期,第15-24页,图6:1。
[2] 李学勤:《秦国文物的新认识》,《文物》1980年第9期,第25-31页。
[3] 李家浩:《战国时代的"冢"字》,《语言学论丛》第七辑,北京:商务出版社,1981年;黄盛璋:《新出信安君鼎、平安君鼎的国别、年代与有关制度问题》,《考古与文物》1982年第2期;何驽:《泌阳平安君夫妇墓所出器物纪年及国别的再考证》,《中原文物》1992年第2期,第60-64页。
[4] 见陈佩芬:《商周青铜器研究:东周篇》,上海:上海古籍出版社,2004年,第381页,图版598。

图四五　青铜鼎

（战国时期，约公元前314年；据传出土于陕西黄龙，现藏于陕西历史博物馆）

四五）。器身上有两字铭文"雕阴"，它是战国早期隶属于魏国的一个郡的名字。魏襄王十一年（公元前308年），秦与魏间有一场大战。据司马迁《史记》载，在雕阴秦军大败四万五千人的魏国大军。[1] 此役后，雕阴被秦所并。带"雕阴"二字铭的鼎有可能是被秦贵族当作战利品缴获并带回的。

这个时期的魏国有着非常成熟复杂的青铜冶炼产业。根据对青铜簋铭文研究，我们得知，魏国共有两类铸铜作坊，一种位于都城，由宫廷及下属机构管控，另一类作坊设在郡县，由地方政府和封地领主经营。[2] 其结果是铜器的扩大生产和散布到其他地区。

三晋地区的影响也包括来自韩国的。西安秦始皇兵马俑博物馆所藏的同类的鼎可以证明这一点（图四六）。此鼎高17.5厘米，口径17.7厘米，口沿一圈有多字铭文，是从战国到西汉时期分别刻上的。最早的铭文有"宜阳"两字，是当今河南洛阳附近的一个县，在公元前四世纪，宜阳则是韩国的一个邑，是秦与韩争夺的战略

---

[1] 司马迁：《史记》卷四十四《魏世家》；有关铭文的更多讨论见王辉：《秦文字释读订补》，《考古与文物》1997年第5期，第75-81页。
[2] 黄盛璋：《三晋铜器的国别、年代与相关制度问题》，《古文字研究》第17辑，中华书局，1989年，第1-66页。

要冲。两国曾发动了数次大战，宜阳多次被攻。公元前307年，宜阳终被秦所吞并。[1]而这件铸造于公元前四世纪晚期的鼎，或许被秦国入侵者当作战利品掠夺回了咸阳，也就在这时，鼎上加刻了第二个铭文"咸阳"。这鼎在秦代必定一直为贵族使用，直到西汉（公元前206年-公元25年）。根据在西汉年间加刻的第三段铭文，我们可以知道这件鼎是一组49件鼎中的一件。[2]很显然，只有高级贵族或皇室才能拥有数量如此之巨的礼器，尽管那时，青铜器的礼仪用途已然大幅削弱了。

新式鼎的出现为秦国带来了一场风格的革命，其源头不仅是三晋地区，还有来自中原地区的其他诸侯国。现藏于山西考古研究院的一件鼎（007008），1977年出土于凤翔高庄，它可以进一步说明秦与中原其他诸侯国之间的复杂联系（图四七）。此鼎高16.8厘米，宽22.4厘米，口径15.5厘米。[3]其鼓腹

图四六　青铜鼎

（战国时期，公元前四世纪晚期；高17.5厘米，口径17.7厘米；现藏于秦始皇兵马俑博物馆）

图四七　青铜鼎

（战国时期，公元前309年-前308年；高16.8厘米，宽22.4厘米；1977年陕西凤翔高庄出土，现藏于陕西省考古研究院［007008］）

---

[1] 见司马迁：《史记》卷四十五《韩世家》。
[2] 陕西省文物鉴定委员会给出的解读；蒋文孝，刘占成：《秦宜阳鼎铭文释录与考辨》，《中国历史文物》2008年第3期，第76-83页。
[3] 雍城考古工作队：《凤翔县高庄战国秦墓发掘简报》，《文物》1980年第9期，第10-14页，图8：1；LIU, Yang（柳扬）. China's Terracotta Warriors: The First Emperor's Legacy（中国兵马俑：秦始皇的遗产），82, pl.15.

上带有一段铭文。在研究了这段铭文之后，中国学者指出，铭文中提及的管理铜器作坊的官员称呼、文字书写风格以及书写体例，都与今天河北平山的M1号墓出土的一组鼎上的一模一样。[1] M1号墓是中山王厝（公元前323年-前309年在位）之墓，而中山国则是游牧民族鲜虞在公元前506年建立的国家，位于当今河北保定附近，也就是山西平原的东部。在公元前408年至前406年前后，中山国被魏国占领，但在公元前380年左右又复国。[2] 魏国的吞并肯定影响了中山国的文化。中山国的势力在王厝时期达到了顶峰，厝在公元前323年称王。中山国的部队与齐国士兵携手入侵了燕国，并攻占了数十座燕国城池。此后，王厝又攻打了赵国，并将其一分为二。公元前307年，赵国伺机对中山国进行打击报复，占领了中山的部分领土。王厝死后，其后代软弱无能，公元前296年中山国被赵国所灭。中山亡国之后，一些王室成员可能逃往了秦国。或许高庄出土的鼎就是这些遗民带去秦国的。[3] 该鼎的铸造日期被定为中山王厝十四年（约公元前309年），与平山M1号墓出土的那组鼎的器形和风格相近，而后者约在王厝十一年到十四年之间。[4]

颇为有趣的是，近年来陕西即秦国腹地的考古发掘显示，战国时期流入秦地的同类圆鼎，也有来自位于现在北京附近的燕国的。燕为战国时期最强大的诸侯国之一，它其实是秦军最后征服的诸侯国。例子之一是1992年西安附近的澄城出土的一件圆鼎（高16.8厘米，口径18厘米，图四八），[5] 第二件鼎则出土于陕西北部清涧，高16.5厘米，口径15厘米，重2.5千克（现藏于清涧县博物馆，图四九），[6] 这两件鼎有着和上文讨论的圆鼎一样的形制和风格，但其铭文独具一格的字体使得

---

[1] 雍城考古工作队：《凤翔县高庄战国秦墓发掘简报》，《文物》1980年第9期；李学勤：《秦国文物的新认识》；有关河北平山M1号墓的发掘见河北省文物管理处：《河北省平山县战国时期中山国墓葬发掘简报》，《文物》1979年第1期，第1-26页。

[2] 司马迁：《史记》卷四十三《赵世家》，卷四十四《魏世家》。

[3] 见李学勤、李零：《平山三器与中山国史的若干问题》，《考古学报》1979年第2期，第147-170页。

[4] 这一例见于河北省文物管理处：《河北省平山县战国时期中山国墓葬发掘简报》，《文物》1979年第1期，第25页，图30。该鼎的足比这组中其他的鼎要粗得多。

[5] 张懋镕，王勇：《"王太后右和室"铜鼎考略》，《考古与文物》1994年第3期，第100-102页，图版1。

[6] 高雪：《陕西清涧县又发现商代青铜器》，《考古》1984年第8期，第760-761页，图4。

中国学者辨认出它们的来源，也就是燕国。它们是燕国王太后的食官所铸和使用的，尽管我们无从得知该太后姓甚名谁，也不清楚该器的铸造日期，但就风格而言，我们可以把它们的年代定在公元前三世纪早期。

显而易见的是，在公元前300年之后，圆腹素面的鼎开始大行其道。无论是在理论上还是实践中，王族宫廷在风尚转变和风格采用中一如既往地扮演了重要的角色。对新风尚的热衷不仅是出于想要改变的简单冲动，还有着实际的

图四八　青铜鼎

（战国时期，公元前三世纪早期；高16.8厘米，口径18厘米；1992年西安附近澄城出土）

考量——正如我们在诸多鼎上的铭文中所见，这些鼎的所有者通常都是司官，也就是掌管御厨的人。这令人生疑，这些鼎在实际厨房中的用途是否多于在仪式祭典上的？

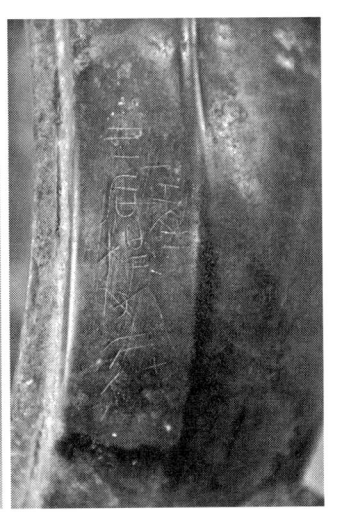

图四九　青铜鼎

（战国时期，公元前三世纪早期；高16.5厘米，宽15厘米；陕西清涧出土，现藏于清涧县博物馆）

181

图五〇　青铜鼎

（战国时期，公元前292年；高17厘米，口径17.8厘米；1957年陕西陇县板桥沟出土，陇县博物馆）

1956年，陕西西部的陇县板桥沟出土了一件铜鼎，它证实了如下观点，也就是秦王室引领了青铜鼎器形和风格的转换变，他们是第一批吸收来自中原地区的影响的人（图五〇）。这件鼎高17厘米，口径17.8厘米，重2850克。据其铭文得知，它是由高陵君在秦昭襄王十五年（公元前292年）铸造的。高陵君是秦昭襄王之弟，在其异母兄武王死后，昭襄王继位，但实权却在宣太后——一位富有手腕的美丽女人——手中。根据司马迁所述，由于宣太后的偏爱，高陵君的财富甚至超越了昭襄王的。魏国谋略家范雎甚至说道："臣居山东时，闻秦之有穰侯，不闻其有王也。"[1]学者张懋镕指出，高陵君似乎有私人铸铜作坊，他是宣太后以外，第二个已知有私人铸铜作坊的贵族。[2]这件鼎显然是在高陵君的作坊中铸造的，并在其厨房中使用的。

1966年，咸阳附近的塔尔坡砖厂出土了一件由宣太后铸的鼎（图五一），[3]鼎高20厘米，口径14.7厘米。其口沿上有一处铭文，写道"三十六年……"，盖正中有另一处二字铭文"厶（私）官"，学者将其释为太后厨房中的官员头衔，也就是"食官"。[4]昭襄王（公元前306年－前251年在位）是战国时期秦国唯一一个统治时间超过36年的君王，因此该鼎的日期应为昭襄王三十六年（公元前270年）。

---

[1] 司马迁：《史记》卷七十九《范雎传》。
[2] 张懋镕，肖琦：《秦昭王十五年高陵君鼎考论》，《考古》1993年第3期，第269-270页。发现了许多带宣太后铭的铜器，见李学勤：《论美澳收藏的几件商周文物》，《文物》1979年第12期，第72-76页；王辉：《秦铜器铭文编年集释》，西安：三秦出版社，1990年。
[3] 咸阳博物院：《陕西咸阳塔儿坡出土的铜器》，《文物》1975年第6期，第64-68页，图版4。
[4] 见朱德熙，裘锡圭：《战国铜器铭文中的食官》，《文物》1973年第12期，第59-61页。

图五一 青铜鼎

(战国时期，公元前270年；高20厘米，口径14.7厘米；1966年咸阳塔尔坡出土，现藏于咸阳博物院)

毫无疑问，这件鼎是负责照料昭襄王之母宣太后的食官所铸。这名食官显然铸造了一对鼎，因为现藏于陕西历史博物馆的一件鼎，出土于西安附近的临潼斜口，也带有"私官"铭（图五二）。由此可以推断这两件鼎本是一对。

另一例鼎藏于北京的首都博物馆，根据铭文可判定它是一件秦鼎（通高16.3厘米，图五三）。其器盖佚失，但与上文所述的鼎有着一样的器身。铭文记录了该器的容积、铸造的年份（三年），铸铜作坊行政官员的头衔（诏事）以及其编号44。从其编号44推测，这是一大组器物，毫无疑问，生产数量如此之巨的器物组合是昂贵的。人们还发现了一些带有"诏事"铭和秦相"吕不韦"（？-公元前235年）铭的青铜戈，日期约在公元前240年。它们说明了：在公元前三世纪中叶时，就有专领武器库的行政官员了。首都博物馆的鼎约铸于秦庄襄王三年（公元前247

图五二　青铜鼎

（战国时期，约公元前270年；西安附近的临潼斜口出土，现藏于陕西历史博物馆）

图五三　青铜鼎

（战国时期，约公元前三世纪；通高16.3厘米；现藏于首都博物馆）

年），它表明：秦中央政府武器库官员诏事，是负责铸造青铜礼器的。[1]

自商鞅变法始，至秦始皇在公元前221年一统天下，期间的多数时间，秦的青铜铸造都是官营的。除了少数的几例权贵在特定时期私自铸铜的情况外——像高陵君和宣太后，铸铜作坊大致都在国家行政管理之下。在大量的已知的秦青铜器中，其铭文都标明了铸造主、铸造者、所有者、器物容量或容积的信息，这些都说明了国家在铸铜和用铜中的支配性地位。无论是武器还是青铜器生产，我们都看到了秦的某种标准化的生产方式。由于青铜器的生

---

[1] 见李学勤：《北京拣选青铜器的几件珍品》，《新出青铜器研究》，北京：文物出版社，1990年，第290-292页。

产是严格官营的，因此统治阶级不光主导了生产的方式，还决定了带有宫廷品味的审美主题和风格。来自秦国之外的，特别是中原地区的有关器形、纹饰的新风尚，只要是迎合了秦统治阶级的趣味，就会被迅速采纳。在秦统治阶级的权势和影响力下，外来的青铜器风格很容易适应秦的趣味，并推广到秦国全境。总而言之，我们可以说，战国中期秦青铜礼器的风格变化是生产标准化的结果。商鞅变法后，国家意志和偏好以前所未有之强势融入了秦的艺术。

交流、互动与碰撞

早期秦文化中的域外或欧亚因素：
材料、技术和类型

◎ 苏芳淑*

对于秦的起源和身份，研究早期秦历史与文化的学者一直争论不休。司马迁（公元前145年－前86年）的《史记》将秦的起源追溯至传说中的黄帝，他记述了黄帝的后代是如何与西戎共生共存，并从公元前两千年前开始戍卫中国的西部边境。公元前九世纪，周孝王（公元前872年－前866年在位）将西部领土分封与秦，以认可其畜马、驯马的技术。公元前771年，位于当今西安以北的西周都城镐京被山地部落所破，周王向东逃向了陪都洛阳，于是，洛阳以西的、位于当今陕西南部和甘肃省的大部分领土，也就是渭河河谷地区，均被秦所占据并由秦守卫。[1]

这一则直白的历史记载似乎暗示着秦与位于更东边的黄河下游平原的商王们有着相近的纯正血统。数代之后，秦人与西部地区的原住民混居，在此过程中，他们与当地文化充分融合。一方面，传说中的秦起源于东方，另一方面，秦又聚居于西部边境，这二者相互矛盾，是研究秦文化的关键难点，也是历史学家在重构秦之文化传统时的争论焦点。[2] 在公元前七世纪秦国已然成为一方霸主后，它遵循了多少的周朝的实践与价值观？又接受了多少当地的文化？我们尚不清楚。因此，在公元

---

* Jenny F. So；哈佛大学费正清中国研究中心客座研究员，香港中文大学艺术系兼职教授。
[1] 见司马迁：《史记》卷五《秦本纪》，北京：中华书局，1975年，第173-179页。
[2] 认为秦起源于中国西部的观点汇总可参见 LIU, Yang（柳扬）. *China's Terracotta Warriors: The First Emperor's Legacy*（中国兵马俑：秦始皇的遗产）. Minneapolis: Minneapolis Institute of Arts, 2012, 27-28. 若要了解相关深入的探讨，见 RIEGEL, Jeffrey（王安国）. "Five Decisive Events in the Rise of the State of Qin"（秦崛起中的五个决定性事件）. 19-20. 若要了解不同的观点，见 WEI, Han（韩伟）. "Une découverte importante plaques en or massif provenant de Lixian de Gansu"（罕见的文物，重要的发现——甘肃礼县金箔饰片纪实）, in *L'or des Qin*（秦族黄金）. London: Oriental Bronzes Ltd., 1994, 7-32, 35-40（有法、英、中三种译文）.

前一千年秦的崛起过程中，在我们认定何为秦文化中的"域外"元素之前，我们需要先判定何为秦文化中的"本土"或"本地"元素。比如，秦人与在周朝西境的西戎部落混居，但混居程度如何？或者说，遵循汉人传统的人与异族杂居，而杂居程度如何？当谈及秦文化的"本土"元素时，我们指的是秦文化的统治精英还是被统治的大众？或是二者兼有？抑或更多？[1]这种矛盾在秦的时代就已然很明显了——秦统治者坚持否认他们的"域外性"，而当时的东方诸国则普遍认为他们是"蛮夷"。

来自公元前八世纪的近期考古发现证实了秦文化传统的混合特征，它们指出，从这一时期到秦始皇统一中国期间，至少有三个不同的侧面组成了这时期的秦文化特征：[2]

1. 来自中国西北本土的、强大的制陶传统，可上溯至新石器时代（公元前5000年-前4000年），使得独特的本地陶器器类出现（以及仿陶铜器），为兵马俑的批量生产奠定了坚实的基础；[3]

2. 周朝的精英传统，特别体现在作为身份象征的青铜礼器和钟镈的早期使用上（公元前八-前七世纪）；[4]

---

[1] 在一篇非常早期的文章中，我提出了基本上类似的观点，也就是秦文化具备混合的文化特征。见 SO, Jenny, F.（苏芳淑）. "Early Eastern Zhou Bronze Vessels from Ch'in Territory"（秦境内的东周早期青铜器）, in CHAN, Ping-leung（陈炳良）et al., ed., *Essays in Commemoration of the Golden Jubilee of the Fung Ping Shan Library* (1932-1982)（纪念冯平山图书馆五十周年的论文集）. Hong Kong: University of Hong Kong Press, 1982, 415-424.

[2] 有关最新的秦墓葬考古发现，见 LIU, Yang（柳扬）. *China's Terracotta Warriors: The First Emperor's Legacy*（中国兵马俑：秦始皇的遗产）, 27-37.

[3] 见 LEDDEROSE, Lothar（雷德侯）, SCHLOMBS, Adele（阿黛尔·施隆布斯）. *Jenseits der grossen Mauer: Der Erste Kaiser von China under seine Terrakotta-Armee*（长城那方：中国第一个皇帝和他的兵马俑大军）. Muchen: Bertelsmann Lexikon Verlag, München: Bertelsmann Lexikon Verlag, 1990, 164-178, nos.18, 21-29; NICKEL, Lukas（倪克鲁）, PORTAL, Jane（简·波特尔）编. "The Terracotta Army"（兵马俑军队）, in *The First Emperor: China's Terracotta Army*（秦始皇：中国兵马俑）. London: The British Museum Press, 2007, 159-179; LIU, Yang（柳扬）. *China's Terracotta Warriors*（中国兵马俑）, nos. 51-71.

[4] 见 SO, Jenny, F.（苏芳淑）. *Eastern Zhou Ritual Bronzes fron the Arthur M. Sackler Collections*（亚瑟·M·赛克勒收藏的东周青铜礼器）. New York and Washington D.C.: Harry N. Abrams and Arthus M. Sackler Gallery, 1995, 13-14. 更多的例子可以参见 LIU, Yang（柳扬）. *China's Terracotta Warriors: The First Emperor's Legacy*（中国兵马俑：秦始皇的遗产）, nos. 1-8. 以及 LEDDEROSE（雷德侯）, SCHLOMBS（阿黛尔·施隆布斯）. *Jenseits der grossen Mauer*（长城那方）, 126-149, nos. 8, 11.

3. 从东南西北而来的混合的特征（公元前八－前三世纪），从东方和南方舶来的青铜器（部分来自征战的缴获），[1] 从西方和北方（既有外来的也有本地生产的）来的、展现了欧亚草原特征的物品。

研究早期秦文化组成的可能范围并非本文的初衷，也非本文力所能及的，这个论题更适合作为几个博士论文的题目来完成。然而，本文旨在研究这些元素中的一个——位于秦西北方的草原民族——因为他们似乎对后来的秦朝的艺术、文化甚至政治成就影响深远。因此，本文聚焦于秦与这些草原民族交往中产生的"域外"元素，比如材料（金）的选择，相关的生产技术（锤揲、镶嵌），以及器物类型（带饰和其他个人佩饰）。文中将引用一些最新考古发现，同时也会有一些来自私人收藏的例子。

一、早期秦境内的金器：器类和工艺（公元前八－前六世纪）

在以玉器和青铜器为主导的古代中国，金器总像是一位不速之客。金器的出现——无论是来自中亚的（今新疆维吾尔自治区）、不晚于公元前两千年中期的简单个人金饰，还是在公元前两千年末期、在商势力范围边缘四川成都附近的三星堆和金沙遗址中的金质礼器——都曾被突出提及过，但均并未被系统研究过。[2] 从公

---

[1] 有关这些舶来品，见参见 LIU, Yang（柳扬）. *China's Terracotta Warriors*（中国兵马俑），155-165 中高王寺和塔尔坡出土的器物，特别是图 5；也见 LEDDEROSE（雷德侯），SCHLOMBS（阿黛尔·施隆布斯）. *Jenseits der grossen Mauer*（长城那方），nos.13, 14, 16, 17.

[2] BUNKER, Emma C.（艾玛·邦克）. "Gold in the Ancient Chinese World: A Cultural Puzzle"（古代中国世界中的黄金：一个文化拼图）. *Artibus Asiae LIII* (1993): 27-50. 这是一项有关早期中国金器中的域外元素的前沿研究，列举了许多在中国边缘地区的早期发现。有关新疆出土的金器的最新研究，见 MEI, Jianjun（梅建军）. "Recent Research on Early Bronze Metallurgy in Northwest China"（中国西北早期青铜冶炼的近期研究），in JETT, Paul（保罗·杰特）et al., eds., *Scientific Research on Ancient Asian Metallurgy: Proceedings of the Fifth Forbes Symposium at the Freer Gallery of Art*（古代亚洲冶金技术科学研究：弗里尔美术馆第五届福布斯研讨会论文集）. Washington D.C. and London: Freer Gallery of Art, Smithsonian Institution and Archetype Publications Ltd., 2012, 37-46. 有关四川出土的金器，见 BAGLEY, Robert ed.,（罗伯特·贝格利）. *Ancient Sichuan Treasures from a Lost Civilization*（失落文明中的古代四川珍宝）. Seattle: Seattle Art Museum, 2001, cats, 12-14. 又见成都市文物考古研究所等：《金沙淘珍》，文物出版社，2002 年，第 16-36 页。

图一　中国北方和西部的主要金矿分布图（公元前2000年-前1000年）
（"△"标记的是公元前2000年的矿址，"●"标记的是公元前1000年的矿址）

元前两千年晚期到公元前一千年早期的私人金饰的分布在古代中国的西北边境——从今天的四川、甘肃省，到内蒙古、河北省——画下了一道长弧（图一）。这些多是简单、素面的金箔，经锤揲成了耳饰和胸饰。它们的制造技术和形状都是当时的中国所不了解的。[1]

正是在这样的背景下，早期秦贵族开始了解金器。与金器一道而来的是相关的冶金知识和制造技术：

1. 开发利用自然状态下的金与开发利用作为人造合金的青铜相对比；

---

[1] 见 BUNKER, Emma C.（艾玛·邦克）. "Gold in the Ancient Chinese World"（古代中国世界中的黄金）, 30-32, figs. 1-4.

2. 金器生产中大量的冷热锤揲技术与青铜铸造中将合金溶液浇铸于预制陶范中的技术相对比；

3. 如镶嵌彩色半宝石、贵重金属和镀锡的器表加工技术。

因此，自公元前九世纪晚期或八世纪早期起，也就是秦国在甘肃省南部建立之初，作为贵族地位象征的金器的持续出现，成为早期秦文化中的独特之处。在甘肃南部礼县大堡子山的一个被盗掘的无名秦国贵族墓葬就能说明这个问题，墓葬中的发现了大型金饰片，然而在二十世纪九十年代初散佚了（图二）。[1]初步检查表明，这些大型金饰片可能是棺材上的装饰，它们先是被浇铸成金片，然后再用其他工具修剪成形。原属于青铜器上的纹饰，在这里则是手工錾刻到了金饰片上。显微镜显

图二　甘肃省礼县大堡子山金饰片（公元前八世纪）

---

[1] 有关相关记载和发现，参见 LIU, Yang（柳扬）. *China's Terracotta Warriors*（中国兵马俑），28-31.更多的例子见 *L'or des Qin*（秦族黄金）以及之后在巴黎吉美博物馆展出的展品。这些金饰片现已归还中国。

示，金中含有微量的锇、铱和钌，是天然未提纯的金矿中含有的极重金属成分，在铸造过程中未被溶解分离。[1]这种制造方法与中国长期以来将合金溶液浇入刻好纹饰的陶范中的装饰和造型手法大相径庭。

再向东，近期在西安北部韩城梁带村发掘的公元前八至前七世纪的芮国墓地中，黄金显然也是一种贵重材料。[2]和大堡子山的金饰片不一样，韩城的许多金器则是浇铸而成的，也就说明这里的黄金来自另外的渠道或另一种作坊传统。一个可能的来源是当时在阿尔泰山的族群。在哈萨克斯坦东北部的希力克提墓地（Shilikty）的赛马坡墓冢（Baigetobe kurgan）中，大多数发掘的金器都是浇铸制成的，而在南西伯利亚的图瓦阿赞（Aržan）二号王冢五号墓中，只有最重要的陪葬品，例如重1.8千克的金项圈是浇铸制成的。[3]在古代欧亚大陆，浇铸黄金的技术与更常见的锤揲以及其他金器制造相关技术的同时出现，是人们前所未料的。这些金器出现时间之早（公元前八至前七世纪），制造技术之精良，与韩城芮国墓地的浇铸金器可以相提并论，但为芮公所造的金器显然带有更多的周朝特色。最初，周对黄金的认识似乎是掺杂着其他元素，就像芮国一样，芮公的金鞘只是他珍贵的玉剑的一个配饰（图三）。这种超乎寻常的组合可以被阐释为：尚玉的周文化对新材料的接纳的一种尝试，也就是用常见的玉来平衡"外来的"金。[4]

---

[1] 这些工艺数据源于皮耶特·梅耶有关瑞士私人收藏中类似金饰片的未发表报告。
[2] 陕西省考古研究所，上海博物馆：《金玉华年：陕西韩城出土周代芮国文物珍品》，上海：上海书画出版社，2012年。
[3] STARK, Sören（索伦·斯塔克），RUBINSON, Karen（凯伦·鲁宾森），SAMASHEV, Zainolla S.（扎因诺拉·萨马谢夫），CHI, Jennifer Y.（詹妮弗·齐）eds. *Nomads and Networks: The Ancient Art and Culture of Kazakhstan*（游牧民族与网络：哈萨克斯坦的古代艺术与文化）. Princeton: Princeton University Press, 2012. 又见 CHUGUNOV, K. V.（K·V·丘贡诺夫），PARZINGER, H.（H·帕尔金格），NAGLER, A.（A·那格勒）eds. *Der Goldschatz von Arzhan. Ein Fürstengrab der Skythenzeit in der südsibirischen Steppe*（阿赞黄金宝藏：南西伯利亚草原斯基泰时期的王子墓）. München: Schimer/Mosel, 2006. 有关南西伯利亚图瓦阿赞二号王冢五号墓的黄金器物所采用的众多工艺的深入描述，见 AMBRUSTER, Barbara（芭芭拉·安布鲁斯特）. "Gold Technology of the Ancient Scythians-Gold from the Kurgan Arzhan 2, Tuva"（古斯基泰黄金工艺：图瓦阿赞二号王冢的金器）. *Archéo Sciences*（考古科学）(2009): 187-193.
[4] 笔者的这个观点出自2012年8月的会议上所展示的一篇未发表的文章，该会议是与上海博物馆关于芮国文物的一个展览关联组织的。

图三 陕西省韩城梁带村芮国遗址 27 号墓金鞘玉剑
（出自上海博物馆：《金玉华年》，2012 年，图 76）

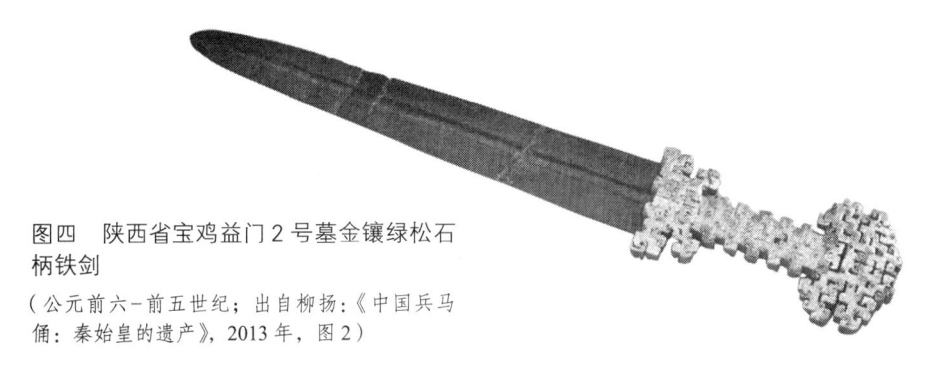

图四 陕西省宝鸡益门 2 号墓金镶绿松石柄铁剑
（公元前六-前五世纪；出自柳扬：《中国兵马俑：秦始皇的遗产》，2013 年，图 2）

在公元前一千年早期，两种金器制造技术的出现说明了中国西部与更北、更西的地区有着多点交往与互动，为后续在秦国境内的浇铸和锤揲的金器制造传统奠定了坚实的基础。在早期的大堡子山金饰片之后，我们在都城的遗址中也有发现，说明早期秦国已为使用新材料和新技术做足了准备，例如在雍城（公元前 677 年-前 383 年），也就是今天的凤翔的宫殿遗址附近，我们发现了公元前七至前六世纪的墓葬中的金器；在公元前六世纪至前五世纪的宝鸡益门二号墓一座墓中，就发现了超过三千克的金器。[1] 器物制造方式的选择与器类紧密相关，比如代表着身份的自用器物，像带扣、带钩或铁剑的金柄（图四）。一些车马器金饰则是浇铸而成的；金镶松绿石（或是嵌彩色玻璃）工艺也开始出现。制造马络饰和其他次要配饰的方法依旧是锤揲。

---

[1] 这些浇铸的例子中的大多数都见于 LIU, Yang（柳扬）. China's Terracotta Warriors（中国兵马俑），32-39. 有关益门村二号墓的发掘报告，见宝鸡市考古工作队：《宝鸡市益门村二号春秋墓发掘简报》，《文物》1993 年第 10 期，第 1-14 页。有关雍城的部分金器的工艺报告，见杨军昌、陈建立、田亚岐：《陕西凤翔雍城遗址出土金制品之技术研究》，《秦时期冶金考古国际学术研讨会论文集》，北京：科学出版社，2014 年。

二、秦西邻的金器：器类和工艺
（公元前四至前三世纪）

自2006年起，在甘肃省南部马家塬张家川的一座大型墓地中的出土文物，为早期秦国西境沿线地区金器的主导地位提供了有力的证据。人们认为这片墓地属于传统上的草原部落西戎，它们占地约20000平方米，墓葬形制和大小不一（代表着墓主的不同等级），都在公元前四世纪中叶至前三世纪早期前后。[1] 16号墓是一座未经盗掘的中型墓葬，是一座斯基泰-欧亚式墓葬，也就是一座斗状偏洞室墓，遗骸置于偏洞室中。[2] 随葬有五辆马车，其中四辆位于墓室外，三辆为髹漆车，一辆位于洞室入口，贴有金银车饰和彩色珠子装饰，另有马头三个。墓主人为男性，约在四十岁，他的随葬物正是一个有地位的草原部落成员应有的那些，也是许多欧亚墓葬中出土的典型器物（图五）。

1. 锤揲雕镂而成的半环形金质项饰，素面但抛光精细，以及另一件半环形银质项饰，放置在一侧肩膀；

2. 三套装饰在墓主腰部的金腰带饰，锤揲雕镂的、带有动物角斗主题的纹饰；

3. 大型镂空浇铸而成的金带钩，类似于带有周朝主题纹饰的、源于宝鸡益门传统的秦国范铸金器；

4. 镶嵌着肉红石髓和绿松石的瓦棱纹金臂钏；

---

[1] 2007年至2008年间的初期报告见《文物》2009年第10期，第25-51页；2008年至2009年的发掘见《文物》2010年第10期，第4-26页（M16,17-25）。有关这些发掘的完整的专论尚未发表，但我十分感谢这个遗址的考古队队长王辉，他在2012年10月在明尼阿波利斯的会议上分享了大量未发表的材料，2013年5月笔者在香港中文大学的研讨会中，王辉再一次做了分享。有关这些发掘的金制品的技术报告，见黄维等人：《张家川马家塬墓地出土金管饰的研究》，《文物》2009年第10期，第78-85页。又见邵安定等人：《张家川马家塬战国墓地出土金属饰件的初步分析》，《文物》2010年第10期，第88-96页；黄维，陈建立，王辉，吴小红：《马家塬墓地金属制品技术研究》，北京：北京大学出版社，2013年。甘肃秦安的最新发掘成果刊于《文物》2012年第8期，第27-37页。

[2] 见《文物》2010年第10期，第17-25页，图49-68中的描述。

图五　甘肃省张家川马家塬16号墓出土的金器，墓中出土带镶嵌的金饰片和金臂钏

（公元前四-前三世纪；出自《文物》2010年第10期，封面以及图52和55）

5. 粟纹金质和绿松石珠耳环；

6. 金头罩或金覆面（与有机基质分离）；

7. 一对银质鞋底（原本是缝在可能是皮质的靴子上的，现分离）

14号墓是一座墓主人身份或许更低的次中型墓葬，随葬物包括三辆马车和金箔、铅箔饰物，但墓中也有大量类似的黄金个人饰物，例如金质和银质的臂钏，类似于古代伊朗的那种，但带有动物角斗的草原主题纹饰（图六），[1]还有一系列的金粟炸珠，同时饰以肉红石髓、绿松石和费昂斯珠。最有趣的莫过于一组混杂风格的金腰带饰——一组由17件金饰带组成，其中有2件动物角斗纹饰的金带扣，还有2个浇铸的金带钩，上有交体兽面纹和虺纹，也就是当时周朝青铜器流行的纹饰。[2]

---

[1] 这些金臂钏形制和做工与古伊朗的公元前十世纪的马尔力克遗址出土的很相似，见 NAGAHBAN, Ezat O.（埃扎特·纳伽班）. *Marlik, The Complete Excavation Report*（马尔力克：发掘报告大全）. Philadelphia: The University Museum, University of Pennsylvania, 1996, no. 349.
[2] 见《文物》2009年第10期，第34-41页。与 LIU, Yang（柳扬）. *China's Terracotta Warriors*（中国兵马俑），nos. 30-31书中相似的青铜器比较。关于马家塬和秦墓葬中显而易见的文化交融现象，见 WU, Xiaolong（吴晓龙）."Cultural Hybridity and Social Status: Elite Tombs on China's Northern Frontier During the Third Century BCE"（文化融合与社会地位：公元前三世纪中国北境的贵族墓葬）. *Antiquity*, 2013 (87): 121-136.

图六　甘肃省张家川马家塬14号墓出土的金臂钏、金带饰、浇铸的金带钩
（公元前四-前三世纪；出自《文物》2009年第10期，图30、33、36）

不幸的是，最大的墓葬之一6号墓被盗掘一空。只有三辆马车和至少两匹马——不只是马头——和一些小珠饰和配饰遗留了下来。和中型的16号墓类似，6号墓墓主也可能戴着大型金质项饰和带饰，就像呼和浩特内蒙古博物馆和香港梦蝶轩所藏的文物（图七）。[1] 梦蝶轩的项饰是先浇铸成金片，再锤揲成U形。绿松石是嵌入预留的凹槽的，而不是焊接上的，与阿尔泰地区希力克提3号墓地中的文物的工艺类似。[2]

---

[1] 关于内蒙古博物馆的例子，见SO, Jenny F.（苏芳淑）ed. *Radiant Legacy: Ancient Chinese Gold from the Mengdiexuan Collection*（金曜风华：梦蝶轩藏中国古代金饰）. Hong Kong: Fine Arts Department and Art Museum, 2013, vol. 1, no. 20A.

[2] STARK, Sören（索伦·斯塔克）ed al. *Nomads and Networks*（游牧民族与网络）. Checklist 166-174, figs. 3-8 to 3-12.

图七　金项饰

（1.藏于呼和浩特内蒙古博物馆，摄影艾玛·邦克，嵌绿松石；2.藏于梦蝶轩，公元前四—前三世纪，摄影香港梦蝶轩）

无论如何，6号墓的遗留物都展现出了更强的西方和中亚特征。[1]除了大量的玻璃珠、费昂斯珠（蜻蜓眼）和肉红石髓珠外，还有镶嵌的金珠和金环。近期的研究表明，特定类别的珠子可被视作古代欧亚贸易和交易的物证。[2]然而有一种特殊的珠子在此研究中并未提及，它在古代西亚的语境中被称作"隔珠"（spacer bead），"隔珠"通常以平行排列的金管组合出现，与成行的金珠一起组成一件复杂的饰物。平行"隔珠"的金管是防止在悬挂时不同的珠串碰撞缠绕在一起的。这种特殊的金珠频繁出现在古代伊朗马尔力克（Marlik）遗址的金饰中（图八，3）。[3]有趣的是，这种不同寻常的金珠也出现在了马家塬的六号墓和其他未被盗扰的墓葬

---

[1] 见《文物》2009年第10期，第25–32页，图7–18。

[2] RAWSON, Jessica（杰西卡·罗森）. "Carnelian Beads, Animal Figures and Exotic Vessels: Traces of Contact between the Chinese States and Inner Asia, c. 1000–650BCE"（肉红石髓，动物图案和异域器物：追寻公元前1000年至前650年中国诸侯国与亚洲内陆之间的交往）, in WAGNER, Mayke（王睦）and WANG, Wei（王巍）, eds., *Bridging Eurasia*（跨越欧亚）, German Archaeological Institute, Eurasia Department, Beijing Branch Office, Verlag Philipp von Zabern, Mainz, 2010, 1–41. 又见 ZHANG, Zhiguo（张治国）, MA, Qinglin（马清林）. "Faience Beads of the Western Zhou Dynasty Excavated in Gansu: A Technical Study"（在甘肃出土的西周时期的费昂斯珠：工艺研究）. In GAN, Fuxi（干福熹）, BRILL, Robert H.（罗伯特·H·布里尔）, TIAN, Shouyun（田守云）eds., *Ancient Glass Research along the Silk Road*（丝路沿线的古代玻璃研究）. Singapore: World Science Press, 2009, 275–289.

[3] 见 NAGAHBAN, Ezat O.（埃扎特·纳伽班）. *Marlik*（马尔力克）, 162–163. 这里引述了西亚的其他遗址出土的相似器物。

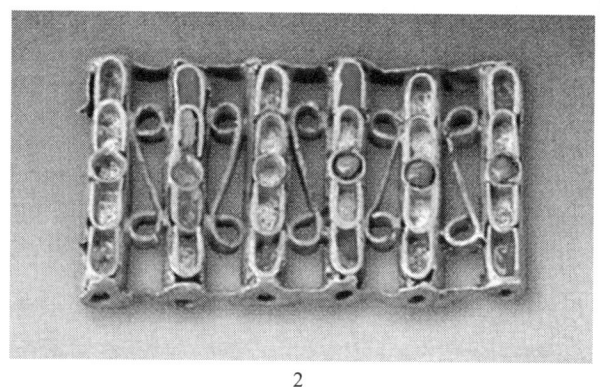

图八 金隔珠

（1、2. 来自甘肃省张家川马家塬六号墓；公元前四-前三世纪；出自《文物》2009年第10期，图9-10b。3. 来自古伊朗的马尔力克的金隔珠；公元前二世纪晚期或前1世纪早期；出自埃扎特·纳伽班（Ezat O. Nagahban）的《马尔力克》[Marlik]，1996年，第2册，第314号）

中，悬挂在项饰之中。[1]

早期中国西部就已经出现了带有隔珠的项饰和佩饰。大块的梯形玉牌或小块玉佩上下穿孔缀连在一起，还原后组成了公元前八至前七世纪的玉组佩，如陕西韩城芮国公墓出土的（图九，1、2），又如山西天马-曲村的晋侯墓出土的，还如河南三门峡虢国墓地出土的等文物。[2] 尽管这些玉牌的穿孔方式与珠子不同，但

---

[1] 王辉在2013年5月香港中文大学的研讨会中展示了其他在马家塬墓地出土的使用隔珠的例子，这些案例尚未发表。
[2] 有关芮国墓地的其他例子，见陕西省考古研究院、上海博物馆编：《金玉华年：陕西韩城出土周代芮国文物珍品》，上海：上海书画出版社，2012年，第20、49、126、127、133页。有关晋侯墓葬，见《晋国奇珍：山西晋侯墓群出土文物精品》，上海：上海人民美术出版社，2002年，第132、205、206页。有关虢国墓葬，见河南省文物考古研究所、三门峡市文物工作队编：《三门峡虢国墓》，上海：文物出版社，1999年，第2册，彩色图版16：1、29：3-4、38：4-6。

它们与金质隔珠的功能相仿,都是为了连结并隔开不同的珠串,以组成一套复杂的项饰。这些玉组佩的早期金质原型见于公元前三千年南保加利亚杜比尼的色雷斯(Thrace)窖藏(图九,3、4)。[1]尽管地中海地区东部的色雷斯和中国西部之间的时空联结是很微弱的,但在高加索克拉斯诺茨纳曼斯基(Krasnoznamanskii)一号墓中,我们看到了装饰构造在本质上相同的文物——用琥珀代替了玉,骨代替了肉红石髓珠,它为我们提供了一个可能的联结点。[2]在公元前六至前五世纪的中国,使用肉红石髓或费昂斯珠作为隔珠的玉组佩这种装饰设计被另一种截然不同的做法所替代,也就是用更常见的玉和丝带。[3]在像马家塬这样的边缘地区,到了公元前四至前三世纪,草原部落在装饰组佩中依旧延续了使用金隔珠的做法。

马家塬与古代欧亚之间的联结不仅仅体现在器类上——像隔珠和臂钏,还有制造技术,例如广泛使用的、常嵌以彩色宝石或玻璃的金箔锤揲技术、分块制作的石珠耳环,以及黄金炸珠工艺(细珠焊接在金器上的方式)。尽管马家塬金器尚待系统探索,但对黄金炸珠工艺的初步研究表明,它们与中亚一些金器的附着工艺是相似的。我们发现,马家塬金管饰上的金粒是用含金量稍低的金银铜合金焊接的,与通常的情况不同,这种合金焊料不带有可以降低焊接熔点

---

[1] 这个发现并未在出版物中得到充分阐释,特别是英语的出版物,该器物复原的准确性待确认(这一点是与大卫·安东尼私下沟通的)。相关的简报,见 HRISTOV, Martin(马丁·赫里斯托夫)."EBA Ritual Structures and Cemetery at Dubene, near Karlovo, Preliminary Report"(早期青铜时代礼仪结构和卡洛夫附近的杜比尼墓葬发掘简报), in *Studia Praehistorica*, Sofia: Bulgarian Academy of Sciences National Institute of Archaeology and Museum, 2010, 293 -318. 其他简介和报告可参考考古研究所的网站,例如 NIKOLOVA, Lolita(洛丽塔·尼科洛娃). *Early Bronze Chiefdom in Western Thrace*(西色雷斯的早期青铜时期酋邦). http://www.iianthropology.org/Dubenegoldeba.html. 2005.
[2] 关于现藏于俄罗斯斯塔夫罗波尔博物馆的克拉斯诺茨纳曼斯基的例子,参见 *The Treasures of Nomadic Tribes in South Russia*(俄罗斯南部的游牧民族珍宝). Tokyo: Asahi shimbunsha, 1991. No. 17. 需指出的是,个人饰物所用的材料会根据地域和文化而变化,但设计却保持不变。尽管我们要考量某种材料的可用性,但把"材料"作为文化认同的符号看待也是非常重要的——草原游牧民族的黄金,中国人的玉。作者就琥珀在后来的契丹-辽语境中的问题做了研究,见苏芳淑:《契丹玉与琥珀雕饰初论》,《中国隋唐至清代玉器学术研讨会论文集》,2002年,第237-248页。
[3] 笔者的这个观点出自2012年8月的会议上所展示的一篇未发表的文章,该会议是与上海博物馆关于芮国文物的一个展览关联组织的。

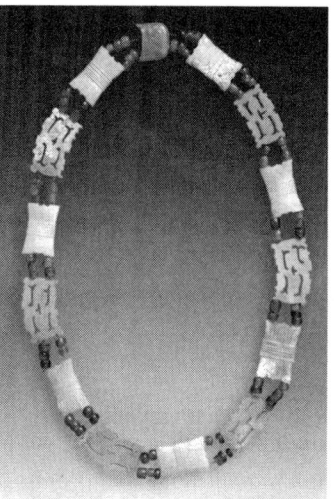

图九 玉组佩
（1、2.来自陕西省韩城梁带村芮国墓地第26号墓；公元前八−前七世纪；出自上海博物馆编：《金玉华年》，2012年，第126−127页。3、4.带金隔珠的项饰，来自保加利亚杜比尼；公元前三世纪；出自尼科洛娃，2005年，http://www.iianthropology.org/Dubenegoldeba.html）

1　　　　　　　2

3 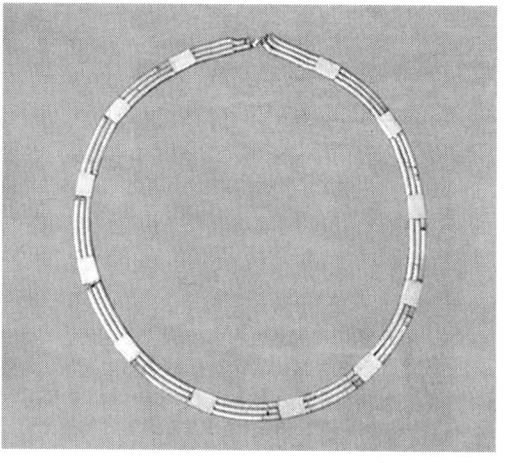　　　　　　　4

的另一种金属（例如锌）。[1]这种工艺使得金粒与金器器表连接得更加牢固，但也要求更高的工艺水平。我们在上文提到的希力克提三号墓地中的文物也同样使用了含金量偏低的焊料。[2]马家塬的带造粒的金饰或许来源于更西的地方，但也或许是由西方作坊培训出来的金匠所造，这些金匠住在马家塬，并为马家

---

[1] 见于黄维等：《马家塬墓地金属制品技术研究》，2013年，第63−87页。
[2] 见 STARK, Sören（索伦·斯塔克）等人编. *Nomads and Networks*（游牧民族与网络）. 61, 注12.

塬的牧民所服务。[1]

公元前一千年的金器——无论是器类，还是制造和装饰工艺，都说明了早期秦国西境并非一堵无孔不入的墙，秦人在此与其北部、西部的草原民族，甚至更远地区的人们往来交通。这一点得到了西伯利亚南部图瓦的斯基泰贵族墓葬，也就是公元前七世纪阿赞二号王冢的随葬文物——特别是五号墓——的进一步佐证。二者不仅在器类和图像学上如出一辙（胸饰、带饰、牡鹿纹饰和头饰），并且在浇铸和锤揲的生产工艺上相近。镶嵌和器表装饰工艺也紧密相关。就来源而言，能量色散荧光光谱分析（Energy-Dispersive X-ray Fluorescence Spectrometry）结果说明，希力克提的金器的来源似乎就在本地。[2]通过能量色散荧光光谱分析，中国西北的马家塬和阿尔泰地区的金器所使用的也是未提纯的天然金矿，但元素组成却大相径庭，说明了金矿有着多种来源。[3]考虑到草原民族逐水草而居的生活方式，马家塬的早期金匠和贵族消费者可能是从附近的渠道获取的金矿，也有可能是从一群专门服务古代欧亚精英客户的职业工匠群体那里直接交易、交换得来。[4]系统研究出土的和风格相似的传世文物，可以进一步揭示了这些生产所使用的金矿的源头，为它们的

---

[1] 在 STARK, Sören（索伦·斯塔克）的 *Nomads and Networks*（游牧民族与网络）一书中，从中西亚的阿契美尼德王朝的商品切入，探讨了有关游牧部落在文物和工匠的迁移和迁徙中以及游牧部落与非游牧部落的互动中所扮演的角色，第107-138页。令人遗憾的是，该书并没有涉及在本文讨论的时间范围内中国与中东亚的语境。

[2] TOLEUBAEV, Abdesh T.（阿布德什·T·托列别夫）. "Results of Multi-disciplinary Studies and Reconstructions of Materials from the Baigetobe Kurgan at Shilikty（库尔干赛马坡希力克提墓葬出土的文物的跨学科研究及重构）", in STARK Sören（索伦·斯塔克）et al., eds., *Nomads and Networks*（游牧民族与网络）. 2012, 57-60; 16-66, Appendix B.

[3] 见黄维等：《文物》2009年第10期，第78-85页；邵安定等：《文物》2010年第10期，第88-96页；黄维等：《马家塬墓地金属制品技术研究》，2013年，第52-62页。在来源不明的黄金制品中有着近似的天然金银比例，比如 MEYERS, Pieter（皮耶特·迈耶斯）. "Alloy Compositions for Gold in the Mengdiexuan Collection（梦蝶轩藏金器的合金构成）", in SO, Jenny F.（苏芳淑）ed., *Radiant Legacy: Ancient Chinese Gold from the Mengdiexuan Collection*（金曜风华：梦蝶轩藏中国古代金饰）. Hong Kong: Fine Arts Department and Art Museum, The Chinese University of Hong Kong, 2013, vol. I, 39.

[4] AMBRUSTER, Barbara（芭芭拉·安布鲁斯特）在文章的结论部分假设了古代金匠的流动性，"Gold Technology of the Ancient Scythians（古斯基泰人的黄金技术）", in *Archéo Sciences*（考古科学）, 33/2009, 187-193.

古代来源、贸易和交换，以及作坊生产描绘一个更清晰的图景。[1]

三、其他器类和工艺：S形带饰、镀锡以及氧化铬（公元前五至前三世纪）

除了在金器使用和相关工艺的共同点外，秦与其邻居还使用了同一种不常见的青铜制造工艺：镀锡。镀锡是指将青铜器表浸入或涂上锡，如此一来器物就变得闪亮银白，锡层还能防止青铜器氧化和腐蚀。人们普遍认为，镀锡这种器表工艺起源于公元前六世纪和前五世纪的欧亚东西部地区。在中国，镀锡常见于带饰和络饰，与太行山以西地区的草原部落息息相关。[2]

学者在20年前研究过一件不同寻常的S形镀锡牌饰，藏于巴尔的摩的沃尔特斯艺术博物馆，它的成分和工艺如下：一个浇铸而成的青铜箔经退火锤揲成为S形，然后在器表上面镌镂纹饰，最后涂抹上锡层（图一〇）。[3] 这种混合了浇铸和退火锤揲的工艺，再加上混合的装饰工艺（镌镂和镀锡），既体现了中国的金属加工传统，也体现了

---

[1] SO, Jenny F.（苏芳淑）. *Radiant Legacy*（金曜风华）一书中提供了超过300件的、XRF分析得出的梦蝶轩藏金器的元素构成，vol.I, 36-41.
[2] 见 SO, Jenny F.（苏芳淑）, BUNKER, Emma C.（艾玛·邦克）. *Traders and Raiders on China's Northern Frontier*（中国北境的商人与劫掠者）. Washington, D.C.: Arthur M. Sackler Gallery, Smithsonian Institution, 1995, 70, fig. 35b, nos. 31, 48, 52, 53, 85-87, 89-90, 104.
[3] 沃尔特斯艺术博物馆藏牌饰的技术报告是由该馆当时的保管员多娜·斯多拉恩（STRAHAN, Donna）完成的，作者在1992年内蒙古呼和浩特的一个会议的文章中发表了该报告的结论，"Ordos and Qin: A Northwestern Connection（鄂尔多斯与秦：与西北的联结）"。作者再次修改该文章，加以更多例子，在1999年重新发表，"The S-shaped Belt Plaques of Qin（秦的S形牌饰）", in BUNKER, Emma（艾玛·邦克）and WHITE, Julia（茱莉亚·怀特）. *Adornment for the Body and Soul*（身体与灵魂的装饰）. Hong Kong: University Museum and Art Gallery, 1999. 87-92, nos. 1-7. 有关甘肃礼县公元前六世纪至前五世纪的镀锡牌饰的金器科学研究，见 MA, Qinglin（马清林）and SCOTT, D.A.（D.A. 史考特）. "Tinned Belt Plaques of the Sixth to Fifth Century BCE from Gansu Province, China: A Technical Study（中国甘肃省公元前六至前五世纪的镀锡牌饰：一个技术研究）", in JETT, Paul（保罗·杰特）ed., *Scientific Research in the Field of Asian Art: Proceeding of the First Forbes Symposium at the Freer Gallery of Art*（亚洲艺术领域的科学研究：弗里尔美术馆的第一届福布斯研讨会论文集）. Washington, D.C. and London: Freer Gallery of Art, Smithsonian Institution, and Archetype Publications, 2003. 60-69.

草原的传统。这一点从马家塬墓地的锤揲金牌饰、浇铸金带钩以及其他个人佩饰中也能看出。

这类 S 形镀锡牌饰指向了一特殊群体，他们生活在公元前五至前四世纪的秦国都城雍城。从他们墓葬所在的位置——大型墓葬的周边地区，以及随葬品的贫乏，可以

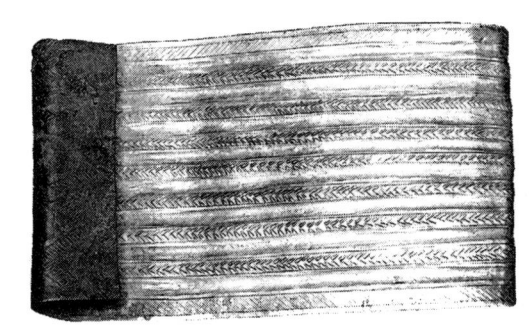

图一〇　S 形腰带牌饰
（香港梦蝶轩藏，公元前五-前四世纪；香港梦蝶轩拍摄）

看出他们的社会地位不高。这些低阶侍从的墓葬揭示了一个重要的现象：这些人或曾受训于中原以外的作坊传统，或许都不是汉人，生活在早期秦国境内的腹地，制造了自己所需的特殊器物。在近期发掘的马家塬墓地的西戎墓葬中，出土文物中也可见镀锡的现象。[1]工匠们一旦学习掌握了镀锡的技术，再加以改良过的、防锈去污的富铬氧化物，就可以直接应用到青铜器镀层中，例如秦始皇陵 1 号坑的铬盐氧化青铜剑。[2]这些无与伦比的武器，其锋利和其金属表面的抗氧化性都得益于镀锡的工艺，这项工艺或许是秦人从其草原近邻处习得的，为秦在对抗其他诸侯国时的军事胜利奠定了必然的基础。

从 S 形镀锡牌饰的主人身上，我们能够看到出现在秦国境内形形色色的金属加工工艺，这一点得到了 2001 年在北康的发现的进一步印证，北康村位于当今陕西省西安市北郊，[3]墓葬中发现了一组制造草原风格牌饰的陶模，一个磨石，还有一

---

[1] 见黄维等：《马家塬墓地金属制品技术研究》，2013 年，第 15-18 页。
[2] 见 LIU, Yang（柳扬）. *China's Terracotta Warriors*（中国兵马俑），2012, no. 93. 技术分析报告见陕西省考古研究所，始皇陵秦俑坑考古发掘队编：《秦始皇陵兵马俑坑一号坑发掘报告（1974-1984）》，北京：文物出版社，1988 年。
[3] 陕西省考古研究所编：《西安北郊秦墓》，西安：三秦出版社，2006 年。同样也见 LINDUFF, Kathryn M.（林嘉琳）. "Production of Signature Artifacts for the Nomad Market in the State of Qin during the Late Warring States Period in China (4th-3rd century BCE)（中国战国晚期秦国为游牧市场生产的标志性器物［公元前四至前三世纪］)", in MEI, J.（梅建军）and REHREN, T.（T. 雷伦）. *Metallurgy and Civilization: Eurasia and Beyond*（冶金术与文明：欧亚及更远的地方）. London: Archetype, 2009. 90-96.

些锤揲而成的铁制工具（刀、斧和钳，图一一）。这件陶模是用来翻制陶范的，而陶范则是用以反复浇铸器物的——这是公元前六世纪晚期到前五世纪早期山西侯马的中国青铜铸造工匠发明的大规模生产技术。[1]这个发现表明：中原的生产创新被应用到了生产带有草原纹饰——带有鹿角鸟头和翻转后肢的蹄类动物、角斗的鹰与蹄类动物以及大角盘羊——的非中原器物上。我们尚未找到带有这些图案的金属制成品，但我们确认西伯利亚有一件几乎一模一样的、青铜质地的、带蹄类动物图案的牌饰，[2]暗示着这些牌饰背后的远距离贸易。我们没有发现金属质地的人物图案牌饰，也就是说为了满足顾客的需求，存在着一定程度的个性化定制。墓主（"图案设计者"）之所以选择将这些陶模随葬，源于他对自己所从事的职业的自豪以及他对"原创"图案完整性的、颇为"现代"的认知。通过将陶模带入墓葬，他确保这些器物的生产制造——至少是从他这套陶模

图一一　三件制作金属牌饰的陶模
（出土于陕西省北康村第34号墓；公元前三－前二世纪；出自《西安北郊秦墓》，2006年，彩色图版1:1-2,2:2）

---

[1] 在侯马使用陶范进行复制的技术见 SO, Jenny F.（苏芳淑）. *Eastern Zhou Ritual Bronzes*（亚瑟·M·赛克勒藏东周青铜礼器）, 1995. Introduction, section 4.2. Institute of Archaeology of Shaanxi Province（山西省考古研究院）, ed. *Art of the Houma Foundry*（侯马铸铜遗址）. Princeton: Princeton University Press, 1996. 也见 LEDDEROSE, Lothar（雷德侯）. *Ten Thousand Things: Module and Mass Production in Chinese Art*（万物：模件化与中国艺术）. Princeton: Princeton University Press, 2000. 41–48.

[2] DEVLET, Marianna A.（玛丽安娜·A·代夫莱特）. *Siberian Openwork Belt Plaques: 2nd Century B.C.–1st Century A.D.*（公元前二世纪至公元一世纪西伯利亚镂空牌饰）. Moscow: Nauka, 1980. 又见田广金、郭素新：《鄂尔多斯式青铜器》，北京：文物出版社，1986年，第84页，图52:3。鄂尔多斯博物馆中藏有一件纹饰稍有区别的牌饰，LIU, Yang（柳扬）. "Nomadic Influences in Qin Gold（秦金器中游牧民族的影响）", in *Orientations*（东方艺术品）, March 2013, 119–125, fig. 9.

制造出来的一手器物——会随着他的死亡而终止。这种认知在现代商业和艺术设计世界中是理所当然的，但如果当初随葬这些陶模的初衷果真如此，那么这些泥模可被视作设计史中最早的产物之一了吧！

四、秦兵马俑与青铜鸟：更多的"域外"联结？（公元前三世纪晚期）

在涉及秦文化的"域外元素"时，我们应略为探讨秦始皇陵的兵马俑。秦兵马俑作为大规模生产和从单一化到多元化的终极成功产物——就是把有限的零件变为多个性特征的产品，[1]可被视为秦从侯马铸铜工匠处得到的继承与发展。同时，它们也展现了秦与草原世界交流的另外的一个场所，也就是真人大小（或比真人更大）的兵马俑的突然出现。汉代历史学家司马迁记载了秦始皇曾铸十二金人（或铜人）驻守咸阳城门门外，但没有任何证据印证。然而遗留下来的兵马俑（180至200厘米高）则展现了一个前所未见于中国领土的但广传于地中海和西亚地区文明的造像传统。破例的是四川三星堆的铜像，三星堆的年代比兵马俑要早近千年，但通常也被认为与西境关联密切。与公元前两千年前的三星堆铜像一样，秦兵马俑也是突然出现又突然消失的。尽管汉代的皇帝和王侯在公元前二世纪的阳陵（陕西）和徐州（江苏）也建造了同样复杂的陵墓，随葬的坑道中也包含了大量的兵马俑，但它们的尺寸要小得多——只有40至50厘米高。[2]

当然，从埃及、美索不达米亚、古希腊或波斯横跨广阔的欧亚草原运送巨大的

---

[1] LEDDEROSE, Lothar（雷德侯），SCHLOMBS, Adele（阿黛尔·施隆布斯）一书中有详尽讨论，1990, 88-97. LEDDEROSE, Lothar（雷德侯）. *Ten Thousand Things*（万物）. Princeton: Princeton University Press, 2000. Chapter 3.
[2] 有关阳陵的例子，见陕西省考古研究所汉陵考古队编：《中国汉阳陵彩俑》，西安：陕西旅游出版社，1992年。有关徐州，见中国国家博物馆，徐州博物馆编：《大汉楚王——徐州西汉楚王陵墓文物集萃》，北京：中国社会科学出版社，2005年，第54-121页。

造像是不太可能的，但有关真人大小人像的观念和描述是完全有可能随着草原移民被带到中国西境，又带进秦都城的，就像佩戴镀锡S形带饰的低阶侍从，或者是马家塬墓地中热爱金饰的贵族，又或是北康服务于草原顾客的"设计师"。为了能够满足狂妄自大的秦始皇，这种知识完全可以启发他去委托制作一个真人大小的兵马俑军队和巨大的十二金人，从而建立一个强大的统治者的形象，以匹敌那些在远方国度的君主。

秦始皇陵北侧出土了一批与实物一样大小的、自然主义风格的青铜水禽，相关研究进一步地表明了它们与欧亚之间的联系。在修复过程中，发现当初对这些水禽的修复是用一块铜板放在有缺陷的部位（一个叫作"铜板镶嵌"的步骤），而不是用传统的中国方法，也就是在相应部位浇铸金属溶液或是铆接加固。[1]与真人大小的兵马俑一样，这种不寻常的修复技术在中原前所未见，但却常用于补缀古希腊和古罗马的青铜器上的缺陷，时间不晚于公元前六至前五世纪。随着这些青铜造像工艺研究的推进，我们希望未来能够解开它们的制造工艺之谜。

五、总　　结

这篇关于早期秦域内的重要考古发现的简短文章，揭示了秦人与更北更西的草原民族的长期交往、互动和混居史。其结果就是一系列杂糅的文化特征。从周朝腹地那里，秦人获取了大规模生产的必要技术，也就是用陶模陶范制造秦始皇陵中的兵马俑。从秦的西境和北境之外，秦人了解到了欧亚地区对于黄金这种贵金属的高度尊崇；广泛使用的锤揲技术；对多彩器面的偏爱，使用半宝石、玻璃和贵金属镶嵌；包括镀锡和镀铬在内的其他器表装饰技术，所有的这些特征都与公元前一千年

---

[1] 见于邵安定2012年8月在西安"秦与北方"的会议上所作报告，该文并未发表。梅建军在2013年5月香港中文大学的一个讲座中列举了更多的例子（例如在使用失蜡法浇铸时，用型撑插入核心，以及其他未见于中国的做法），他指出了这些水禽的制造方法与西方的联系。

晚期中国的艺术息息相关。秦人还吸纳了一系列迄今为止未见于中原的器物，如金鞘铁制匕首、带饰和牌饰、隔珠以及相关的个人饰物、真实大小的自然主义风格青铜造像（以及相关的制造和修复方法）。

有学者认为，肉红石髓珠，以及金与铁的使用是辨认草原游牧民族及其文化的标准"组合"。[1]基于该观点，我想在这个"组合"中添加一些东西——大量的金器加工技术（既有浇铸也有锤揲）；悬挂有隔珠的个人饰物；赏心悦目的、五颜六色的、能够象征个人地位的装饰系统，器表装饰手法有镶嵌和镀锡。在"丝绸之路"正式建立的一千年之前，这些欧亚特征来到秦的西、北境，并沿着边境渗透进了青铜时代的中国。在我们试图领会它们在公元前一千年晚期对于秦艺术特征的影响时，这幅复杂的图景也帮助我们理解传统中国史学家对秦模棱两可的态度——试图化解秦一统中国的丰功伟绩与秦之为中国西部"蛮夷"的可能性之间的矛盾。对"秦公的分封"自西周孝王一朝非子养马有功始，到作为西境守护护送周王室东迁，再到最终成为一统全国的君主，秦人与文化成分复杂的本土居民以及更富侵略性的游牧民族共存，在某种程度上控制并利用他们，这一点与秦的崛起息息相关。[2]

---

[1] RAWSON, Jessica（杰西卡·罗森）在中国的一次关于金器的研讨会中提及，（2013 年 5 月香港中文大学举办的"金曜风华：梦蝶轩藏中国古代金饰"展。）在杰西卡·罗森的文章 Carnelian Beads…（肉红石髓……），WAGNER, Mayke（王睦）and WANG, Wei（王巍），*Bridging Eurasia*（跨越欧亚）中也有相关讨论。

[2] 引自 SO, Jenny F.（苏芳淑）. "The S-shaped Belt Plaques of Qin（秦的 S 形牌饰）", 91. 有关这些"域外"元素的更早的讨论，见 SO, Jenny F.（苏芳淑）. "Bronze Weapons, Harness and Personal Ornaments: Signs of Qin's Contacts with the Northwest.（青铜兵器、马具和个人饰物：秦与西北的交往）", in *Orientations*（东方艺术品）, November, 1995, 36-43.

马家塬墓地的考古发现及与秦和北方草原文化的关系

◎ 王　辉*

一、马家塬墓地概况

马家塬墓地位于甘肃省张家川回族自治县县城西北约17千米的木河乡桃园村北约200米的马家塬上。地理坐标：北纬35°2′47″，东经106°10′02″，海拔1874米（图一）。该遗墓地所处地形较为特殊，它北依马家塬山梁，东、西两侧为地势较高的毛家梁和妥家梁，形成中部低凹平缓两边高陡的马鞍形地形，墓葬均分布于马鞍形地形的中部，面积2万多平方米。经初步勘探，发现墓地由59座结构、等级不同的各类墓葬和2座祭祀坑组成。[1] 墓葬以M6为中心，其他中小型墓葬在其上部及左右呈半月形分布；墓葬均为东西向（图二）。[2]

1. 墓葬结构和分类

目前已经发掘的墓葬依据墓葬结构的不同和大小可分为三类：

第一类为中间为斜坡墓道，两侧有九级阶梯的"甲"字形竖穴木椁墓。该类墓葬

---

* Wang Hui；复旦大学文物与博物馆学系教授。

[1] 因该墓地目前仍在发掘中，最终的墓葬数量、墓葬结构和分类以发掘报告为准。

[2] 马家塬墓地的年度发掘简报已发表，参见以下简报。甘肃省文物考古研究所等：《2006年度甘肃张家川回民自治县马家塬战国墓地发掘简报》，《文物》2008年第9期，第4-28页；早期秦文化联合考古队等：《张家川马家塬战国墓地2007～2008年发掘简报》，《文物》2009年第10期，第25-51页；早期秦文化联合考古队等：《张家川马家塬战国墓地2008～2009年发掘简报》，《文物》2010年第10期，第4-26页；早期秦文化联合考古队等：《张家川马家塬战国墓地2010～2011年发掘简报》，《文物》2012年第8期，第4-26页。

图一　当今甘肃的地图

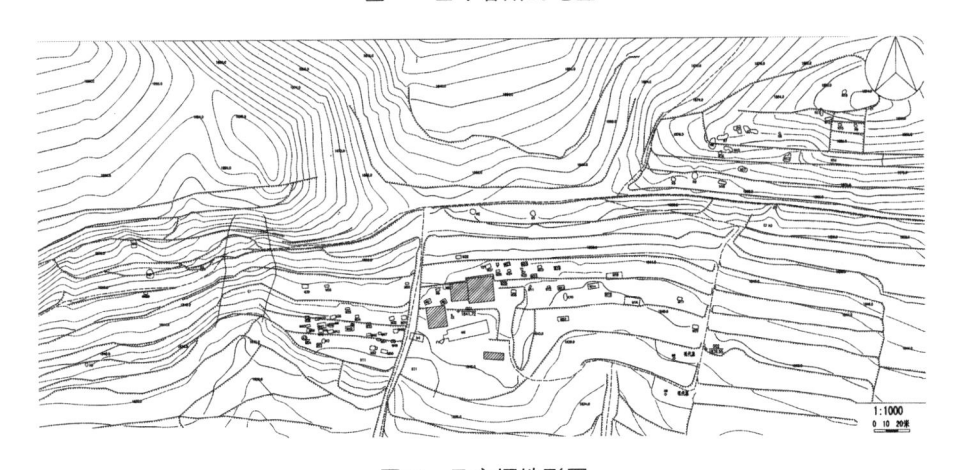

图二　马家塬地形图

在整个墓地中只发现一座，即M6。墓口面积近400平方米，墓室位于墓葬的西端，有木椁，但因盗掘，结构不明。斜坡墓道中随葬有车辆，并有殉狗1只、马4匹及部分马骨（图三）。因为盗掘破坏，随葬品仅残留一些小型饰件，主要有玻璃管珠、玻璃圆珠、蜻蜓眼玻璃珠、金人面饰、汉蓝珠、汉紫珠、玛瑙饰件、铜质和金银质马饰件等。

第二类为阶梯式墓道竖穴偏洞室墓。这类墓葬在墓地中占绝大多数。偏洞室位于竖穴北壁西部，竖穴北壁夹角多近直角。按照墓葬的大小、随葬车辆的多寡和墓葬阶梯的数量，可将在2011年之前发掘的墓葬分成三种类型。

A型。为九级阶梯，洞室多为前后双室，也有单室者，洞室较大。在竖穴中随葬1-4辆车。双室者前室放置车辆，后室放置棺木；单室者车辆和棺木共置一室。竖穴中有殉牲或整匹殉马。均随葬有铜容器，墓主人身体和服饰上有以各类质地、形状的饰件组成的复杂装饰品（图四）。

B型：为五——七级阶梯，洞室较小，在洞室中不随葬车辆。竖穴中随葬的车辆为1-3辆，不见彩绘髹漆车辆。普遍有殉牲，多为马、牛、羊的头、蹄，有少量肢体，但未见使用整匹殉马者。随葬品有铜器和陶器，墓主人身体和服饰也有较复杂的各类装饰品（图五）。

C型：为一——三级阶梯，洞室很小，仅容一棺。竖穴中随葬有普通木质车一辆，车辆上无装饰，有殉牲。随葬品仅见陶器和少量铜兵器和车马器，墓主身体装饰简单（图六）。

第三类为竖穴棺坑墓。目前仅发现2座。无阶梯式墓道，在竖穴中随葬有车和殉牲，棺木放置于竖穴东北角的土坑中（图七）。

祭祀坑分别位于墓地的最西端和中部偏北。其中M17呈规整的长方体，东西向，分四层埋葬马、牛、羊头及蹄骨，动物头骨基本朝东向。经鉴定，马的最小个体数为99匹，牛114头，羊91头。马的年龄结构以老年马为主，99个个体中，12岁以上的有51匹，占半数以上。能判定性别的有21匹，雄性14匹，雌性7匹（图八）。[1]

---

[1] 刘羽阳：《先秦时期家马研究》，中国社会科学院考古研究所博士论文。

图三 M6 俯视图

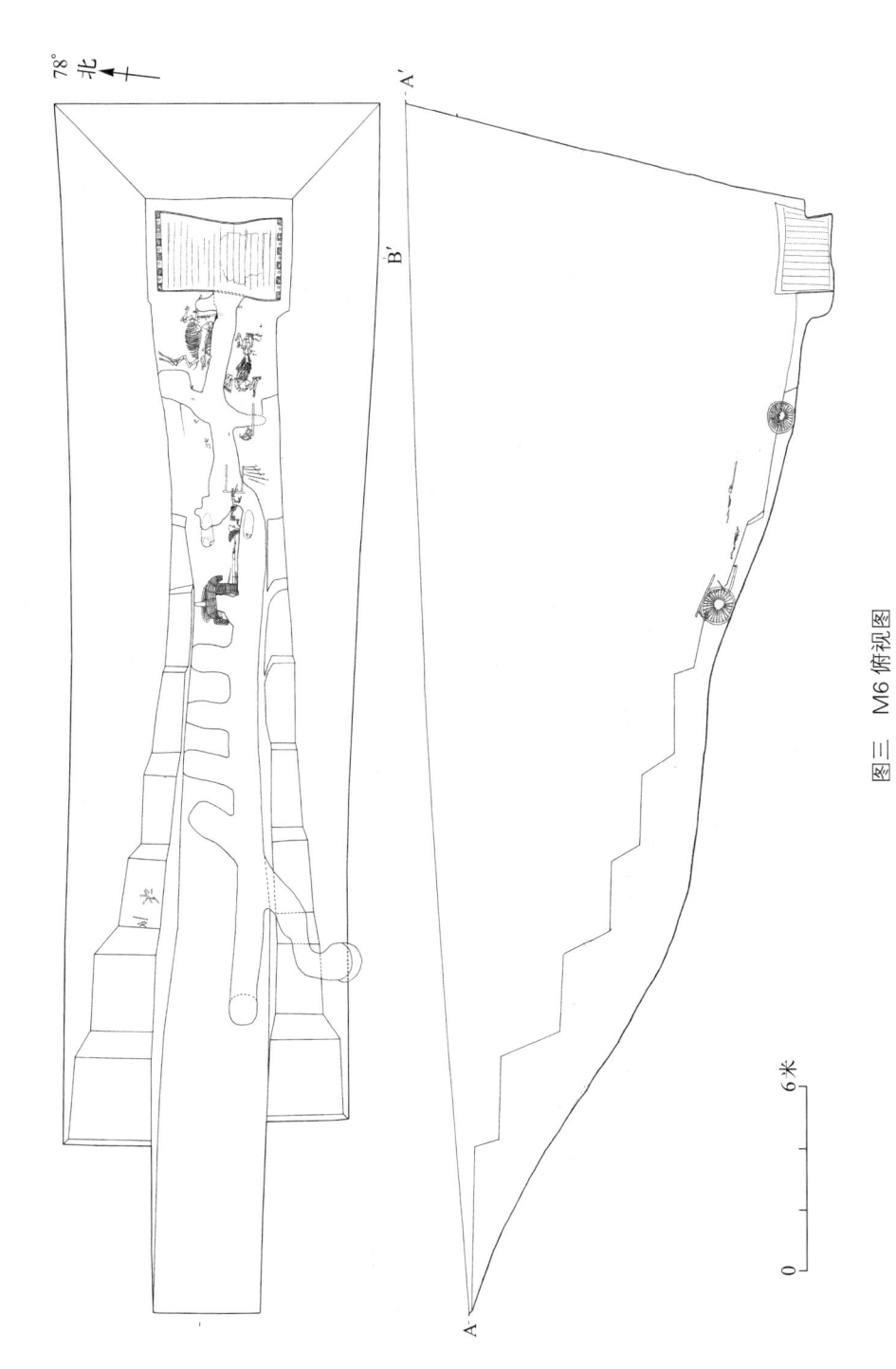

(北边长 33.6 米,南边长 32.6 米,东边长 10.9 米,西边长 9.16 米,斜坡墓道长 23.3–24 米)

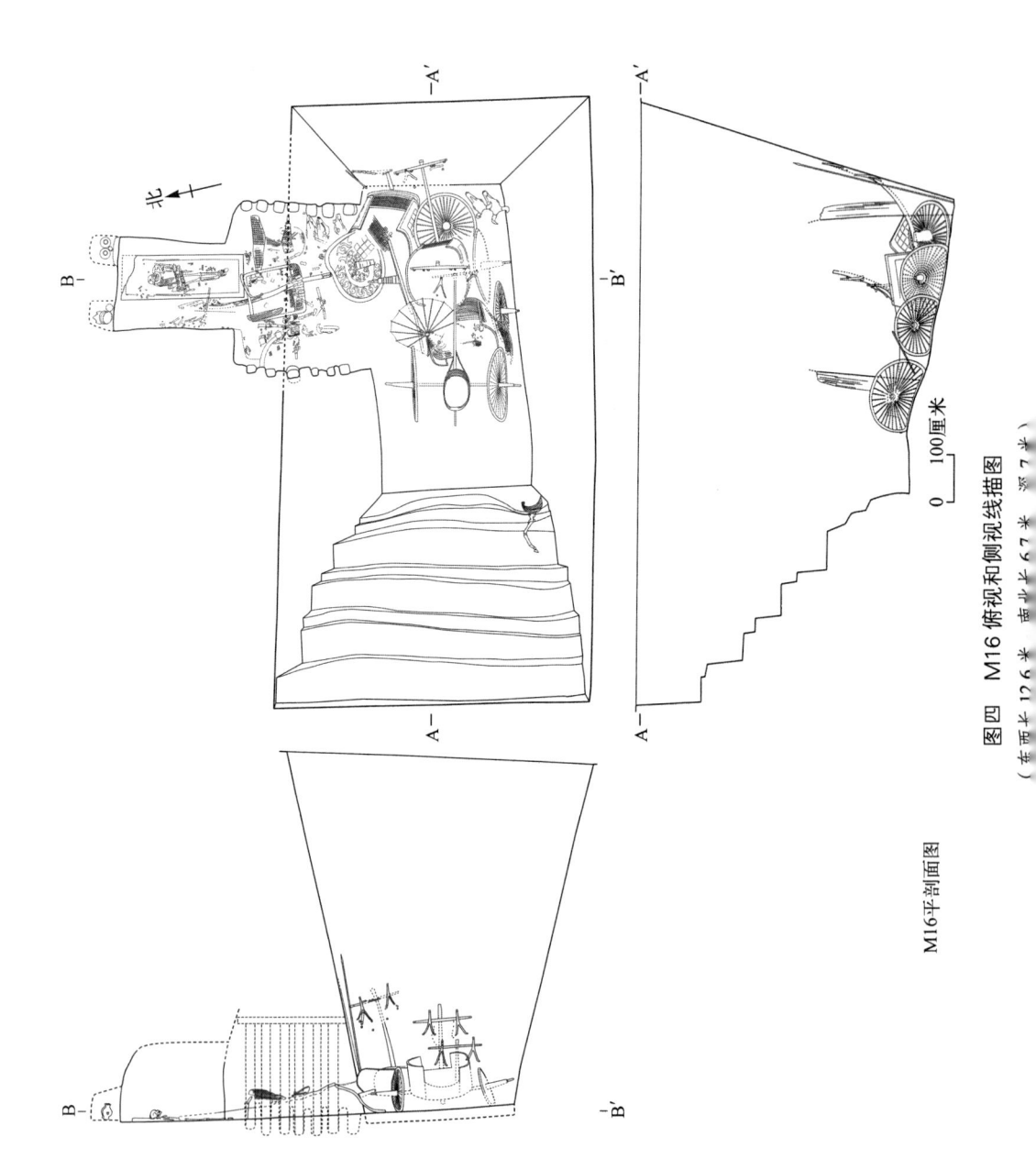

图四 M16 俯视和侧视线描图
（东西长126米，南北长67米，深7米）

M16平剖面图

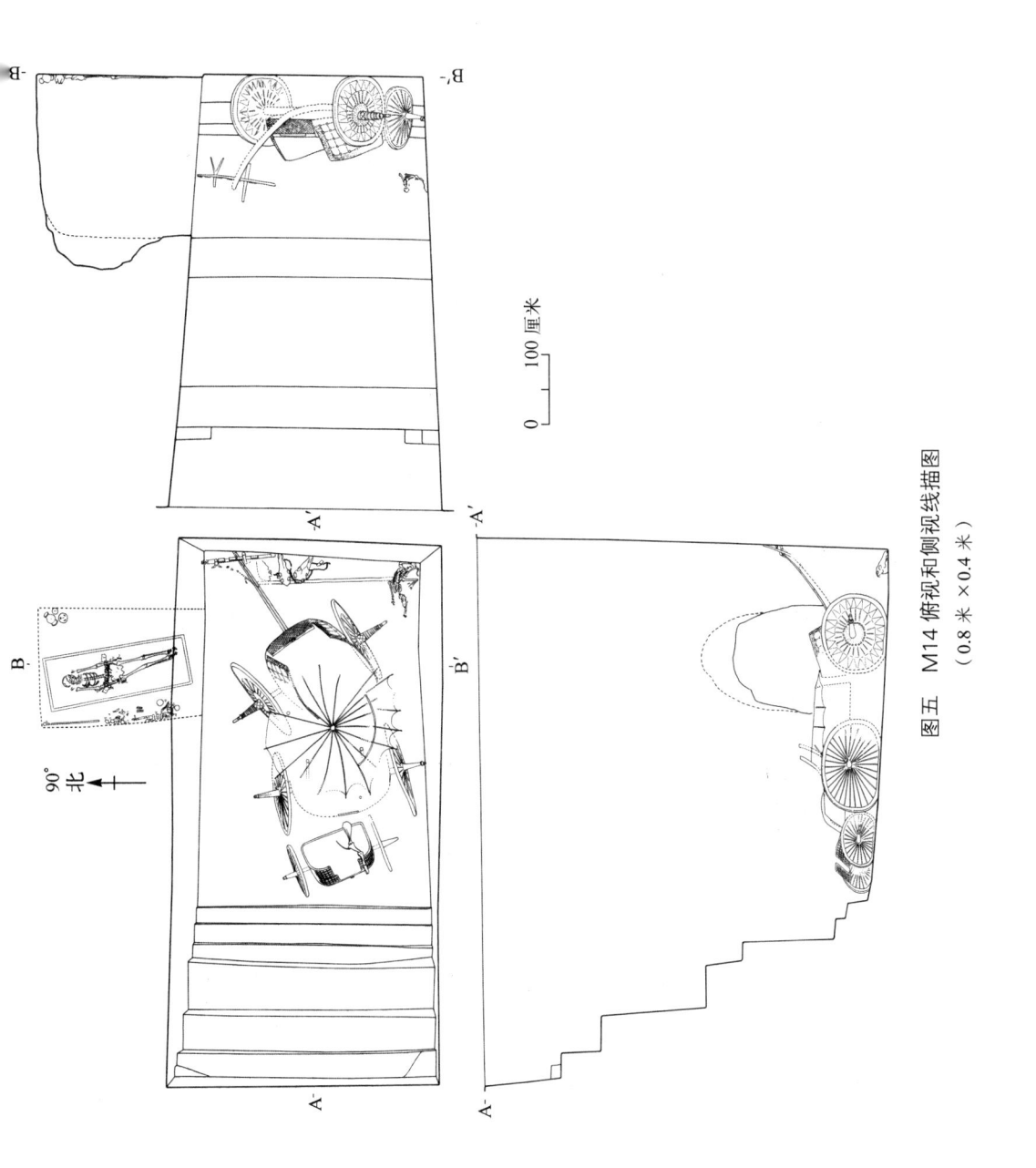

图五　M14俯视和侧视线描图
（0.8米×0.4米）

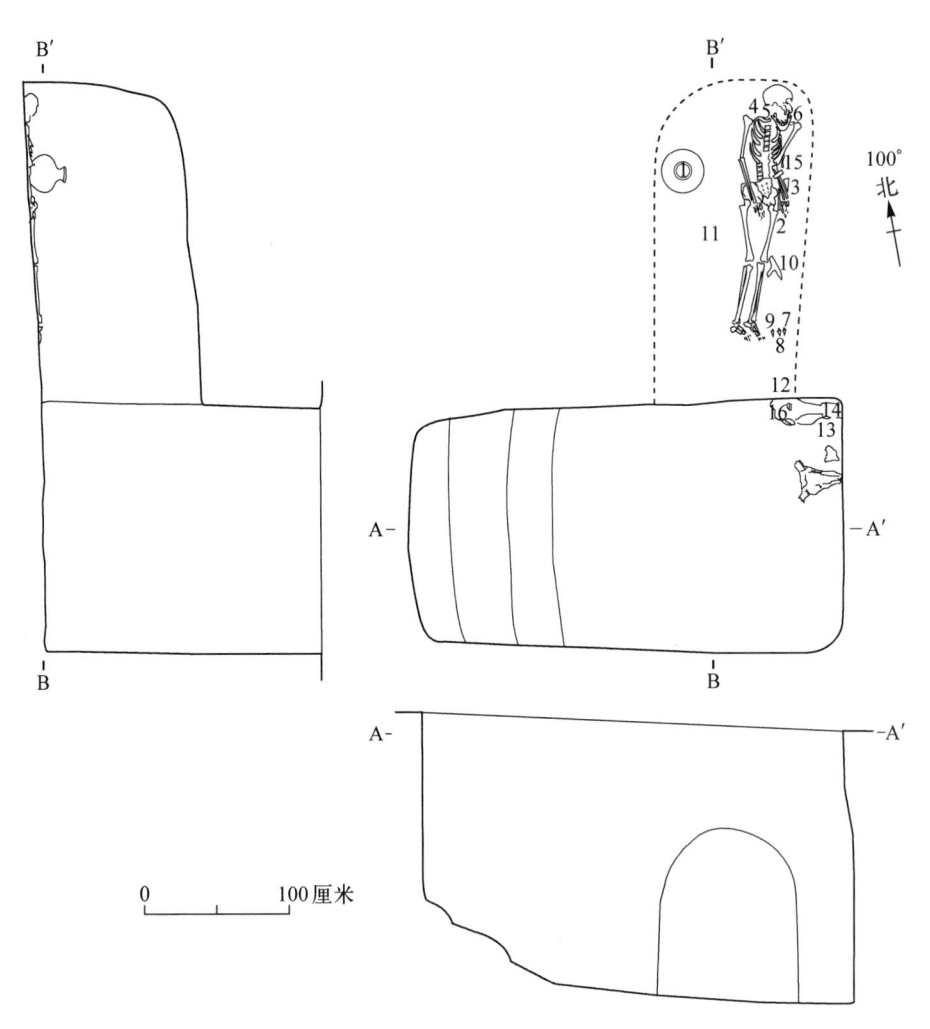

图六　M12 的俯视和侧视线描图

（东边长 1.38 米，西边长 1.1 米，北边南边各 3 米，深 2 米）

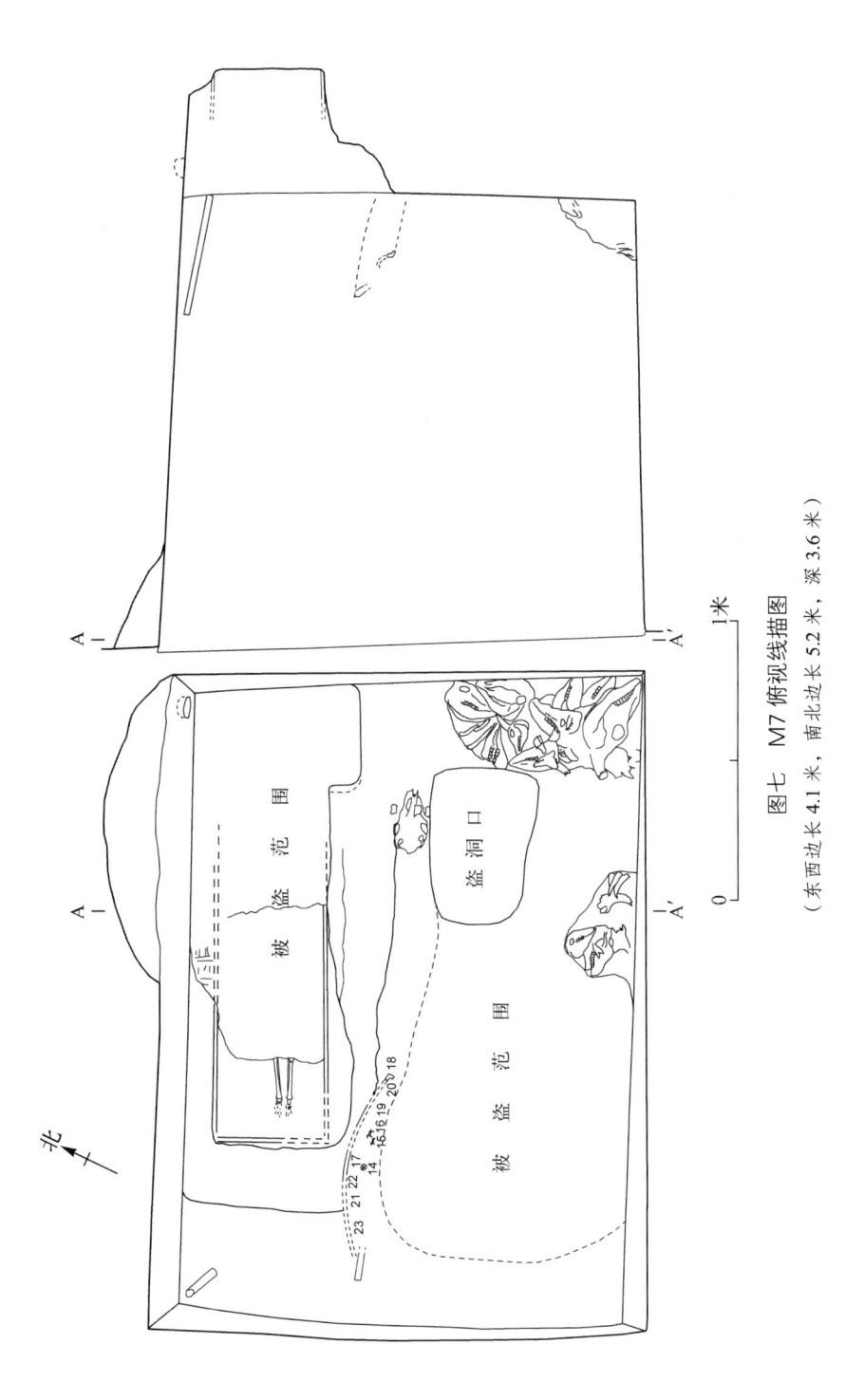

图七 M7 俯视线描图
（东西边长 4.1 米，南北边长 5.2 米，深 3.6 米）

图八　祭祀坑
（东西边长 3.47 米，南边边长 2 米，深 1.8 米）

2. 葬式和葬俗

葬式除因被盗而不明者外，绝大多数为头向北、面向上的单人仰身直肢葬，少量为侧身直肢葬，仅 M57 头向东。注重对人体和服饰的装饰，在墓主身体和身体周围普遍发现有料珠、绿松石珠、肉红石髓珠、金珠、银珠和炭精珠组成的装饰品，主要装饰在头部、胸部、腰部、手部及足部，有以珠子组成帽饰、耳环、项链、项圈、腰带饰、带钩、银鞋底、珠子鞋底等，衣服上以十字节约形铜饰及各种质地的珠子装饰，珠子的排列在部分墓葬中可看到一定的规律。腰带上悬挂有珠子组成的装饰品。墓主随身还随葬有短剑、箭头、铜镜、直銎斧、有銎啄等。

因墓葬级别的不同，装饰品的材质有所区别，高等级的墓葬多使用金银，而低级别的墓葬多使用其他材质。

3. 车辆分类

依据车辆的装饰情况可将车辆分为四类:[1]

第一类为以金银饰件、鋄金银铁饰件和珠饰装饰的豪华车辆，车器也以鋄金银铁制作。这类车辆多见于第二类A型墓的偏洞室当中，在B型墓的竖穴中也发现有一辆（图九）。

第二类为髹漆或不髹漆，以铜饰件装饰或锡饰件装饰的车辆。这类车辆发现于第二类A、B型墓葬和第三类墓葬中（图一〇）。

第三类为髹漆车辆，车辆整体髹漆，发现于第二类A、B型墓葬中。简单者的只髹单色黑漆，较复杂者髹黑红两色漆并在车舆上有红色漆绘花纹，最复杂者髹黑红两色漆并在车舆和车毂部位有黑、红、绿三色漆绘组成的花纹装饰（图一一）。

第四类为无任何装饰的木质车，仅见于第二类C型墓葬当中（图一二）。

图九 复原的豪华战车线描图
（车身满饰金、银和铁饰件）

---

[1] 由于马家塬墓地出土的马车绝大多数相互叠压或因墓室坍塌而严重变形，现在解剖发掘工作正在进行，目前的复原多是初步的想象复原，可能存在不准确之处，最终的复原以将来的复原报告为准。本文所引用的复原图来自赵吴成:《甘肃马家塬战国墓马车的复原》,《文物》2010年第6期，第75-83页和《文物》2010年第11期，第84-96页。

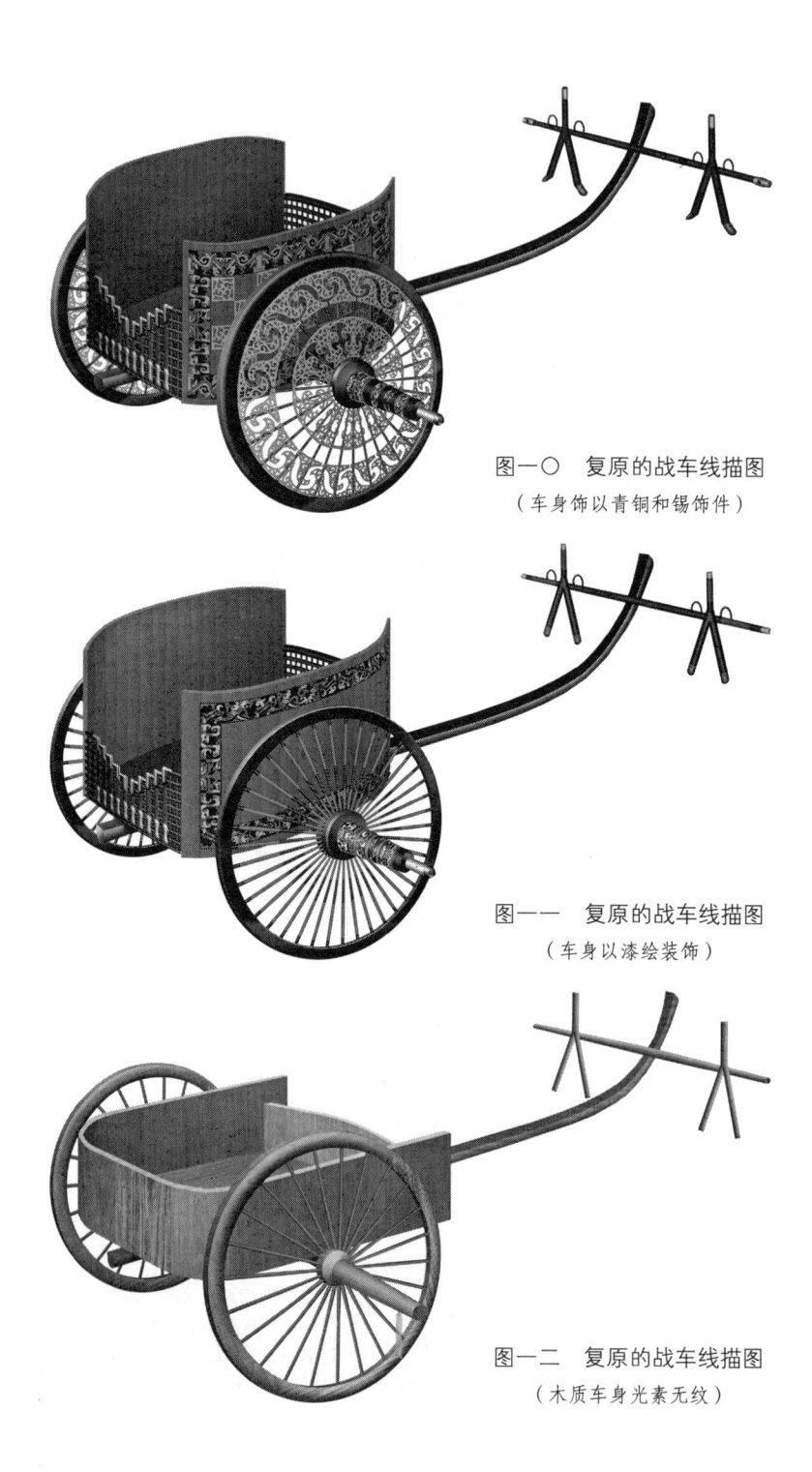

图一〇 复原的战车线描图
（车身饰以青铜和锡饰件）

图一一 复原的战车线描图
（车身以漆绘装饰）

图一二 复原的战车线描图
（木质车身光素无纹）

马家塬墓地出土的车辆大部分有复杂的装饰，车辆在外观可见的部位几乎全有装饰。除髹漆外，车舆和车轮上装饰有方形、三角形、弧边T形、桃形、圆形、山字形、钩状等形状的镂空花纹金属饰件；部分车辆在车舆边缘还以汉紫、汉蓝、铅白珠子和虎、狼、鹿、大角羊等动物造型装饰；在车轮的近车毂部位也有以金饰片和汉紫、汉蓝、铅白珠子装饰的情况；车舆后部以折角形和亚腰形铜饰件装饰；车辕、车衡上装饰有错金银铁饰，花纹母题主要为装饰性的植物和几何形纹；车轭上的装饰与车辕和车衡基本相同，在轭脚和轭首有铜质或骨质的饰件；车毂上有金银饰件和汉紫、汉蓝、铅白珠子装饰。马家塬墓地出土的车辆种类丰富，车辆装饰精致、豪华，车辆的形制和装饰各异。

4. 随葬品

随葬品的质地有金、银、铜、铁、锡、铅、陶、骨、玻璃、玻璃态材料、玛瑙、肉红石髓、绿松石等种类。功能上可分为日常生活用具、武器、工具、车马器、车饰及装饰品等；其中以铜、金、银、错金银铁质的车马饰、车马器和金、银、玻璃、汉紫、汉蓝、铅白、肉红石髓、绿松石、炭精等质地的各类珠子和装饰品数量最多。

车饰件中以各类有镂空花纹金、银、铜、锡质的饰件为大宗，这些装饰品的形状有方形、三角形、弧边"T"形、"山"字形、桃形、圆形、钩状等（图一三-一六），镂空花纹的母题主要是各类"S"形纹相互勾连组成的图案，其中方形车饰主要装饰在车舆上，其他形状的装饰品装饰在车轮上，车舆的后部以

图一三 镂空银车舆饰

图一四 镂空银车轮饰
（11.4厘米×8.2厘米）

图一五 镂空银车轮饰

图一六 镂空银车轮饰

折角形、亚腰形和条形车饰装饰（图一七-一八）。在车舆上还有大角羊形、虎形、鹿形、狼形等动物形象的装饰品及珠饰（图一九-二二）。在车舆和车轮上还有铜、铅质的牦牛、羊、马、人形等立体造型的装饰品（图二三-二五）。在车辕、车轭、车衡等部位以"卐"字形和条形金银饰件、鋄金银铁饰件等装饰，嵌金银铁饰件的花纹母题主要为植物纹和几何纹（图二六-二八）。另外，在车毂上也有金银饰件和珠饰。车器主要为车䡇、车辖、伞箍、盖弓帽、节约等（图二九-三〇），马具中有以泡、管组成的马络饰、马镳、马衔、铜铃等（图三一-三四）。马衔绝大多数为铁质双节单环，车马器和车饰件中多使用镀锡工艺。

铜容器有鼎、壶、甗、茧形壶、蛇纹鬲、敦、盆、耳杯、单耳杯等。鼎均为带盖附耳鼎，腹部饰凸弦纹，兽蹄足（图三五）。壶为高圈足，盖上有鸟形饰，腹部有三周凸弦纹（图三六）。茧形壶在颈部饰绳索纹，腹饰瓦棱纹，其上再饰以蟠螭纹，矮圈足，底部刻有"鞅"字（图三七）。蛇纹鬲足根有铲足根和方足根两类（图三八、三九）。敦

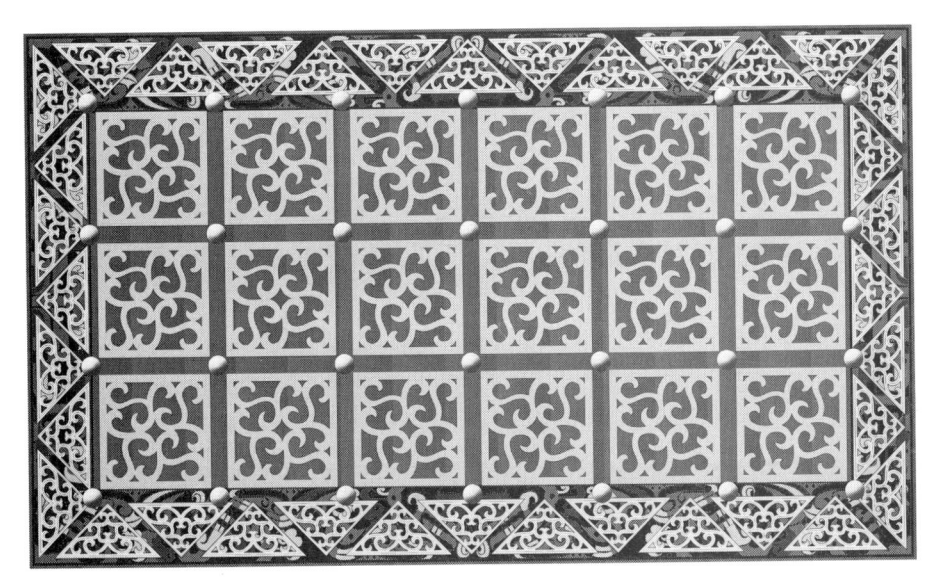

图一七 车舆装饰
（镂空几何花纹青铜牌饰，间饰以鎏金铜钮）

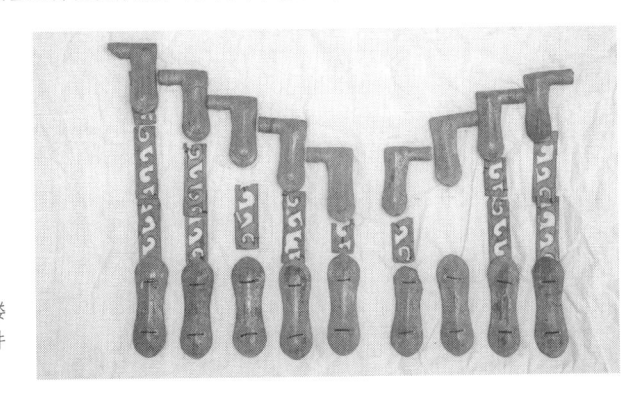

图一八 各类饰件
（L形青铜饰件高9.2厘米；镂空饰件宽2.7厘米；I形饰件高11.8厘米）

图一九 大角羊形青铜饰件
（宽5.3厘米，高4.9厘米）

图二〇 虎形金饰件
（宽7.6厘米，高5厘米；重3克）

图二一 狼形银饰件
（宽7.7厘米，高6厘米；重1.81克）

图二二 大角羊形金饰件
（宽7.5厘米，高6.7厘米；重4.57克）

图二三 M9出土铅羊
（宽6.8厘米，高5.2厘米；厚1.5厘米）

图二四 M3出土瘤牛
（宽10.8厘米，高7厘米；厚2.1厘米）

图二五　M4出土青铜人
（高6.5厘米，宽3.5厘米）

图二六　M1出土花卉几何纹錽金铁饰
（17.5厘米×6.4厘米×0.3厘米）

图二七　M1出土花卉几何纹錽金银铁饰
（17.5厘米×6.4厘米×0.3厘米）

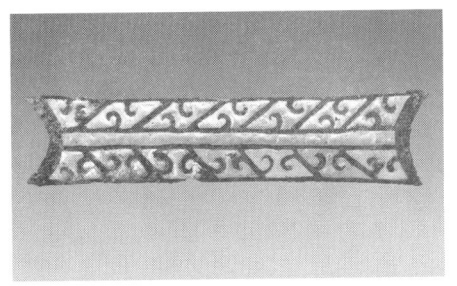

图二八　M3出土几何纹錽金银铁饰
（17.4厘米×4厘米×0.3厘米）

图二九　M18出土的铜车軎
（直径2.6厘米-5.1厘米，高5.1厘米）

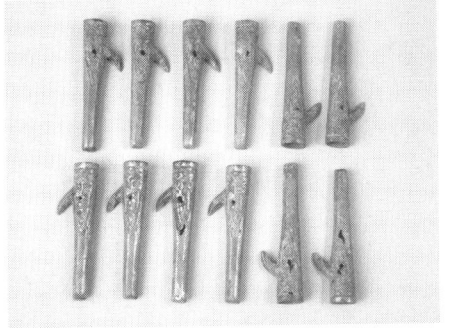

图三〇　M19出土的青铜盖弓帽
（高6.3厘米，直径1.1厘米-1.3厘米）

图三一　M12 出土的青铜当卢
（4.6 厘米 -10.3 厘米）

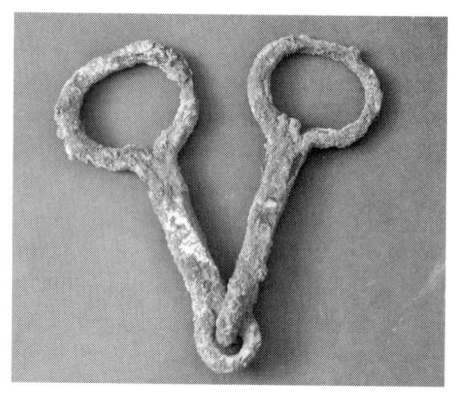

图三二　M23 出土的铁马衔
（长 12.1 厘米，环径 4.2 厘米 -5.1 厘米、2.2 厘米 -2.5 厘米）

图三三　M1 出土的青铜节约
（5.6 厘米 ×5.6 厘米 ×2.5 厘米）

图三四　M1 出土的青铜铃
（高 17 厘米，径 12.8 厘米）

图三五　M1 出土的青铜鼎
（高 15 厘米，腹径 12.8 厘米）

图三六　M1 出土的青铜壶

（高 27.3 厘米，腹径 19 厘米，口径 10 厘米）

图三七　M3 出土的青铜茧形壶

（高 25.6 厘米，口径 9.3 厘米，腹径 28.4 厘米）

图三八　M14 出土的青铜鬲

（有三铲形袋足；高 15 厘米，口径 13 厘米，腹径 16 厘米）

图三九　M18 出土的青铜鬲

（有三方形足；高 13.4 厘米，口径 13 厘米，腹径 15.5 厘米）

图四〇　M18出土的嵌红铜、绿松石青铜敦
（高21.4厘米，口径14.6厘米）

图四一　M41出土的青铜甗
（甑高16.6厘米，口径28厘米；鬲高29.6厘米，口径22.8厘米）

有错金银、嵌绿松石和饰瓦棱纹者两类（图四〇）。甗有鬲、甑组合和釜、甑组合的两类（图四一）。

兵器和工具主要戈、矛、直銎斧、啄、带有骨鞘的穿首弧背铜削刀、短剑、空首斧、锛等（图四二-五〇）。戈、矛中绝大多数为铁器。剑有错金铜柄铁件和铁剑两类，剑首多为蕈首，少量为扁茎有穿首。削刀也有铁质和铜质者，形制基本相

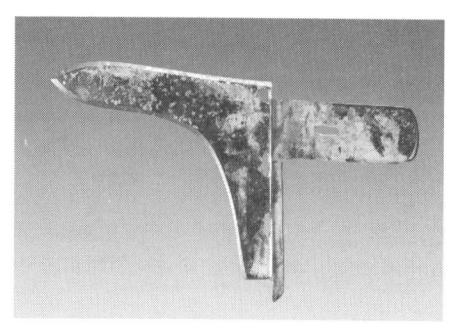

图四二　M1出土的青铜戈
（宽19.5厘米，高11厘米）

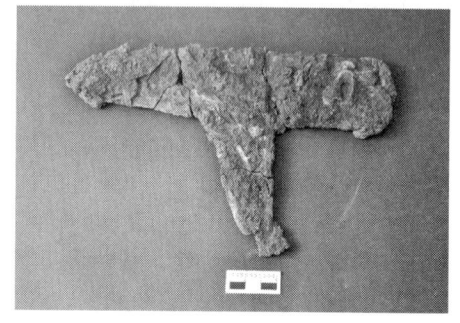

图四三　M23出土的铁戈
（宽22.7厘米，高14.1厘米）

228

图四四 M61 出土的铁剑

（长 54.6 厘米）

图四五 M23 出土的铁戈

（长 26.2 厘米，刃宽 3.4 厘米）

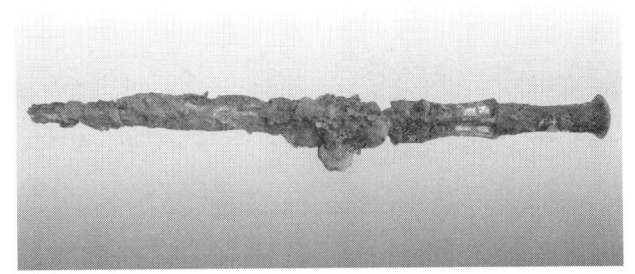

图四六 M15 出土的铜柄铁剑

图四七 M12 出土的青铜刀

（长 17 厘米，刃宽 1.3 厘米）

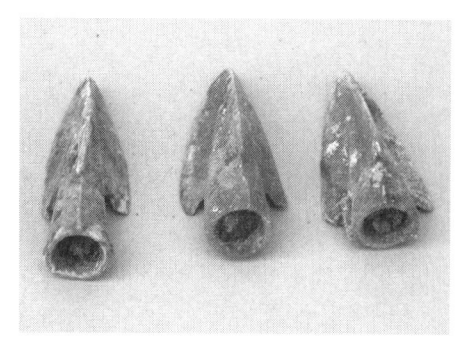

图四八 M12出土的青铜镞
（长2.7厘米）

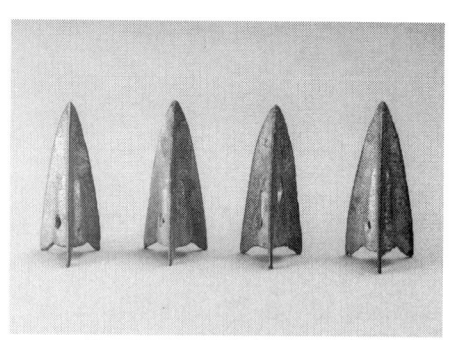

图四九 M1出土的青铜镞
（长3.8厘米，宽1.6厘米）

同。镞可分为有銎三翼镞和管銎三翼镞两种，翼呈燕尾形。

人体和服装上的装饰主要是由各类质地珠子与金管、金银帽形泡、扇形金管等组成的颈部，胸部的串饰及衣服边缘，鞋上的装饰，悬挂于衣服两侧的装饰等[1]（图五一—五三、六四、六五、六六）。另外，有金银项圈、金耳环、银耳环、镶嵌有肉红石髓及玻璃的金腰带饰、金带钩、金臂钏、刻有龙纹的银环、金人面饰、银大角羊、银制鞋底等（图五四-五九）。带饰上的图案母题有虎食羊（图六〇）、对羊（图六一）、反向对称的巨喙鸟、虎噬牛（图六二）、格里芬与蛇争斗（图六三）、双兽相斗纹等。

银杯，素面无纹，采用银片对卷而成，以金片对穿缝制（图六七）。

金银器的制作工艺丰富，其中包括了剪切、錾

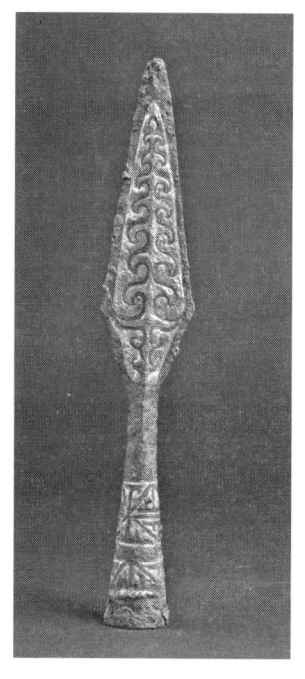

图五〇 M16出土的几何錾金银铁矛
（长26.5厘米，宽4.5厘米）

---

[1] 甘肃省文物考古研究所、陕西省考古研究院：《甘肃张家川县马家塬战国墓地M4木棺实验室考古简报》，《考古》2013年第8期，第25-35页。

图五一 挖掘中的马家塬M16号墓 　　　　图五二 挖掘中的马家塬M4号墓

图五三 出土于M12的肉红石髓和玻璃质珠串

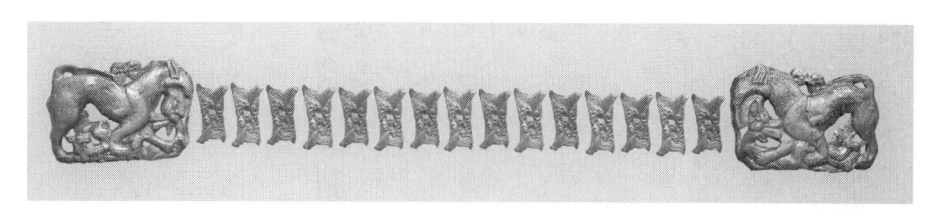

图五四　M14出土的腰带上的金牌饰

（饰有虎与羊的牌饰尺寸为9.7厘米×6.1厘米；饰有风格化鸟纹的牌饰尺寸为6.3厘米×4.2厘米）

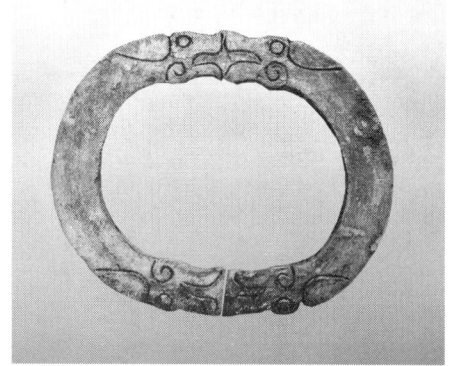

图五五　M14出土的金带钩

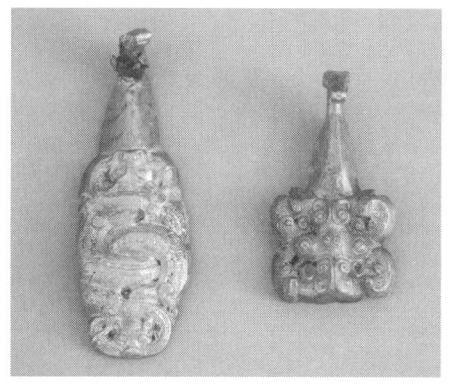

（大带钩尺寸为9厘米×3.23厘米×1厘米，重33.3克；小带钩尺寸为6.3厘米×3.47厘米×1厘米，重37.5克）

图五六　M14出土的银环

（直径3.3厘米-4厘米，厚0.2厘米；重9.9克）

图五七　M16出土的金臂钏

（长9.5厘米，直径4.8厘米-6.6厘米，厚0.1厘米-0.2厘米；重159克）

图五八　M14出土的，由金、肉红石髓和玻璃制成的耳饰

（长4.6厘米，环形饰径1.8厘米-1.9厘米；重8.86克）

图五九 M15出土的银项圈
（宽20.4厘米，高12.65厘米；重45克）

图六〇 M15出土的饰有虎噬羊纹饰的银腰带饰
（尺寸为9.5厘米×5.2厘米；重6.3克）

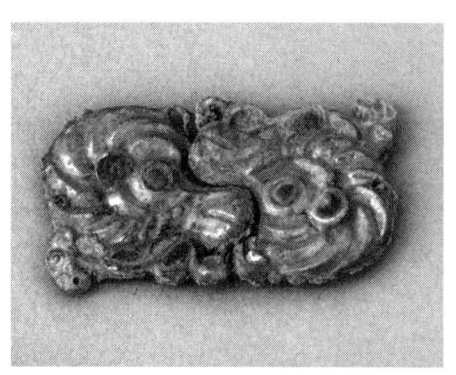

图六一 M15出土的卧羊金腰带饰
（尺寸为4.7厘米×2.5厘米；重2克）

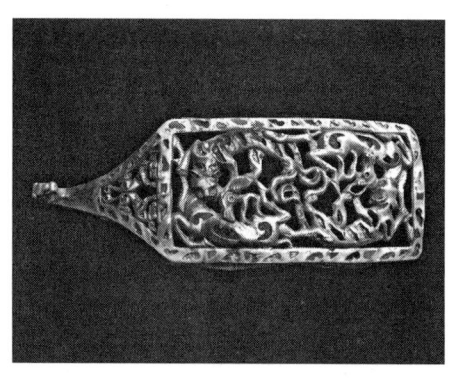

图六二 M16出土的牛虎角斗纹金带钩
（尺寸为20厘米×7.2厘米-7.6厘米×0.15厘米-0.2厘米；重228克）

图六三 M16出土的格里芬袭蛇纹饰的金腰带饰
（尺寸为6.4厘米×3.7厘米×0.1厘米；重30.31克-40.5克）

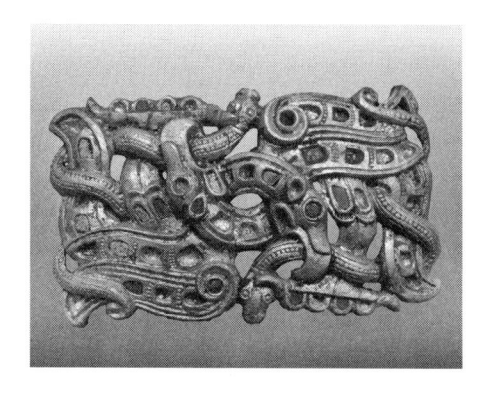

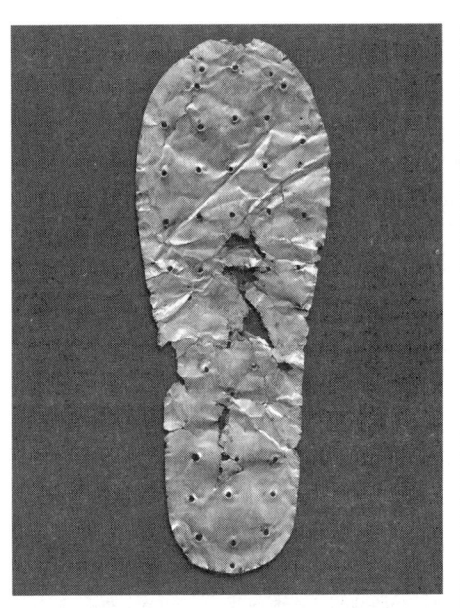

图六四 M16出土的银鞋底
（长21.5厘米，正面宽8.2厘米；重9.9克）

图六五 M6出土的服装上的金坠饰
（宽1厘米-1.7厘米，高1.1厘米，管径0.2厘米）

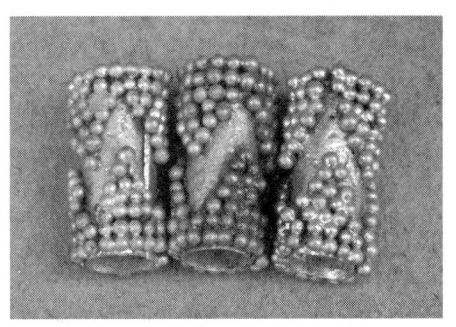

图六六 M6出土的饰有金珠的金管饰
（长0.7厘米，直径0.4厘米）

图六七 M1出土的银杯
（直径6.2厘米-6.6厘米，高8.4厘米，厚0.04厘米；重64.9克）

刻、捶揲、焊接、宝石镶嵌、铸造、金珠、掐丝等。造型艺术主要采用平面造型的方式，立体造型的较少，部分动物造型具有中国剪纸艺术的风格。

侧装钮铜镜在铜镜背面有星形装饰，近缘部有凸棱一周（图六八）。

陶器发现较少，有灰陶高领罐、弦纹红陶甑、红陶单耳罐、红陶铲足鬲等（图六九-七三）。铲足鬲可分为饰蛇纹和裆上部有錾的两类。

图六八　M15 出土的铜镜
（直径 6.1 厘米，厚 0.1 厘米）

图六九　M8 出土的单耳陶鬲
（鼓袋足，高 14 厘米，直径 10.4 厘米）

图七〇　M1 出土的单耳陶罐
（高 10.7 厘米，口径 10.4 厘米）

图七一　M10 出土的蛇纹陶鬲

图七二　M19 出土的陶罐
（高 22.3 厘米，口径 12 厘米）

图七三　M21 出土的陶罐
（高 20.4 厘米，直径 10.4 厘米）

玻璃和玻璃态材料制品在马家塬墓地的随葬品中占相当大的比例，这些玻璃器及玻璃态材质器物，最初也是舶来品，在西周春秋之际传入中国，并在战国时期得到比较广泛的使用。马家塬墓地所出的玻璃态材料呈现出一种非常多样化的面貌，而且有着丰富的来源。有直接的舶来品，也有中国工匠在掌握了技术以后的仿制品和本土化的产品，种类和功能也很丰富，包括玻璃、费昂斯、汉蓝、汉紫、铅白以及表面上釉的复合材质等，主要为各种形状的珠子和用于镶嵌的材料（图七四－七八）。容器中发现有釉陶杯，在腹部装饰有数周蜻蜓眼纹（图七九）。

金银珠的形状包括短双锥形、帽形、圆珠和以金片卷曲成的短管形等（图八〇），并有金水滴形坠饰（图八一）。

图七四　M6 出土的蜻蜓眼玻璃珠
（直径 1.3 厘米）

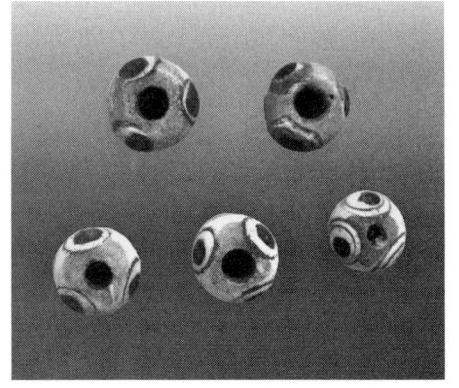

图七五　M6 出土的蜻蜓眼玻璃珠
（直径 1 厘米）

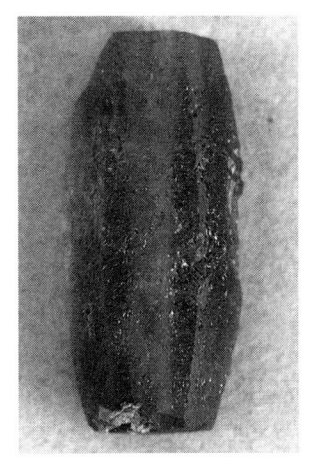

图七六　M6出土的玻璃珠
（长1.9厘米，直径0.8厘米）

图七七　M6出土的玻璃珠
（高0.5厘米，直径0.4厘米）

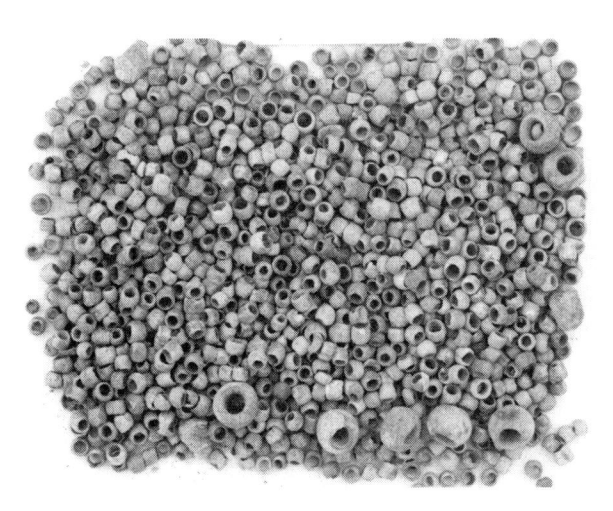

图七八　M13出土的汉紫珠
（直径0.3厘米-0.6厘米）

图七九　M19出土的釉陶杯
（高10厘米，口径5.6厘米-5.8厘米）

图八〇　M13出土的金珠
（直径0.1厘米-0.2厘米）

图八一　M14出土的水滴形金珠
（长0.9厘米）

绿松石、肉红石髓和炭精制品的数量多，种类丰富。主要是各种类型的珠子和坠饰，用于车辆、人体装饰和服饰，也有部分镶嵌于带饰和其他黄金饰件上。珠子的形状主要有短双锥形、双亚腰形、圆珠、管珠、扁管珠和瓜棱形等（图八二-八五）。

骨器主要是装饰在车衡两端和轭饰上的骨管，部分骨管上绘有褐色花纹。

从马家塬墓地出土的遗物观察，墓地的总体年代应当在战国晚期。碳14测年为公元前350年左右。族属应该是当时生活在这一代的西戎诸族中的一支。据史书记载在陇山东西两侧有八支大的西戎部族分布，马家塬墓地属于哪一支西戎部族目前仍然无法确定。该墓地的大、中型墓葬随葬有大量金银器、铜礼器等代表身份和财富的随葬品，墓地规格很高，可能是西戎某支的首领和贵族的墓地。[1]

图八二　M6出土的肉红石髓珠
（长1.4厘米，腹径0.7厘米）

---

[1] 王辉：《张家川马家塬墓地相关问题初探》，《文物》2009年第10期，第70-77页。

图八三 M6出土的瓜棱形肉红石髓珠
（腹径0.8厘米）

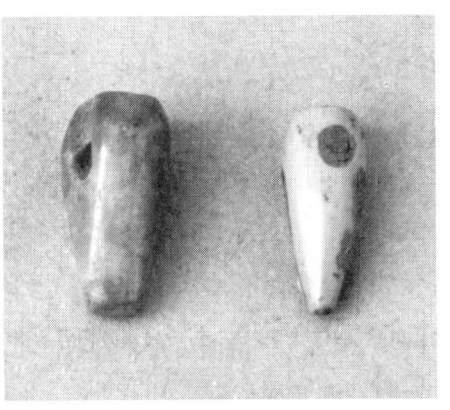

图八四 M6出土的水滴形绿松石珠
（长0.9厘米）

图八五 M6出土的骨管
（高2.5厘米，直径3.2厘米）

二、马家塬墓地与秦文化的关系

马家塬墓地包含的秦文化因素有铜壶、铜鼎、铜戈、茧形壶、陶釜、釜甑组合的甗、龙纹带钩、绳纹灰陶罐等，其文化因素都是来源于秦文化因素，铜敦、车辆上的漆绘花纹等来自楚文化因素的传入也应该是通过秦人的中介而来的。墓葬之中以台阶数量的多寡区分等级的观念也是受中原礼制的影响而形成的。这些文化因素

239

的产生是秦与西戎之间长期的斗争和融合关系以及政治、军事形势变化的反映。文献记载陕西西部、甘肃东部和东南部、宁夏中南部是西戎传统的活动区域，而秦人是从东方迁徙而来的外来民族，秦人是在这一地区与西戎的不断斗争中发展壮大起来的。西迁而来的秦人和西戎在甘肃东部和东南部混杂而居，封地仅限于以西犬丘为中心的陇右一隅之地，因此也被东方诸国视为非我族类。在清水李崖和甘谷毛家坪都发现了在西周和春秋时期的秦人和西戎共同埋在同一处墓地的现象。他们之间既有频繁的战争，也有阶段性的和平与联盟，斗争和融合构成了秦、戎关系的相互依赖的两个基本方面。[1]

西周时期，"戎"的构成虽然比较复杂，但其主体应当是在商代被称为"羌"的部族。公元前十一世纪，周人崛起于渭水流域，结合西方各部族的力量共同克商。西周时并未称任何异族为"羌"；受商、周文化影响较浅的西方诸部族，此时被周人称为"戎"。

在非子封秦以前，秦人和西戎之间相互通婚，秦戎关系较好。非子封秦以后，由于和周王室发生政治联系，受命"诛西戎"，秦戎关系转化为对抗，秦人和西戎处于长期的战争之中，在甘肃礼县一带的秦人先祖——大骆一支也被西戎灭亡。西周末年，西戎的势力达到高峰，联合申侯摧毁了西周王朝，迫使周平王东迁洛邑，建立了东周王朝。

秦襄公护送周平王东迁以后，周王朝将岐、丰等关中平原已经被西戎所占据的地方赏赐予秦人，秦人因此得到了进入关中平原实现其宏图大略的机会。此后，秦人开始东迁进入关中平原，此时的秦人不仅要与占据"岐、丰之地"的戎人斗争，还要与西部的邽、冀、翟、豲之戎，北部的混夷、乌氏、朐衍之戎斗争，与戎人斗争的成败，关系到秦国的存亡和发展。进入关中平原和打败西戎势力，为以后的秦统一六国、建立秦帝国奠定了基础。

秦襄公初封的几年，秦与西戎的斗争，史无记载。此后，从秦文公开始的

---

[1] 樊志民：《秦霸西戎的农史学观察》，《敦煌学辑刊》1995年第1期，第100-104页。

100余年中，秦戎的斗争连绵不断。秦穆公二十二年，"秦晋迁陆浑之戎于伊川"。之后，秦穆公用由余之计，秦兵攻戎，终于"活捉戎王于酒樽之下"。有学者认为此戎王即绵诸国之王。接着，秦穆公趁灭绵诸之兵威继续向西、向北用兵，"益国十二，开地千里，遂霸西戎"。通过这场战争，这些西戎诸族在政治上臣服于秦，统一于秦的势力范围之下。秦人在稳固了其统治后方之后，开始与中原大国争霸。

秦穆公霸西戎事件的影响巨大。这一事件的后果是，一方面秦人稳定了自己的后方，另一方面这一事件引起了民族迁徙。西戎被打败后有向西、向南迁徙的部落，有迁入中原的部落，还有被秦人同化的部落。向西迁徙的部落还可能与欧亚草原上游牧民族的第一次大迁徙活动发生了互动，西戎的西迁也可能迫使月氏和大夏向西迁徙，月氏一部在公元前五-前四世纪左右至阿尔泰山，进入楚河、伊犁河流域。由于这次民族迁徙，于是在欧亚草原上出现了一条东西方贸易的商道。控制商道东段的是应该月氏人和西戎，控制西段的是斯基泰人和塞人，至西汉时期，月氏仍然是丝绸之路上贸易的主要参与者。南迁的戎人对中国西南地区的民族构成产生了重大的影响，随着这些戎人的南迁，也将许多北方草原文化的因素带入中国西南。《史记·秦本纪》记载在战国晚期蜀地就有被称为丹和犁臣的戎人部族。

秦穆公霸西戎后，秦武公十年（前688年），武公伐邽戎获胜，并在其地置邽县。此后，陇山以西的"戎人"在春秋时期多被秦人征服，秦人与戎人之间关系的记载多为秦人和义渠戎、大荔戎等秦国东部戎人的征服战争，而与西部的戎人之间关系的记载相对较少，见于史书记载的仅见很少的几条，其中就有秦厉公二十年（前457年）与绵诸戎的战争，此后即不见绵诸的活动，或者秦在这次战争中灭亡了绵诸国，并于其地设绵诸道。献公时又击败了分别位于甘肃临洮和陇西一带的翟、獂戎。至秦昭王时，秦国修筑的长城西端在甘肃的临洮一线，说明秦国控制的地区已经达到洮河流域。

总之，秦戎关系经历了由相对友好到敌对关系的变化，战国时期随着秦国的强盛，西戎逐渐被秦国所征服，除了迁徙远走的戎人之外，还有大量的戎人仍然留在当地，也有一部分被秦人迁移到关中地区，这些西戎部族随着秦人的华夏化，也加入了华夏化的进程。秦自商鞅实行变法以来兵精粮足、民富国强，国家实行励行耕战、富国强兵的政策，凡对能入秦从事耕战的中原与西戎之民也积极招徕。而且，秦人为了维持进行统一战争的需要，也保持了与戎人之间的贸易关系，秦人用重金从戎人的手中交换马匹。秦始皇还对从事秦戎之间贸易的戎人商人乌氏倮以封君的待遇，以表彰他在秦戎贸易之中难得贡献。《史记·货殖列传》记载其事曰："乌氏倮畜牧，及众，斥卖，求奇缯物，间献遗戎王。戎王什倍其偿。与之畜，畜至用谷量马牛。秦始皇帝令倮比封君，以时与列臣朝请。"

更有甚者，《史记·秦始皇本纪》还记载了戎人参与了秦国的宫廷斗争。秦始皇时，嫪毐企图发动宫廷政变，就假借秦始皇和太后的名义调集有戎狄君公参与的军队围攻蕲年宫作乱。说明在战国晚期秦人的军队之中有不少的西戎兵士，也有大量的西戎各部君长居住在秦的都城地区。

从以上的秦与西戎关系的变化可以看出，在秦与西戎的斗争中，秦人逐渐占据了上风，军事上的胜利也带来了政治格局的变化，政治格局的变化往往也会影响到文化变化。随着秦人的征服，西戎诸部逐渐变为秦人统治下的臣民，并最早在西戎居住的地区实行了郡县制，以地缘关系实施统治，这进一步削弱了西戎诸部之间的血缘联系和文化认同，加速了他们华夏化的进程。表现在文化上，就是在西戎文化当中来自秦文化的因素占了很大比例。这种现象在其他支系的西戎文化中也可以见到，如黄陵寨头河墓地是受魏节制的某支戎人的墓地，除了其本身的文化因素外，还具有浓厚的魏文化的因素。[1] 马家塬墓地的西戎受秦人的羁縻和统治，但同时，秦人为了进行统一战争的需要，稳固自己的后方，也会对戎人采取比较宽容的怀柔

---

[1] 陕西省考古研究院等：《陕西黄陵寨头河战国戎人墓地发掘简报》，《考古与文物》2012年第3期，第3-10页；孙周勇：《黄陵寨头河战国墓地相关问题探讨》，《考古与文物》2012年第3期，第79-86页。

政策；统一六国的战争中也有西戎士兵参与，还有秦戎之间也有比较密切的贸易和交换关系以交换秦对六国战争中战争急需的马匹。因此在战国晚期的秦和西戎的关系中，在军事上秦处于绝对强势的地位，政治上也处于宗主地位。马家塬墓地中来自秦的器物及通过秦间接得来的其他物品，除通过交换获取之外，可能还有一些出于政治上考虑的赏赐和馈赠存在。同时，受西戎文化的影响，在秦文化中出现了铲足鬲、洞室墓等西戎文化的因素。

三、马家塬墓地与秦和北方草原的关系

欧亚草原是指东起中国松辽平原，西至多瑙河流域匈牙利平原，东西长约7500千米，从南部的沙漠、半沙漠地带至北部森林草原地带南北宽400-500千米的带状地带。通常以乌拉尔山为界划分为东西两大区域，东部指从中国东北西至乌拉尔山的广大地区，包括蒙古高原、叶尼塞河中上游的图瓦盆地、米努辛斯克盆地、鄂毕河和额尔齐斯河中上游的阿尔泰山地及北部草原、西西伯利亚等区域；[1]西部西起喀尔巴阡山东麓，东到乌拉尔山南部的草原地带，包括多瑙河下游平原、黑海沿岸低地、第聂伯河沿岸低地、顿河流域、伏尔加河流域和高加索地区。东部区域中又可以将乌拉尔山东麓至阿尔泰地区，包括鄂毕河流域的西西伯利亚平原、哈萨克斯坦草原和天山南北的草原地带的地区另分为中区。[2]中国北方草原地带位于欧亚草原东部，是欧亚草原东部的重要组成部分。

公元前十一-前七世纪，中国北方草原文化带形成，几乎和整个欧亚草原地区同步，生活和生产方式也转为以游牧为主的生活方式。在北方草原文化带上形成了一些共同的文化传统。春秋战国时期这些文化传统的共性主要表现在墓葬中普遍有殉

---

[1] 藤川繁彦编：《中央コーラシアの考古学》，东京：同城社，1999年，第4-5页。
[2] 李刚：《中国北方青铜器的欧亚草原文化因素》，北京：文物出版社，2011年，第15页。

牲，多随葬有武器和马具，[1]注重身体装饰和服饰，腰带饰普遍发现，等级较高的墓葬中随葬金银制品，装饰有动物纹的装饰品、工具、武器也在该区域流行等方面。除此之外，在北方草原地带还产生了许多文化共同拥有，形制、功用相同或相近的器物，主要是武器、工具、马具。它们包括覃首剑、銎式三翼镞、管銎式三翼镞、长柄穿首刀、空首斧和锛、啄、侧钮柄铜镜等。[2]另外，马家塬墓地中出土的耳环、项圈、银鞋底和带饰也具有北方草原文化的风格，银杯上类似皮囊的缝制风格也是草原地带的做法。

马家塬墓地一些金器中的金珠、掐丝、镶嵌等工艺更可能源自地中海东岸的西亚。錾金银铁器上的部分花纹与巴泽雷克（Pazyryk）墓地有密切的关系。马家塬墓地出现的戴尖顶帽的人物形象，表明在战国时期这一地区不仅和欧亚草原中部、西部和西亚存在技术和工艺上的交流，还有可能有人员的交往。[3]同时，来自中国的铜镜和丝绸等也传到了欧亚草原的中部。[4]

马家塬墓地位于长城以南的中国北方地区，这一地区位于北方草原的南部，在经济形态上与草原游牧的经济形态有所不同。如前所述，在春秋战国时期，大量北方草原文化的因素传入这一地区，这些因素的进入可能与北亚人种的南下有关。[5]中国北方地区被划分为以陇山为中心的甘宁地区、以鄂尔多斯和岱海为中心的内蒙古地区、以桑干和燕山为中心的冀北地区，[6]各区之间既有密切的联系，相互之间又有区别。马家塬墓地的文化面貌与同属甘宁地区的宁夏南部最为接近，和子午岭东侧的陕北南部也关系密切。与宁夏南部除前述的文化共同点之外，马具多与殉牲

---

[1] 参见林沄：《中国北方长城地带游牧文化带的形成过程》，《林沄学术文集（二）》，北京：科学出版社，2008年，第39-76页。
[2] 参见前注李刚文章及乌恩岳斯图：《北方草原考古学文化比较研究—青铜时代至早期匈奴时代》，北京：科学出版社，2008年。
[3] 王辉：《甘肃发现的两周时期的"胡人"形象》，《考古与文物》2013年第6期。
[4] Sergei I. Rdenko. *Frozen Tomb of Siberia – the Pazyryk of Iron Age Horsemen*, University of California Press, 1970.
[5] 参见前注林沄文章。韩康信，谭婧泽：《固原彭堡于家庄墓地人骨种系特点之研究》，《宁夏古人类学研究报告集》，北京：科学出版社，2009年，第10-29页。
[6] 杨建华：《春秋战国时期中国北方文化带的形成》，北京：文物出版社，2004年。

放置在一起，殉牲多位于竖穴墓道或竖穴的填土或底部，洞室墓，红陶大口单耳罐，单孔角状骨镞等也都是它们共有的文化因素，但二者之间仍然存在着区别，可能与同属于西戎的不同支系以及所受到的文化影响的不同有关。

四、结　　语

马家塬墓地包含了多种文化因素，红陶单耳罐、蛇纹铜鬲、蛇纹陶铲足鬲以及洞室开于竖穴长边一侧的偏洞室墓等是西戎文化的因素。结合宁夏南部、陕西北部、甘肃中东部其他的考古发现，当时西戎文化的分布范围东至陕甘交界、北达陕北和庆阳、西南至甘肃中南部的漳河流域。在这一个广泛的区域内存在数支不同西戎文化，他们共同拥有相同的核心文化，但表现在不同地区文化面貌有一定差别。

西戎文化是吸收多种文化因素的复合体，这就是西戎文化的本来面貌。受政治因素的影响，甘肃东部的西戎文化受秦人的影响较多，陕北的西戎文化则更多受到三晋文化的影响。

马家塬墓地出土的大量与秦文化相关的器物当与受秦人羁縻的政治形势有关，楚文化和中原文化的器物的获得也可能和秦人有关。与秦人有关的物品的获取方式可能有贸易、赏赐和馈赠等多种方式。

马家塬墓地的动物纹金饰品有可能是从秦人那里通过贸易得来的，在西安西郊秦工匠墓葬中发现了制作动物纹牌饰和其他东西的模具，[1]被认为是秦人为北方草原民族制作的。[2]春秋时期的秦公陵墓中就随葬有大量金器，说明秦人有制作和使用金器的传统。秦戎之间的贸易可能也包括了这样的奢侈品，乌氏倮献给戎王的奇珍之中也可能包括了这类奢侈品。西戎的社会上层通过控制贸易来获取财富，提

[1] 陕西省考古研究所：《西安北郊秦墓》，西安：三秦出版社，2006年，第320、334、335页。
[2] 罗丰：《中原制造：关于北方动物纹金属牌饰》，《文物》2010年第3期，第56-63、96页。

高自己的威望，巩固自己的统治。另外，虽然斯基泰人本身也有发达的黄金制作技术，但斯基泰人贵族仍然像向在黑海沿岸希腊殖民地的工匠订制金器，[1]北方草原民族和西戎也可能通过这种方式获取奢侈品。

  从青铜时代早期开始，北方草原地带就在中西文化交流中担当了重要的角色，欧亚草原西部、中亚和近东地区文化向东传播的渠道主要就是循着这条道路进行的。沿北方草原有许多向南的通道，西方的文化因素就是通过这些向南的通道进入中国北方和中原地区。随着欧亚草原游牧化进程的完成以及早期世界体系的形成，马和马车的使用使各民族和各文化之间的交流更加频繁和便利。在欧亚草原和中国北方民族移动频繁，既有西戎的西迁和南迁，也有斯基泰人西迁所引发的欧亚草原上的第一次民族迁徙浪潮和斯基泰人进入近东，还有大流士一世进入中亚等事件，这些因素交互作用，造成了欧亚草原上一些相同的文化因素的传播和相互影响。其中就包括了所谓"斯基泰动物纹"在欧亚草原上的广泛流布，近东地区的一些文化因素通过欧亚草原进入中国，中国的文化因素进入西伯利亚等现象，这也是马家塬墓地出土的文物中大量具有欧亚草原和北方草原文化因素的原因。交流的形式是多种多样的，既有直接的舶来品，也有借用技术和理念以后的本土化产品。

---

[1] 张文玲：《黄金草原：古代欧亚草原文化探微》，上海：上海古籍出版社，2012年，第142页。

后　记

◎ 陆凯蒂（Katherine C. Luber）博士
　明尼阿波利斯艺术博物馆馆长

　　这本关于秦艺术和历史的文集，是几年前本馆举办秦艺术大展，同时召开国际研讨会的成果，如今它被翻译成中文，由上海古籍出版社出版，我作为明尼阿波利斯艺术博物馆的现任馆长，感到由衷的喜悦。中国最早的诗歌集《诗经》里有一句诗说："他山之石，可以攻玉。"美国和欧洲学者，依据中国最新的考古材料，从他们独特的视角探索秦历史和艺术，他们的成果或许对中国研究者和普通读者有所启发，而这，可能是翻译和出版这本文集最有意义的地方。

　　初创于1873年的明尼阿波利斯艺术博物馆，不但是北美收藏亚洲（尤其是中国）艺术品的重镇，而且也是美国展示亚洲艺术藏品最丰富的博物馆之一，本馆40个左右大小不一的展厅陈列了近两千件展示亚洲数千年璀璨艺术的珍品。除此之外，明尼阿波利斯艺术博物馆也因其多彩而富有创新精神的展览闻名，最近本馆亚洲部主任柳扬博士和中国著名电影艺术指导叶锦添先生合作，成功举办了一个熔影视、灯光、色彩和图画为一炉的特展"永恒的祭献：中国古代青铜礼器"，广受大众和专家的好评。

　　多年来，我们所做的一切努力，都体现了本馆的长期使命：通过收集、保存和展示来自世界多元文化的杰出艺术作品来丰富我们的社区。我们将继续努力，通过展示丰富多彩、来自世界各地的艺术来凸显我们博物馆的多样化、公平、包容和平易近人，并让来自不同文化背景的访者都有共鸣和归属感。